Die Regeln des Stockwerk-eigentums

Alles Wichtige zur Eigentumswohnung: Was gehört wem?
Wer zahlt wie viel? Wie werden
Beschlüsse gefasst? Wie
funktioniert die Gemeinschaft?

saldo RATGEBER

Autorin: Nadja Burri
Juristischer Beirat: Dr. Matthias Streiff, Wetzikon
Redaktion und Produktion: Ernst Meierhofer
Layout: Monika Amann, Beat Fessler
Korrektorat: Esther Matttille
Titelfoto: Keystone
Druck: Galledia AG, 9230 Flawil

Bestelladresse:
Saldo-Ratgeber
Postfach 75, 8024 Zürich

ratgeber@saldo.ch
www.saldo.ch

ISBN 978-3-907955-43-7

Vorwort

Handbuch für Wohnungseigentümer

Die meisten Schweizerinnen und Schweizer wohnen zur Miete.
Die Anzahl der Wohnungseigentümer nimmt aber Jahr für Jahr zu.
Kein Wunder: Die Wohnkosten sind für Eigentümer in der Regel tiefer,
weil kein Vermieter Gewinn abschöpft. Besitzer eine Eigentumswohnung
müssen auch keine Angst vor einer Kündigung haben. Und sie können
innerhalb ihrer vier Wände weitgehend machen, was sie wollen.

Als Wohnungseigentümer hat man aber nicht nur Rechte, sondern
auch Pflichten. Denn als Stockwerkeigentümer ist man Mitglied einer
Gemeinschaft, die viele Entscheide gemeinsam treffen muss. Ob bei
Renovierungen der Fassade, bei der Verteilung der gemeinsamen
Kosten oder bei der Gestaltung der Umgebung – die allermeisten
Beschlüsse werden nach dem Mehrheitsprinzip gefällt. Diese Vereinbarungen gelten dann für alle, also auch für diejenigen Eigentümer,
die bei der Abstimmung unterlagen. Oder an der Versammlung
abwesend waren.

Der Kauf einer Eigentumswohnung hat Konsequenzen und will gut
überlegt sein. Dieser Ratgeber liefert die Entscheidungsgrundlagen.
Darunter Details zur Finanzierung, zum nötigen Eigenkapital und zur
Hypothek.

Das Buch ist aber nicht nur für künftige Stockwerkeigentümer
gedacht. Es liefert auch die rechtlichen Grundlagen, nach denen sich
der Besitz, die Verwaltung, der Unterhalt und die gemeinsamen
Beschlüsse richten. So gesehen ist es ein übersichtliches Handbuch für
jeden Wohnungseigentümer, der sich mit dem Gesetz, dem Reglement
der Gemeinschaft, den Kosten und dem Erneuerungsfonds herumschlagen muss.

Zürich, Oktober 2013
Verlag und Autorin

Inhalt

1 Kauf einer Eigentumswohnung

2 Aufteilung: Was gehört wem?

3 Reglement und Hausordnung

4 Unterhalt und Kostenverteilung

5 So werden Beschlüsse gefasst

6 Die Aufgaben des Verwalters

7 Richtig versichert

8 Verkauf der Eigentumswohnung

9 Änderungen und Ende der Gemeinschaft

10 Musterreglement, Adressen

1 Der Kauf einer Eigentumswohnung
Finanzierung, Hypothek, Vertragsdetails

Möchten Sie ihr Geld lieber in etwas Eigenes investieren statt weiterhin Miete zahlen? Haben Sie keine Lust mehr, sich den Regeln eines Vermieters zu unterwerfen? Wollen Sie in Ihren vier Wänden lieber Ihr eigener Herr und Meister sein? Dann könnte eine Eigentumswohnung die richtige Lösung sein. Hier steht, was Sie zum Thema Finanzierung und Kaufvertrag wissen müssen.

Für viele Schweizerinnen und Schweizer ist Wohneigentum der Inbegriff von Freiheit und Unabhängigkeit. Wer träumt nicht von seinen eigenen vier Wänden? Wer möchte nicht zu Hause Alleinherrscher sein und sich selbst verwirklichen – ohne stets einen Vermieter im Nacken zu haben?

Doch der Traum hat seinen Preis. Ein eigenes, freistehendes Haus ist teuer. Eigentumswohnungen sind zwar beim Kauf im Durchschnitt günstiger – doch auch dafür braucht es Eigenkapital und meist auch eine Hypothek von der Bank.

Seit der gesetzlichen Neuregelung des Stockwerkeigentums im Jahr 1965 ist die Eigentumswohnung immer beliebter geworden. Heute kann man von einem Boom sprechen. Gemäss Stockwerkeigentümerverband kommen jedes Jahr 10 000 bis 15 000 neue Stockwerkeinheiten auf den Markt.

Von allen bewohnten Wohnungen der Schweiz sind zurzeit rund zehn Prozent als Stockwerkeigentum ausgestaltet.

Auch die aktuell tiefen Hypothekarzinsen auf der einen Seite und die hohen Mietzinse auf der anderen Seite bewegen viele dazu, ein Eigenheim zu erwerben.

Kein leichter Entscheid: Einfamilienhaus, Eigentumswohnung oder etwas mieten?

Der heutige Wohnungsmarkt umfasst ein breites Spektrum. Wer Eigentümer werden will, sollte sich deshalb gründlich mit den verschiedenen Eigentums- und Wohnformen auseinandersetzen. Er muss die eigenen Bedürfnisse formulieren und ein sorgfältiges Budget erstellen. Wenn die Rechnung stimmt, kann es sich lohnen – denn auf längere Sicht kostet Eigentum in der Regel weniger als Miete.

Im eigenen Haus hat der Besitzer viele Freiheiten

Wem es wichtig ist, in allen Belangen frei zu entscheiden, wird ein Einfamilienhaus ins Auge fassen (falls das Geld reicht). Ein Hauseigentümer entscheidet allein, was mit seinem Haus geschieht. Er kann es abreissen lassen und neu bauen, verkaufen, verpfänden, zu Wohnrecht überlassen oder vermieten. Er kann selber jeden zur Rechenschaft ziehen, der sein Eigentum stört oder es ihm vorenthält. Kurz: Er darf im Rahmen des gesetzlich Erlaubten alles tun.

Aber es gibt auch Schattenseiten: Ein eigenes Einfamilienhaus bringt viel Arbeit mit sich. Der ganze Unterhalt und die Verwaltung bleiben am Eigentümer hängen. Er muss sich selber um Reparaturen kümmern, Kostenvoranschläge einholen, Handwerker beauftragen – und dann auch die Rechnungen alleine bezahlen.

Und: Während Mieterinnen und Mieter mit einer gewissen Frist kündigen und sich relativ einfach eine neue Bleibe suchen können, sind Eigentümer viel fester an ihre Immobilie gebunden.

Will ein Eigentümer ausziehen, muss er zunächst einen neuen Käufer finden, der gewillt ist, das Objekt zu seiner Preisvorstellung zu erwerben. Doch nicht immer findet man schnell einen Käufer. Unter Umständen droht gar ein Verkauf unter Wert und damit ein Geldverlust, falls die Wirtschaftslage oder andere Umstände gerade ungünstig sind.

Die Anschaffung von Eigentum ist zwar anfänglich teurer als das Leben als Mieter, doch gleichzeitig investiert der Eigentümer in eine Wertanlage. Das ist allerdings mit langfristigen finanziellen Verpflichtungen verbunden (Hypothekarzinsen, Amortisation, Reparatur- und Unterhaltskosten). Nach 20 bis 30 Jahren ist meist eine grössere Sanierung nötig.

Stockwerkeigentümer haben weniger Freiheiten

Die zum Einfamilienhaus gemachten Überlegungen gelten grundsätzlich auch für den Stockwerkeigentümer. Aber: Die Freiheiten des Eigentums sind bei der Eigentumswohnung markant eingeschränkt.

Denn der Stockwerkeigentümer ist nicht alleiniger Herr seiner Sache. Das Haus, in dem sich die Wohnung befindet, steht im Miteigentum der ganzen Stockwerkeigentümergemeinschaft.

Der Stockwerkeigentümer kauft einen Anteil am ganzen Grundstück inklusive Boden und Gebäu-

dehülle. Der Begriff «Eigentumswohnung» ist daher eigentlich falsch. Der Stockwerkeigentümer kann lediglich über den Innenraum seiner Wohnung frei verfügen (siehe Kapitel 2).

Dafür ist beim Stockwerkeigentum der Verwaltungsaufwand geringer als bei einem Einfamilienhaus. Zwar muss der Eigentümer die Wohnung ebenfalls auf eigene

Kosten instand halten. Aber ums Haus, um den Garten, das Treppenhaus, den Lift, den Einkauf von Heizöl usw. kümmert sich meist ein Verwalter.

Für die Kosten der gemeinschaftlichen Teile müssen die Eigentümer gemeinsam aufkommen – etwa für Servicekosten oder für Reparaturen bei Lift, Heizung usw.

Wohnungsbesitzer müssen viele Regeln beachten

Ähnlich wie der Mieter muss sich der Stockwerkeigentümer in die Gemeinschaft der Mitbewohner einfügen. Dabei sind Toleranz, Rücksichtnahme, Konfliktfähigkeit und Interesse an der Gemeinschaft verlangt. Die Hausordnung und die anderen Mitbewohner müssen respektiert werden. Beschlüsse werden in der Versammlung gemeinsam gefasst und müssen dann auch von allen respektiert werden.

Wenn ein Eigentümer zum Beispiel einer umfassenden und notwendig gewordenen Fassadenerneuerung nicht zugestimmt hat, muss er dennoch die Kosten dafür im Rahmen seiner Wertquote bezahlen (siehe Kapitel 4). Die Entscheidungsfreiheit ist also eingeschränkt.

Deshalb eignet sich Stockwerkeigentum für kompromissbereite Menschen – nicht aber für eingefleischte Individualisten. Wer als Mieter schon Probleme mit den Nachbarn hatte, ist höchstwahrscheinlich auch mit einer eigenen Wohnung nicht besser dran.

Mieterinnen und Mieter haben nur ein Recht auf Benützung…

Der Mieter hingegen ist nicht Eigentümer. Er darf lediglich die Wohnung oder das Haus gegen die Bezahlung eines Mietzinses benützen.

Natürlich darf der Mieter die Wohnung möblieren, wie er will, ein und aus gehen, wann er will, Gäste empfangen usw.

Aber: Die Wohnung gehört ihm nicht. Eigentümer ist der Vermieter, und dieser bestimmt, ob beispielsweise Haustiere in der Wohnung erlaubt sind oder nicht. Auch die Hausordnung kann einschränkend sein.

Ausserdem darf der Mieter in der Wohnung keine baulichen Veränderungen durchführen. Gefällt ihm die Trennwand plötzlich nicht mehr, darf sie der Mieter nicht eigenmächtig herausreissen. Für solche Eingriffe ist er stets auf das Einverständnis des Vermieters angewiesen. Das uneingeschränkte Verfügungsrecht hat nur ein Eigentümer.

Der Wohnungsbesitzer kann dem Mieter auch unter Einhaltung der Kündigungsfrist kündigen. Innert relativ kurzer Zeit (in der Regel drei Monate) muss dann der Mieter eine neue Bleibe suchen.

…doch dafür haben sie auch weniger Verantwortung

Doch die Miete hat auch ihre klaren Vorteile. Der Mieter ist nicht für den Unterhalt der Wohnung verantwortlich. Entsteht ein Mangel, greift der Mieter einfach zum Telefon und meldet den Schaden dem

Vermieter. Dieser muss sich dann um die Behebung des Mangels kümmern.

Denn im Mietzins sind der Unterhalt und die Verwaltung der Liegenschaft inbegriffen. Nur für kleinere und fahrlässig beziehungsweise absichtlich verursachte Schäden muss der Mieter selber aufkommen.

Der Mieter spart sich also einiges an Verantwortung, Zeit und Aufwand. Hat der Mieter mit seinem Vermieter Streit, kann er die Situation allenfalls kostenlos vor die Schlichtungsbehörde tragen.

Die Kündigungsmöglichkeit kann für den Mieter auch vorteilhaft sein: Passt ihm die Wohnung nicht mehr, kann er sie jederzeit kündigen. Falls er einen Ersatzmieter findet, kann er notfalls sogar kurzfristig ausziehen, ohne die Kündigungsfristen einzuhalten.

Und wenn eine Familie auseinanderbricht oder wenn der Hauptversorger den Job verliert – ein Mieter geht weniger Risiko ein. Die eigene Immobilie hingegen sollte auch in schlechten Zeiten tragbar sein.

Wer also flexibel bleiben will, weil beispielsweise ein Auslandaufenthalt bevorsteht oder sich die beruflichen Aussichten ändern könnten, ist so gesehen mit einer Mietwohnung besser bedient.

Die Finanzierung des Wohneigentums

Wer Wohneigentum kauft, muss sich ein paar wichtige Fragen stellen? Wie viel darf das zukünftige Heim kosten? Schätze ich meine finanzielle Situation richtig ein? Verfüge ich über genügend Eigenkapital? Und was kostet mich das alles zusammen?

Insbesondere im aktuellen Zeitpunkt (2013/2014) verleiten die rekordtiefen Hypothekarzinsen viele dazu, sich ein Traumobjekt zu kaufen, das in «normalen» Zeiten für sie kaum erschwinglich wäre.

Deshalb operieren die Berechnungen in den Kästen auf den Seiten 11, 14 und 16 ganz bewusst mit höheren Zinssätzen.

Ohne Eigenkapital gibts kein Haus und keine Wohnung

Das Haupthindernis beim Erwerb von Wohneigentum sind die flüssigen Mittel.

Die meisten Interessenten sind finanziell nicht in der Lage, das nötige Eigenkapital von 20 Prozent aufzubringen. Ungefähr so viel müssen sie aber selber aufbringen. Das verlangen die Banken, bevor sie eine Hypothek geben.

Das Eigenkapital kann aus Ersparnissen bzw. Wertschriften bestehen, aber auch aus dem Vorbezug von Pensionskassengeldern, von Geldern der 3. Säule oder von Freizügigkeitsguthaben.

Vielleicht sind die Eltern bereit, ein günstiges Darlehen zu geben – oder einen Erbvorbezug zu gewähren. Ein Erbvorbezug muss weder amortisiert noch verzinst werden. Und er ist für direkte Nachkommen in den meisten Kantonen steuerfrei.

Ein Erbvorbezug ist deshalb ein sehr guter Weg, um das nötige Eigenkapital zu beschaffen.

Pensionskassenvorbezug: Das müssen Sie wissen

Für den Erwerb von Wohneigentum, aber auch zur Rückzahlung von Hypotheken oder zur Finanzierung von wertvermehrenden Umbauten können Pensionskassenversicherte Altersgeld vorbeziehen.

Ein solcher Vorbezug ist alle fünf Jahre möglich und muss mindestens 20 000 Franken betragen.

Bis zum Alter 50 darf man das gesamte Pensionskassenguthaben beziehen. Ältere erhalten den Betrag, den sie mit 50 hätten vorbeziehen können, oder die Hälfte des aktuellen Guthabens – je nachdem, welche Summe höher ist.

Das sind die wichtigsten Tipps zu diesem Thema:

■ Melden Sie einen Vorbezug rechtzeitig bei der Pensionskasse an. Sonst drohen unliebsame Verzögerungen. Lassen Sie Ihre Pensionskasse schriftlich bestätigen, dass sie das Guthaben vor Ihrem Notariatstermin auszahlt.

■ Weist die Pensionskasse eine Unterdeckung auf, kann sie die Auszahlung des Vorbezuges zeitlich verzögern oder betragsmässig einschränken.

■ Für den Vorbezug verlangen die Pensionskassen eine Gebühr, die bis zu 600 Franken betragen kann.

■ Wer Pensionskassen-Altersgelder auf einem Freizügigkeitskonto parkiert hat, kann diese Summe ebenfalls für den Kauf eines Eigenheims einsetzen.

■ Pensionskassenguthaben und Freizügigkeitskonten muss man

Mietwohnung oder Eigentumswohnung?

Dieses Beispiel mit fiktiven Annahmen zeigt, wie Sie die Kosten vergleichen können.

Die Mietwohnung in dieser Vergleichsrechnung kostet beispielsweise 2300 Franken monatlich. Das sind 27 600 Franken jährlich. Hinzu kommen rund 3000 Franken Nebenkosten (total 30 600 Franken). Das ergibt eine monatliche Belastung von 2550 Franken.

Zu den fast gleichen Kosten kann man eine Eigentumswohnung gemäss folgender Tragbarkeitsrechnung kaufen (sofern Eigenkapital vorhanden ist):

Finanzierungsplan	
Anlagekosten/Kaufpreis	650 000.–
1. Hypothek (66%)	430 000.–
2. Hypothek (14%)	90 000.–
Eigenkapital (20%)	130 000.–
Tragbarkeitsrechnung für ein Jahr	
Zins 1. Hypothek (3,5%)	15 050.–
Zins 2. Hypothek (4%)	3 600.–
Amortisation 2. Hypothek (während 15 Jahren)	6 000.–
Nebenkosten (1% des Kaufpreises)	6 500.–
Aufwand pro Jahr	**31 150.–**
Aufwand pro Monat	**2 596.–**

Die Berechnung basiert auf den Hypothekarsätzen von 3,5 bzw. 4 Prozent. Im gegenwärtigen Zinsumfeld sind das relativ hohe Ansätze. Doch die Zinsbelastung sollte auch in Zeiten mit höheren Zinsen tragbar sein. Es lohnt sich deshalb, in diesem Punkt vorsichtig zu rechnen – allenfalls sogar mit noch höheren Zinssätzen.

Diese Rechnung gilt im Prinzip nur für das erste Jahr. In den anschliessenden Jahren reduziert sich die jährliche Zinsbelastung wegen der Amortisation der Hypothek jeweils um 320 Franken pro Jahr.

Nicht berücksichtigt sind in dieser Rechnung der Zinsverlust auf das eingesetzte Eigenkapital, die steuerlichen Auswirkungen, die mögliche Wertsteigerung der Liegenschaft und die Vermögenszunahme durch Abzahlung der 2. Hypothek.

beim Bezug als Einkommen versteuern, allerdings separat vom übrigen Einkommen und zu einem reduzierten Steuersatz. Beispiel: Bei einem Vorbezug von 250 000 Franken betragen die Steuern je nach Wohnort zwischen rund 9000 und rund 22 000 Franken.

Kassengeld fürs Eigenheim: Verpfändung statt Vorbezug?

Wird ein Teil des Pensionskassen-Alterskapitals für den Kauf einer Wohnung vorbezogen, können sich die Versicherungsleistungen bei Tod und Invalidität reduzieren; das hängt vom jeweiligen Pensionskassenreglement ab.

Genauer: Diese Versicherungsleistungen vor der Pensionierung werden kleiner, wenn sie – wie gesetzlich vorgesehen – von der Höhe des jeweiligen Alterskapitals abhängen.

FRAGE

Wird ein Pensionskassenvorbezug gepfändet?

Ich habe einen Teil des Pensionskassengeldes in meine Eigentumswohnung investiert. Jetzt muss die Wohnung zwangsversteigert werden, weil ich zahlungsunfähig bin. Was passiert mit dem investierten Pensionskassengeld? Fällt es auch in die Konkursmasse?

Nein. Aus dem Erlös der Versteigerung wird zuerst die Hypothekarschuld getilgt. Falls dann noch etwas übrigbleibt, wird davon zwingend der Vorbezug an die Pensionskasse zurückgezahlt.

Das heisst allerdings auch: Falls nach der Tilgung der Hypothekarschuld wenig oder gar kein Geld mehr übrigbleibt, ist das vorbezogene Geld aus der Pensionskasse zum Teil oder sogar ganz verloren.

Es gibt aber auch Reglemente, welche die Höhe der Versicherungsleistungen vom aktuellen versicherten Lohn aus berechnen. In einem solchen Fall verringern sich die Versicherungsleistungen nicht.

Sicher reduziert sich aber die Altersleistung, also die Rente, die man voraussichtlich im Pensionsalter erhält (dafür sind die Wohnkosten geringer).

Deshalb sollte man Pensionskassenguthaben sicherheitshalber nur dann beziehen, wenn das nötige Eigenkapital nicht anderweitig beschafft werden kann.

Eine solche Reduktion der Altersrente lässt sich jedoch vermeiden: mit einer Verpfändung des Alterskapitals zugunsten der Wohnung.

Das geht so: Die Bank erhöht die Hypothek, und das Altersguthaben dient der Bank als Sicherheit für die erhöhte Hypothek. Deshalb gewähren die Banken so eine Hypothek von bis zu 90 oder 100 Prozent des Liegenschaftswerts statt der üblichen 80 Prozent.

Diese Zusatzhypothek muss wie eine zweite Hypothek spätestens bis zur Pensionierung vollständig amortisiert werden.

Bei der Verpfändung bleibt das Geld in der Pensionskasse

Vorteil der Verpfändung: Das Geld bleibt in der Pensionskasse und trägt weiter Zins. Zudem sind nach wie vor die vollen Risikoleistungen der Pensionskasse bei Invalidität und Tod vor der Pensionierung garantiert.

Der Nachteil: Die Wohnkosten steigen, weil der Hausbesitzer mehr Hypothekarzinsen zahlen muss. Braucht er eine zweite Hypothek, muss er zudem höhere Amortisationszahlungen leisten.

Fährt man mit dem Vorbezug oder der Verpfändung besser?

Wichtig für diesen Entscheid sind vor allem zwei Grössen: der Hypothekarzins und die steuerliche Belastung.

Höhere Kreditzinsen bedeuten höhere Wohnkosten, aber tiefere Steuern. Es lohnt sich deshalb, beide Varianten unter Berücksichtigung der Hypozinskosten und der effektiven Steuerbelastung zu vergleichen.

Auf der nächsten Doppelseite sind deshalb zwei Tabellen zu sehen (Variante 1 und Variante 2). Sie zeigen, wie die Rechnung unter Berücksichtigung aller Faktoren gemacht werden kann.

Die Wiedereinzahlungen sind entscheidend

Die **Variante 1** geht davon aus, dass der betreffende Mann jedes Jahr 10 050 Franken wieder in die Pensionskasse einzahlt, um die Kürzung der Altersrente aufzufangen.

Zudem sind bei Variante 1 noch 2000 Franken jährlich eingesetzt für die separate Versicherung des Todesfall- und Invaliditätsrisikos. Diese Versicherung soll die Kürzung der Leistungen bei der Pensionskasse auffangen (siehe die Seite 12).

In Variante 1 kostet so der Vorbezug 31 070 Franken pro Jahr und ist damit teurer als die Verpfändung.

Dieses Verhältnis ist umgekehrt bei der **Variante 2** auf Seite 15. Hier erfolgen beim Vorbezug keine Wiedereinzahlungen in die Pensionskasse, was zum Beispiel angemessen ist, wenn später eine Erbschaft zu erwarten ist. Und es fallen auch keine zusätzlichen Risikokosten an, weil diese Variante von der Annahme ausgeht, dass die Risikoleistungen der Pensionskasse beim Vorbezug nicht sinken, wie das bei vielen Vorsorgeeinrichtungen der Fall ist.

In Variante 2 auf Seite 15 kostet deshalb eine Verpfändung deutlich mehr als der Vorbezug des Pensionskassenguthabens.

Das Wichtigste zum Thema Vorbezug bzw. Verpfändung

Vorbezug des Alterskapitals:

■ Die Hypothekarschuld ist kleiner, die Hypozinsen bzw. Wohnkosten sind damit tiefer;

■ das Altersguthaben in der Pensionskasse sinkt und damit sinken eventuell auch die Risikoleistungen. So können Ausgaben für einen zusätzlichen Risikoschutz anfallen;

■ es resultieren höhere Einkommenssteuern, weil weniger Schuldzinsen abgezogen werden können;

■ die Auszahlungssteuer für den bezogenen Teil wird sofort fällig.

■ Steuersparende Einkäufe in die Pensionskasse sind erst wieder möglich, wenn der ganze Vorbezug zurückbezahlt ist.

Fortsetzung auf Seite 15

Finanzierung mit Pensionskassengeld:
Vorbezug oder Verpfändung? Variante 1

Annahme: 45-jähriger Mann, Kontoguthaben 100 000 Franken, Pensionskassenvorbezug 150 000 Franken, Kaufpreis der Eigentumswohnung 800 000 Franken. Angaben in Franken.

	Vorbezug	Verpfändung
Kaufpreis (Belehnungsbasis Bank)	800 000.–	800 000.–
Eigenkapital		
Kontoguthaben	100 000.–	100 000.–
Pensionskassenvorbezug	142 000.–[1]	–
Total Eigenkapital	242 000.–	100 000.–
Fremdkapital		
1. Hypothek	520 000.–	520 000.–
2. Hypothek	38 000.–	45 000.–
Zusatz-Hypothek (Verpfändung PK-Guthaben)	–	135 000.–[2]
Total Fremdkapital	**558 000.–**	**700 000.–**
Jährliche Kosten		
Zins 1. Hypothek (3 %)	15 600.–	15 600.–
Zins 2. Hypothek (4 %)	1 520.–	1 800.–
Zins Zusatzhypothek (3 %)	–	4 050.–
Amortisation 2. Hypothek	1 900.–[3]	2 250.–[3]
Amortisation Zusatz-Hypothek	–	6 750.–[3]
Jährliche Spareinlagen	10 050.–[4]	–
Kosten für eine Risikoversicherung	2 000.–[5]	–
Steuervorteil	–	–1 300.–[6]
Total Kosten	**31 070.–**	**29 150.–**

1 Es fallen Kapitalauszahlungssteuern an (Annahme: 8000 Franken). Diese müssen aus eigenen Mitteln bezahlt werden und lassen sich nicht mit dem Vorbezug verrechnen. **2** Auf das Pensionskassenguthaben von 150 000 Franken gibt die Bank ein Darlehen in der Höhe von 90 %. **3** Die 2. Hypothek und die Zusatzhypothek müssen innert 20 Jahren vollständig amortisiert sein. **4** Durch den Vorbezug wird das Pensionskassen-Altersguthaben bei der Pensionierung um rund 270 000 Franken kleiner (150 000.– während 20 Jahren zu 3 % verzinst). Dieser Betrag muss durch jährliche Einlagen von 10 050 Franken wieder angespart werden (angenommener Nettoertrag auf den jährlichen Einlagen: 3 %). **5** Mit der Risikoversicherung werden die tieferen Pensionskassenleistungen bei Tod und Invalidität versichert, die bei einem Pensionskassenvorbezug resultieren. **6** Der bei einer Verpfändung zusätzliche Schuldzinsabzug von 4330 Franken, multipliziert mit einem angenommenen Grenzsteuersatz von 30 %.

QUELLE: «HYPOTHEKEN», RATGEBER DES VZ VERMÖGENSZENTRUMS

14

Fortsetzung von Seite 13

**Die Folgen einer Verpfändung
des Alterskapitals:**
■ Die Hypothekarzinsen
sind höher;
■ die Amortisationszahlungen
sind höher;
■ es resultiert eine Reduktion der
Einkommenssteuer durch die höheren abzugsfähigen Hypothekarzinsen;
■ das angesparte Alterskapital in
der Pensionskasse wird weiterhin
verzinst;
■ die Risikoleistungen der Pensionskasse bei Invalidität und Tod
bleiben gleich.

**Gelder der 3. Säule für den
Kauf von Wohneigentum**
Auch angesparte Gelder in der
steuerbegünstigten 3. Säule können für den Kauf von Wohneigentum vorbezogen werden.

Hier gibt es keine Minimallimi-
ten, und je nach Bank dürfen von
einem bestehenden 3.-Säule-Kon-
to auch Teilbeträge bezogen werden.

Zudem kann man nach getätigten Bezügen trotzdem weiterhin
einzahlen und so Steuern sparen.

Voraussetzung ist allerdings,
dass man die 3. Säule bei der
Bank geäufnet hat. Wer hingegen
im Rahmen der 3. Säule über eine
Lebensversicherung spart, erhält
verhältnismässig weniger Geld für
den Vorbezug, weil der sogenannte
Rückkauf einer Sparversicherung
immer mit einem empfindlichen
Geldverlust verbunden ist.

Auch beim Bezug von Geldern
der 3. Säule fällt eine Kapitalaus-
zahlungssteuer an.

Tipp: Alle wichtigen Details zur
Pensionskasse und zur 3. Säule
stehen im Saldo-Ratgeber «Gut
vorsorgen: Pensionskasse, AHV
und 3. Säule». Sie können den
Ratgeber im Internet bestellen
unter www.saldo.ch oder über Telefon 044 253 90 70.

Finanzierung mit Pensionskassengeld:
Vorbezug oder Verpfändung? Variante 2

Jährliche Kosten	Vorbezug	Verpfändung
Zins 1. Hypothek (3%)	15 600.–	15 600.–
Zins 2. Hypothek (4%)	1520.–	1800.–
Zins Zusatzhypothek (3%)	–	4050.–
Amortisation 2. Hypothek	1900.–	2250.–
Amortisation Zusatz-Hypothek	–	6750.–
Jährliche Spareinlagen	0.–	–
Kosten für eine Risikoversicherung	0.–	–
Steuervorteil	–	–1 300.–
Total Kosten	**19 020.–**	**29 150.–**

Die Hypothek – das Fremdkapital von der Bank

Rund 80 Prozent der Kaufsumme erhalten Haus- oder Wohnungskäufer von Banken, von der Post oder von Versicherungen als Hypothek. Dabei gilt die Faustregel, dass die Banken umso zurückhaltender sind, je günstiger sie sind. Es kann zum Beispiel sein, dass eine Bank nur bis 75 Prozent belehnt. Andere gehen auch mal über 85 Prozent – immer abhängig vom jeweiligen Antragsteller und seiner finanziellen Situation.

Beachten Sie aber: Je mehr der Anteil der Hypothek im Vergleich zum Eigenkapital ausmacht, desto höher werden der Hypothekarzins und damit auch Ihre Wohnkosten. Es lohnt sich nicht, eine möglichst hohe Hypothek zu ergattern, wenn man nachher kaum den Hypozins bezahlen kann, weil man zu knapp gerechnet hat.

Wohnkosten: Höchstens ein Drittel des Einkommens

Die meisten Banken gewähren eine Hypothek nur, wenn die Wohn-

---

Die finanzielle Tragbarkeit eines Eigenheimkaufs zum Preis von 800 000 Franken

Annahmen: Ehepaar, beide sind erwerbstätig. Die Finanzierung erfolgt über eine Belehnung von 80 Prozent (Hypothek für 640 000 Franken). Die (vorsichtige) Rechnung basiert auf einem längerfristigen Durchschnittszins von 5 Prozent. Angaben in Franken.

Einkommen pro Jahr in Franken	
Bruttolohn Ehefrau (Teilzeit)	40 000.–
Bruttolohn Ehemann	100 000.–
Total Einkommen	140 000.–
Zins- und Liegenschaftskosten pro Jahr	
Zinssatz	5 %
Kaufpreis	800 000.–
Hypothek (80 % des Kaufpreises)	640 000.–
Zinskosten[1]	32 000.–
Amortisation (1 % des Fremdkapitalbedarfs)	6 400.–
Nebenkosten[2] (1 % des Liegenschaftspreises)	8 000.–
Liegenschaftskosten total pro Jahr	46 400.–
Verhältnis Liegenschaftskosten zum Einkommen	33,14 %

[1] In der Tragbarkeitsrechnung sind nicht die aktuellen Zinsen eingesetzt, sondern ein längerfristiger Durchschnittszinssatz von 5 %.
[2] Die Nebenkosten variieren je nach Objekt und Alter einer Wohnung stark; als Faustregel empfiehlt es sich, 0,8 bis 1 Prozent des Wohnungswertes anzunehmen.

Diese Rechnung gilt im Prinzip nur für das erste Jahr. In den anschliessenden Jahren reduziert sich die jährliche Zinsbelastung wegen der Amortisation der Hypothek jeweils um 320 Franken. Bei der Hypothek wird der Einfachheit halber nicht zwischen 1. und 2. Hypothek unterschieden.

kosten rund ein Drittel des Brutto-einkommens nicht übersteigen.

Das ist die sogenannte Tragbar-keit. Beispiel: Bei jährlichen Wohn-kosten von 48 000 Franken muss das Jahreseinkommen mindes-tens 144 000 Franken betragen.

Tipp: Am besten erstellen Sie eine Tragbarkeitsrechnung (siehe Beispiel im Kasten links). Dies können Sie auch im Internet auf den Webseiten verschiedener Finanzinstitute tun.

So finden Sie leicht heraus, ob Sie sich ein bestimmtes Wohn-objekt in Anbetracht Ihrer Finanzen leisten können. Oder Sie können umgekehrt online berechnen, wie viel Sie angesichts Ihrer vorhan-denen Finanzen maximal für eine Eigentumswohnung zahlen kön-nen.

Einen solchen «Eigenheimrech-ner» finden Sie zum Beispiel auf www.vermoegenszentrum.ch. Er berücksichtigt auch die steuerli-chen Auswirkungen.

Hypothekenvergabe: Banken sind strenger geworden

Die Banken setzen seit Ausbruch der Finanzkrise strengere Mass-stäbe an für die Berechnung der Tragbarkeit. Sie zählen zum Bei-spiel hohe Boni nicht mehr voll zum Einkommen, sondern je nach Branche nur noch teilweise.

Weiter hinterfragen die Banken das Einkommen grundsätzlich stärker als früher und denken auch an mögliche Stellenwechsel und -verluste. Die Frage lautet dann: Würde der Kreditnehmer sein aktuelles Einkommen auch bei einem anderen Arbeitgeber erzielen?

Zudem berücksichtigen viele Banken bei jungen Paaren ein Ein-kommen der Ehefrau nicht bei der Tragbarkeitsberechnung, weil die Ehefrau im Falle einer Schwanger-schaft einige Zeit nicht arbeiten würde.

Zurückhaltend sind neuerdings die Banken auch, wenn es um den Bezug von Pensionskassengeld geht. Einige raten ihren Kunden sogar ganz von einem Vorbezug ab oder entscheiden von Fall zu Fall.

Es kann auch sein, dass eine Bank gar keine Hypotheken mehr an Kunden vergibt, die für die Beschaffung der Eigenmittel auf Pensionskassengelder angewie-sen sind. Diese Kunden müssen die Eigenmittel dann anderweitig besorgen.

In der Regel verlangen Banken, dass Immobilienkäufer mindes-tens zehn Prozent des Kaufprei-ses aus «echten» eigenen Mitteln aufbringen. Pensionskassengelder gelten aus Sicht der Banken nicht als echte Eigenmittel.

Das sind noch ein paar Tipps zum Thema Hypothek:

■ Es kann sich lohnen, die Hypo-thekarschuld zu splitten – zum Bei-spiel eine Hälfte mit einer Libor-hypothek, die andere Hälfte mit einer Festhypothek (siehe Kasten auf der nächsten Seite).

■ Hypotheken kann man auch auf-stocken – zum Beispiel für um-fangreiche Renovationen. Der neue Hypothekarbetrag muss aber

Fortsetzung auf Seite 19

Die drei wichtigsten Arten von Hypotheken

■ Im Wesentlichen gibt es drei Arten von Hypotheken:

Festhypotheken haben eine Laufzeit von bis zu zehn Jahren (oder mehr), und der Zins ist für diese Periode im Prinzip fix. Damit ist der Inhaber gegen steigende Zinsen geschützt, kann aber nicht von fallenden Zinsen profitieren. Bei einer vorzeitigen Auflösung einer Festhypothek – etwa wenn man die Wohnung verkaufen muss und der Käufer die Festhypothek nicht übernehmen will – fallen hohe Kosten an. Mehr als 80 Prozent aller Hypotheken sind Festhypotheken, obwohl sie statistisch gesehen am teuersten sind (siehe unten).

Geldmarkthypotheken (auch Liborhypotheken genannt) haben ganz kurze Laufzeiten von wenigen Monaten. Der Zinssatz richtet sich nach dem europäischen Geldmarkt, ändert sich also im Rhythmus von drei bis sechs Monaten. Solche Verträge lassen sich meist ohne grössere Kosten vorzeitig auflösen, obwohl sie eine Rahmen-Laufzeit von drei bis fünf Jahren haben. In den letzten Jahren waren Liborhypotheken deutlich günstiger als die beiden anderen hier erwähnten Varianten.

Variable Hypotheken haben in der Regel keine feste Laufzeit, die Kündigungsfrist beträgt drei bis sechs Monate. Der Zinssatz der variablen Hypothek steigt und fällt mit dem allgemeinen Zinsniveau.

Die Tabelle unten zeigt, dass Geldmarkthypotheken in der Vergangenheit am günstigsten waren.

Tipp: Banken sind schlechte Ratgeber, wenn es darum geht, die richtige Hypothekarstrategie zu wählen, denn sie wollen in erster Linie Festhypotheken verkaufen. Lassen Sie sich von bankenunabhängigen Hypothekarberatern helfen. Das Honorar ist in der Regel gut investiert (Adressen im Anhang auf S. 202).

So viel kostete eine Hypothek über 500 000 Franken in vergangenen 10-Jahres-Perioden

10-Jahres-Zeitraum 1	Variable Hypothek	Geldmarkt-Hypothek	5-jährige Festhypothek	Differenz (Min./Max.)
1990–2000	273 000.–	259 000.–	353 000.–	94 000.–
1991–2001	262 000.–	233 000.–	342 000.–	109 000.–
1992–2002	244 000.–	204 000.–	337 000.–	133 000.–
1993–2003	228 000.–	173 000.–	256 000.–	83 000.–
1994–2004	214 000.–	152 000.–	270 000.–	118 000.–
1995–2005	202 000.–	134 000.–	279 000.–	145 000.–
1996–2006	192 000.–	126 000.–	249 000.–	123 000.–
1997–2007	183 000.–	125 000.–	220 000.–	95 000.–
1998–2008	178 000.–	131 000.–	179 000.–	48 000.–
1999–2009	174 000.–	132 000.–	190 000.–	58 000.–
2000–2010	168 000.–	125 000.–	209 000.–	84 000.–
2001–2011	160 000.–	109 000.–	209 000.–	100 000.–
2002–2012	153 000.–	97 000.–	214 000.–	117 000.–
2003–2013	151 000.–	95 000.–	190 000.–	95 000.–
Durchschnittliche Zinskosten	**199 000.–**	**150 000.–**	**250 000.–**	**100 000.–**
Durchschnittlicher Zins	**3,98 %**	**3,00 %**	**5,00 %**	

Angaben in Franken   1 Beginn und Ende der Laufzeit Mitte Jahr

QUELLE: VZ VERMÖGENSZENTRUM

Fortsetzung von Seite 17

immer noch der Tragbarkeitsrech- nung standhalten (siehe Seite 16). Bei Rentnern sind die Banken in diesem Punkt zurückhaltend.

■ Wichtig: Viele unseriöse Vermitt- ler von dubiosen Anlageprodukten empfehlen, die Hypothek zu erhö- hen, um dieses Geld an der Börse anzulegen. Tun Sie das auf keinen Fall!

■ Prüfen Sie später eine Rückzah- lung der Hypothek und lassen Sie sich dazu beraten. In vielen Kon- stellationen lohnt sich eine – auch teilweise – Rückzahlung.

■ Die aktuellen Hypothekarsätze werden laufend in der Zeitschrift «K-Geld» veröffentlicht. Im Internet finden Sie sie zum Beispiel unter www.vermoegens-partner.ch   (→ Services).

So berechnen Sie die Wohnkosten

Eine Faustregel besagt: Wer sein Eigenheim mit 20 Prozent Eigen- kapital finanziert, muss mit jährli- chen Wohnkosten von 6 Prozent des gesamten Kaufpreises rech- nen; bei 35 Prozent Eigenkapital liegen die jährlichen Kosten bei etwa 4,5 Prozent.

Dieser Betrag umfasst alle Auf- wendungen wie Hypothekarzinsen, Unterhaltskosten (1 Prozent pro Jahr) und Amortisation der zweiten Hypothek über 20 Jahre. Die Aus- wirkungen auf die Steuern bleiben bei dieser Faustregel ohne Beach- tung. Ebenfalls nicht berücksich- tigt ist die entgangene Rendite auf das eingesetzte Eigenkapital.

Ein Beispiel dazu: Der Kauf einer 500 000 Franken teuren Eigentumswohnung führt bei 20 Prozent Eigenkapital zu jährlichen Wohnkosten von 30 000 Franken.

Diese einfache 6-Prozent-Regel ist auf hohe Sicherheit ausgelegt. Sie basiert deshalb auf relativ ho- hen Hypozinsen (5 Prozent für die erste Hypothek, 6 Prozent für die zweite). Schliesslich soll die Eigen- tumswohnung auch bei steigen- den Zinsen finanzierbar bleiben.

Die Steuern beim Kauf eines Eigenheims

Vergessen Sie beim Kauf von Wohneigentum die Steuern nicht. Bereits beim Erwerb fällt in den meisten Kantonen die Handände- rungssteuer an.

Die Grundstückgewinnsteuer bei bestehenden Liegenschaften wird beim Verkäufer erhoben (sie- he Kapitel 8).

Als Käufer sollten Sie sich absi- chern gegen unliebsame Überra- schungen bei der Grundstückge- winnsteuer. Bleibt nämlich der Ver- käufer diese schuldig, kann die Steuerbehörde auf der Stockwerk- einheit ein Pfandrecht errichten – was zur Folge haben kann, dass am Ende Sie als Käufer zahlen müssen, falls der Verkäufer zah- lungsunfähig ist.

Dagegen können sich Käufer wappnen, indem sie verlangen, dass der Verkäufer die Grund- stückgewinnsteuer auf einem Sperrkonto hinterlegt oder ander- weitig sicherstellt.

Denkbar ist auch, dass im Kauf- vertrag steht: «Die zu bezahlende

Grundstückgewinnsteuer ist vom Steueramt provisorisch berechnet worden. Sie wird heute vom Käufer unter Anrechnung am Kaufpreis an das Steueramt bezahlt.»

Übrigens: Bedenken Sie, dass beim Kauf auch noch Notariats- und Grundbuchkosten anfallen. Beispiel: Bei einem Kaufpreis von 800 000 Franken und einem Schuldbrief von 640 000 Franken müssen Sie im Kanton Zürich mit Notariats- und Grundbuchkosten von ungefähr 2700 Franken rechnen.

Die eigene Wohnung wird zu einem Teil des Vermögens...

Die eigene Wohnung wird zu Ihrem Vermögen gezählt, Sie zahlen darauf also Vermögenssteuer. Den zu versteuernden Wert legt das Steueramt fest, er ist tiefer als der aktuelle Marktwert.

Ebenfalls als Vermögen versteuern müssen Stockwerkeigentümer das Geld, das im Erneuerungsfonds liegt (siehe Seite 108 ff.).

Stockwerkeigentümer erhalten deshalb von der Verwaltung jedes Jahr einen Kapitalnachweis, auf dem ihr Anteil am Erneuerungsfonds sowie ihr jeweiliger Anteil am Konto für die laufenden Betriebskosten aufgeführt sind.

Allfällige Einnahmen aus dem Wohneigentum müssen als Einkommen versteuert werden. Wer also mit einer Fremdvermietung Mietzinseinnahmen erzielt, muss diese in der Steuererklärung deklarieren.

Wohnen Eigenheimbesitzer selber in ihrer Immobilie, müssen sie den sogenannten Eigenmietwert versteuern: Es wird ihnen sowohl beim Bund als auch bei den Kantonen ein fiktives steuerbares Einkommen angerechnet.

Die Höhe des steuerbaren Eigenmietwerts wird von der Steuerbehörde festgelegt. Er richtet sich nach dem Verkehrswert der Liegenschaft, ist aber je nach Kanton unterschiedlich.

...dafür können Wohnungsbesitzer Abzüge machen

Im Gegenzug können Wohnungs- und Hausbesitzer die Hypothekarzinsen sowie werterhaltende Unterhaltskosten vom steuerbaren Einkommen abziehen.

Bei den Unterhaltskosten können Sie in allen Kantonen wählen: Entweder machen Sie den Pauschalabzug – meist 20 Prozent des Eigenmietwerts. Oder Sie ziehen die effektiven und belegten Unterhaltskosten ab, falls diese Summe höher ausfällt als die Pauschale.

Bei Neubauwohnungen lohnt sich in der Regel der Pauschalabzug. Bei älteren Wohnungen hingegen können die Reparaturen viel höher ausfallen, weshalb die effektiven Kosten in Abzug gebracht werden sollten.

Abzugsfähig sind nur werterhaltende und nicht wertvermehrende Renovationen. Fragen Sie einen Steuerberater, ob die geplante Renovation als werterhaltend gilt.

Energiesparmassnahmen wie neue Fenster, Solaranlagen, Wärmedämmung usw. sind immer abzugsfähig. Neuanschaffungen, Anbauten oder luxuriöse Erweiterungen sind nicht abzugsfähig. Dazu gehören beispielsweise Wintergärten, Garagen, Cheminées usw.

Hypothekarzinsen sind ebenfalls voll abzugsberechtigt.

Ob Sie die Schulden (Hypothek) so schnell wie möglich abzahlen sollten oder besser einen Teil stehen lassen, hängt von der Einkommenssituation ab. Am besten lassen Sie sich von einem Steuerexperten beraten.

Wie findet man das passende Objekt?

Wohneigentum kaufen Sie auf längere Sicht. Mit dem Kauf legen Sie fest, wo Sie in den nächsten Jahren wohnen werden.

Deswegen gilt es, vorher ein paar wichtige Fragen zu klären: Wollen Sie lieber auf dem Land wohnen und nehmen Sie dafür einen beschwerlicheren Arbeitsweg auf sich? Haben Sie Kinder und ist deshalb eine kinderfreundliche Umgebung wichtiger? Sollen der Kinderarzt oder Kinderspielplätze und andere Freizeitangebote in nächster Nähe sein? Kann es eine Altbauwohnung mit Charme sein oder bevorzugen Sie einen Neubau mit modernem Ausbaustandard?

Wer schon bei der Planung der Wohnung mitwirken möchte, sucht am besten ein Objekt, das erst auf Plänen existiert (siehe Details auf Seite 24 ff.).

Denken Sie immer auch in die Zukunft. Wie könnte Ihre Situation in 10 oder 20 Jahren aussehen? Sind die Kinder dann schon von zu Hause ausgeflogen? Entspricht Ihr Daheim dann immer noch Ihren Bedürfnissen?

Oder wollen Sie sogar – weil die Gelegenheit günstig ist – eine Wohnung quasi auf Vorrat kaufen und sie so lange vermieten, bis Sie sie selber brauchen, zum Beispiel nach der Pensionierung?

Damit Sie Ihr Wunschobjekt möglichst schnell finden, sollten

Fortsetzung auf Seite 23

CHECKLISTE

Kauf von Wohneigentum: Achten Sie auf diese zehn Punkte

1. Entspricht der Preis Ihrem Budget?
2. Lage: Wie steht es um Immissionen (Lärm und Geruch)? Wie wichtig sind Ihnen Ruhe, Sonne und Aussicht?
3. Merkmale der Gemeinde und des Wohnumfeldes: Freizeitangebot, Einrichtungen für Kinder, Sport, medizinische Versorgung usw.
4. Erschliessung mit öffentlichem und privatem Verkehr.
5. Distanzen zu Arbeitsplatz, Schule und Einkaufsmöglichkeiten.
6. Architekturstil und Bauweise: klassisch «alt» oder modern?
7. Grösse und Anzahl der Zimmer.
8. Grundriss allgemein, Flexibilität hinsichtlich der später nötigen Änderungen.
9. Innenausbau, Farben und Materialien: Ästhetik, praktischer Nutzen und Dauerhaftigkeit.
10. Soziales Umfeld, Nachbarschaft.

Kreuzen Sie nach jeder Besichtigung die erfüllten Punkte an. Erst wenn ein Objekt mindestens sieben oder acht Anforderungsmerkmale erfüllt, sollten Sie das Angebot ernsthaft prüfen. Bedenken Sie jedoch, dass hundertprozentige Übereinstimmung kaum je möglich ist.

Hauskauf: Klare Verhältnisse für den Scheidungsfall

Wenn Ehepartner gemeinsam Wohneigentum kaufen, kann das bei einer Scheidung zu unerwünschten Überraschungen führen.

Der Normalfall sieht so aus: Ein Ehepaar finanziert die gemeinsame Wohnung zu unterschiedlichen Anteilen. Er steuert einen Erbvorbezug von 400 000 Franken bei, sie beteiligt sich mit 20 000 Franken aus ihrer Pensionskasse. Der Rest wird mit einer Hypothek finanziert. Die Zinsen werden aus dem laufenden Einkommen bezahlt. Im Grundbuch sind beide als Miteigentümer je zur Hälfte eingetragen.

Bei einer Scheidung wird das kompliziert. Denn wer das Haus übernimmt, muss den Partner auszahlen. Und: Oft ist das Haus später mehr wert als beim Kauf. Wie berechnet man nun, wie gross der auszuzahlende Betrag ist? Oder wie ein Verlust aufzuteilen ist?

Das Bundesgericht hat sich 2011 mit einem solchen Fall befasst. Dort hatte die Frau den Kauf des Hauses alleine finanziert, sie und ihr Ehemann waren aber als Miteigentümer je zur Hälfte im Grundbuch eingetragen. Deshalb gingen die Richter von der Vermutung aus, dass die Ehepartner den Mehrwert ohne Rücksicht auf die Herkunft der finanziellen Mittel hälftig teilen wollten.

Wer aber das gemeinsame Eigentum bei einer allfälligen Trennung nicht «stur» hälftig teilen will, sollte bereits beim Kauf eine entsprechende Vereinbarung treffen.

Die Ehegatten gründen dazu vertraglich in Bezug auf den Hauskauf eine sogenannte einfache Gesellschaft. Im Vertrag können sie dann vereinbaren, wie ein allfälliger Gewinn aus dem Verkauf der Liegenschaft aufzuteilen ist: etwa nicht nach Köpfen, sondern nach Massgabe der geleisteten Beiträge für den Kauf, die Abzahlung der Hypothek und den wertvermehrenden Unterhalt. Das wäre dann bei einer allfälligen Scheidung auch Basis für die Berechnung bei Veräusserung der

Wohnung oder des Hauses an den Ex-Partner. Beispiel: Erhält die Ehefrau eine grössere Erbschaft und steckt das Geld in die Renovation des Hauses oder zahlt damit einen Teil der Hypothek zurück, erhält sie automatisch später einen grösseren Anteil am gestiegenen Wert des Hauses.

Ein solcher Vertrag könnte folgenden Wortlaut haben: «Wir *(Namen und Adressen)* beabsichtigen, in nächster Zeit das Grundstück *(Angaben gemäss Kataster)* / die Liegenschaft in *(genaue Adresse)* zu erwerben, und zwar als einfache Gesellschafter zu gesamter Hand.

1. Die Regelung der einfachen Gesellschaft unterliegt grundsätzlich den Bestimmungen des Obligationenrechts.

2. In Abweichung von den Bestimmungen des Obligationenrechts vereinbaren wir, dass ein allfälliger Gewinn – respektive Verlust – aus der Veräusserung der Liegenschaft nicht nach Köpfen, sondern nach Massgabe der von beiden Seiten geleisteten Beiträge für den Erwerb des Eigentums, die Abzahlung der für den Erwerb aufgenommenen Darlehen und den ausserordentlichen oder den wertvermehrenden Unterhalt verteilt wird. Die Beiträge für die Verzinsung der Darlehen, den gewöhnlichen Unterhalt und die Verwaltung der Liegenschaft sind nicht zu berücksichtigen.

3. Im Hinblick auf die güterrechtliche Zuordnung unserer Anteile halten wir fest, dass *(Vorname, Name)* Fr. x *(Betrag)* aus dem *(Eigengut/der Errungenschaft)* an den Kaufpreis geleistet hat und *(Vorname, Name)* Fr. x *(Betrag)* aus *(dem Eigengut/der Errungenschaft)*.»

(Datum, Ort)

Der passende Eintrag im Grundbuch. In diesem Zusammenhang empfiehlt es sich auch, dass die Eheleute bei einem Haus- oder Wohnungskauf im Grundbuch Gesamteigentum statt Miteigentum eintragen.

Fortsetzung von Seite 21

Sie eine Liste mit Ihren Anforderungen an den Wohnort und die Wohnung machen.

Lage, Umgebung und Freizeitangebot sind entscheidend

Am wichtigsten ist der Standort Ihres neuen Zuhauses. Der Wohnort ist Ihr neuer Lebensmittelpunkt, den Sie möglichst über mehrere Jahre hinweg behalten möchten. Deshalb ist die Auswahl der Lage entscheidend. Schauen Sie sich die Umgebung gründlich an. Nehmen Sie sich Zeit und besuchen Sie den Ort ein paar Stunden. Sie können auch probeweise den Schulweg oder den Weg zum Kindergarten gehen und so die Sicherheit testen.

Prüfen Sie ebenfalls, wie das Angebot für Ihre Hobbys aussieht und wie der Ort generell erschlossen ist. Und ob Ihr Arbeitsort zu weit entfernt ist oder die Kinder zu wenig Freizeitangebote haben.

Die Lage ist auch im Hinblick auf einen späteren Verkauf der Immobilie wichtig. Bei einer attraktiven Wohnlage riskieren Sie weniger Verkaufsverluste. Und wenn plötzlich die Hypothekarzinsen steigen, verliert eine gut ausgebaute Wohnung an bester Lage weniger an Wert als eine Luxuswohnung an schlechter Lage.

Viele lassen sich vom tiefen Steuerfuss am ausgewählten Ort locken. Nur wegen der günstigen Steuern an einen bestimmten Ort zu ziehen, lohnt sich aber nicht. Denn an solchen Lagen sind die Kaufpreise und meist auch die Lebenskosten dafür umso höher. Diese Rechnung geht also oft nicht auf.

Bei der Auswahl der passenden Eigentumswohnung können Sie zudem überlegen, was Sie in Ihrer jetzigen Wohnung gestört hat und was Sie verbessert haben wollen. Entscheidend ist auch das, was Sie künftig auf keinen Fall mehr missen möchten.

In der Regel spielen die Wohnungsgrösse, die Helligkeit, die Ausstattung der Küche, die Anzahl Zimmer, Garagenplätze, Gartensitzplatz oder Balkon und deren Besonnung eine Rolle. Überprüfen Sie auch die Sanitär- und Elektroinstallationen.

Suchportale im Internet: Nicht der einzige Weg zum Heim

Heutzutage ist es einfach, Immobilien am gewünschten Ort in der gesuchten Preisklasse zu suchen. Das Internet bietet mit Suchportalen wie www.homegate.ch usw. eine gute Hilfe (mehr solche Adressen stehen im Anhang auf Seite 203).

Bei Immobilienfirmen finden Sie ebenfalls interessante Angebote. Es lohnt sich, sich bei seriösen Immobilienfirmen als Interessent registrieren zu lassen. So erfahren Sie eventuell schneller als andere von einem attraktiven Angebot.

Wer sich nicht selber auf die Suche nach einem geeigneten Objekt machen will, kann mit einem Makler einen Vertrag abschliessen. Wichtige Informationen dazu finden Sie in Kapitel 8.

Auf den Internetseiten von Gemeinden können Sie sich ebenfalls über Kaufangebote oder Bauprojekte informieren.

Natürlich sollten Sie auch Zeitungen und lokale Anzeiger nicht vergessen. Nicht alle Verkäufer schalten Ihre Inserate im Internet, weil sie nur eine bestimmte Zielgruppe ansprechen wollen. Es gibt verschiedene Immobilienblätter für gewisse Regionen. Fragen Sie bei der Gemeinde nach.

Schliesslich können Sie im Bekanntenkreis nachfragen – oder dort zumindest mitteilen, dass Sie auf der Suche nach einer Eigentumswohnung sind. Man weiss nie, welche Möglichkeiten sich daraus ergeben können. Viele gute Kaufobjekte gehen unter der Hand weg.

Kauf einer Neubauwohnung: Ab Plan oder erst nach Fertigstellung?

Einige mögen den Charme des Alten, andere wollen auf den Einrichtungsstandard, auf die «Sauberkeit» und Frische einer neuen Wohnung nicht verzichten. Bei Neubauwohnungen haben Sie die Wahl zwischen Kauf ab Plan oder Kauf nach Fertigstellung.

Der Verkauf ab Plan ist weit verbreitet

Beim Verkauf ab Plan suchen die Bauunternehmer noch vor Baubeginn der Häuser bzw. Wohnungen nach Käufern. Das heisst, Interessenten kaufen die Wohnung, bevor Sie überhaupt erstellt ist. Beim Kauf einer Eigentumswohnung ab Plan sollten Sie mindestens über folgende Unterlagen verfügen:

- Begründungsakt über Stockwerkeigentum
- Grundbuchauszug
- Projektpläne
- Baubeschrieb
- Reglement.

Beim Verkauf ab Plan geht der Verkäufer bzw. Investor ein viel tieferes finanzielles Risiko ein, der Käufer hingegen ein höheres. Der Verkäufer baut erst, wenn genügend Käufer vorhanden sind. Bis es so weit ist, bestehen die Projekte nur auf Papier, d.h. Interessenten können die Wohnung vor dem Kauf nicht in der Realität anschauen.

Dabei ist natürlich Vorstellungsvermögen gefragt. Zwar hinterlassen die heutigen Pläne und Bilder über Computer (manchmal sogar in 3D-Programmen) einen guten Eindruck – ob aber der Bau in Wirklichkeit so aussehen wird, weiss man erst bei Fertigstellung. Sie müssen sich die Wohnung und den Innenausbau genau vorstellen können, sonst sind Sie nachher enttäuscht. Planungsfehler unterlaufen häufiger, wenn die Gestaltung nicht real mitverfolgt werden kann.

Das Mitbestimmungsrecht beim Innenausbau

Wer ab Plan kauft, kann in der Regel bei der Ausgestaltung des Innenausbaus mitreden. Das Mitbestimmungsrecht kann unterschiedlich sein. Lassen Sie sich vertraglich zusichern, in welchem

24

Kauf ab Plan: Die Vor- und Nachteile auf einen Blick

Argumente dafür:

■ Wer sich bereits vor Baubeginn für ein bestimmtes Projekt entscheidet, kann meist beim Innenausbau, bei der Auswahl von Apparaten und Materialien mitbestimmen.

■ Bei grösseren Überbauungen arbeiten die Ersteller oft mit einer Bank zusammen, die das Projekt vorgeprüft hat. Das gibt dem Käufer eine gewisse Sicherheit.

Argumente dagegen:

■ Den Innenausbau und die Materialien können Sie normalerweise nicht 1:1 besichtigen und erleben. Sich allein aufgrund von Plänen und Baubeschrieb ein Bild zu machen, verlangt jedoch einiges an Vorstellungsvermögen.

■ Der Käufer geht das Risiko ein, dass sich die Vermarktung des Projektes verzögert oder dass der Bau letztlich doch nicht zustande kommt.

■ Der Kaufinteressent muss einen Reservationsvertrag unterschreiben und Anzahlungen leisten. Damit geht er gewisse Risiken ein.

■ Eine wirklich persönliche, individuelle Beratung und das hautnahe Miterleben des Planungs- und Bauprozesses sind in der Regel nicht möglich.

■ In welchem Umfang und zu welchem Preis Sonderwünsche und Extras möglich sind, ist ein häufiger Streitpunkt. Kaufinteressenten sind meist in der schwächeren Position, wenn sie mit dem Ersteller über Mehr- oder Minderleistungen verhandeln möchten.

Mass Sie den Innenausbau selber gestalten können und bis zu welchem Zeitpunkt Sie Änderungen verlangen können. Ausserdem müssen Sie abklären, wer solche Änderungen bezahlen muss.

Beachten Sie auch: Ist etwa unter «Elektroanlagen» nur «Standardanschlüsse» vermerkt, bleibt für den Käufer im Dunkeln, ob dies einen TV-Anschluss in allen Räumen oder nur einen einzigen Anschluss umfasst.

Die Budgetbeträge für Bodenbeläge, Küchen- oder Nasszelleneinrichtungen bewegen sich im Baubeschrieb oft am unteren Rand der möglichen Preisspanne. Sind beispielsweise für die Küche bloss 10000 Franken budgetiert, sind Mehrkosten wahrscheinlich. Dieser Betrag reicht nur für eine einfache Küche.

Auch ein Budget von 80 Franken pro Quadratmeter für einen verlegten Parkettboden ist ungenügend. Gute und optisch ansprechende Parkettböden sind in der Regel ab etwa 100 Franken pro Quadratmeter zu haben.

Kommt ein ungenügender Ausbaustandard erst während der Bauphase ans Licht und wünschen Sie Änderungen, kann es teuer werden: Verkäufer stellen für Projektanpassungen oft unverhältnismässig hohe Rechnungen.

Bei der Planung auch den Wiederverkauf im Auge haben!

Wenn Sie Ihre zukünftige Wohnung selber planen können, überlegen Sie sich den Innenausbau genau. Mit Vorteil richten Sie die Wohnung so ein, dass sie variabel genutzt werden kann.

Starre Raumvorgaben sind nicht mehr zeitgemäss. Vielleicht wollen Sie später aus dem grossen Wohnzimmer ein kleines Studio machen, das Sie vermieten können, wenn Sie nicht mehr so viel Platz benötigen.

Auch einen Wiederverkauf sollten Sie im Auge behalten, denn Sie wissen nie, was die Zukunft bringt. Der Wiederverkaufswert ist umso höher, je vielseitiger die Wohnung genutzt und eingerichtet werden kann.

Beachten Sie auch, dass Ihr Vertragspartner immer der Verkäufer ist – und nicht etwa die Handwerker auf dem Bau. Falls Sie den Handwerkern direkte Anweisungen geben, müssen Sie diese Aufträge separat auf eigene Kosten übernehmen.

Ein Kauf ab Plan birgt finanzielle Risiken

Bedenken Sie aber, dass Sie beim Kauf ab Plan einige Risiken und einiges mehr an Aufwand als beim

Bauhandwerker-Pfandrecht

Handwerker, die bei einem Hausbau mitmachen, haben mit dem Grundpfandrecht eine spezielle Sicherungsmöglichkeit für ihre Guthaben aus dem gelieferten Material und der geleisteten Arbeit: Sie können innert vier Monaten nach Vollendung ihrer Arbeiten ein Bauhandwerker-Pfandrecht im Grundbuch eintragen lassen.

Vorteil für die Handwerker: Sollte ihnen der Immobilienkäufer oder das Generalunternehmen Geld schuldig bleiben, können sie ihre Forderung auf dem Weg der Betreibung auf Pfandverwertung geltend machen. Die Wohnung müsste dann zwangsversteigert werden, und die Handwerker werden bei der Verteilung des Erlöses erst noch privilegiert behandelt.

Aus Sicht von Wohnungskäufern kann das natürlich unangenehm werden. Falls sie bei einem Generalunternehmer (GU) gekauft haben, der die Handwerker nicht zahlt oder Konkurs geht, müssen sie die Handwerker ein zweites Mal entschädigen, um die Zwangsversteigerung abzuwenden.

Tipp für Wohnungskäufer: Um sich gegen ein drohendes Bauhandwerker-Pfandrecht abzusichern, können Sie zum Beispiel die Wohnung erst vier Monate nach Fertigstellung kaufen (weil Handwerker vier Monate Zeit haben, ihr Pfandrecht einzutragen).

Oder: Halten Sie schriftlich fest, dass Sie die Handwerker direkt bezahlen.

Oder verlangen Sie von der Baufirma mit der Schlussrechnung eine Liste der Handwerker und lassen Sie sich von ihnen bestätigen, dass sie für ihre Arbeit entschädigt wurden. Im Vertrag können Sie sich ausbedingen, eine Restzahlung zurückzubehalten oder das Geld auf ein Sperrkonto einzuzahlen, bis die Frist für die Eintragung von Pfandrechten (vier Monate nach Fertigstellung des Baus) verstrichen ist.

Auf Anfang 2012 wurde der Anspruch auf Eintragung eines Bauhandwerker-Pfandrechts ausgeweitet: Nun sind auch Handwerker beziehungsweise Firmen berechtigt, die auf dem Gebiet von Abbrucharbeiten, Gerüstbau und Baugrubensicherung tätig sind.

Zudem können Handwerker auch dann ein Pfandrecht beantragen, falls ein Mieter einen Bauauftrag gab und der Grundeigentümer seinen Segen zu diesem Auftrag gegeben hatte.

Kauf einer bestehenden Wohnung eingehen.

Es könnte zum Beispiel sein, dass die Wohnung nicht auf das geplante Datum fertiggestellt und somit nicht bezugsbereit ist. Dann müssen Sie eine vorübergehende Bleibe suchen, falls Sie Ihre jetzige Wohnung bereits gekündigt haben.

Oder das Bauunternehmen gerät in eine wirtschaftliche Notlage und kann nicht weiterbauen. Meistens hat der Käufer aber den grössten Teil des Kaufpreises bereits bezahlt, und eine Rückzahlung ist nicht möglich, weil der Verkäufer das Geld bereits in den Bau gesteckt hat. In einem solchen Fall muss der Käufer wohl oder übel die Wohnung auf eigene Kosten weiterbauen.

Es kann auch vorkommen, dass der Verkäufer die Handwerker nicht bezahlt. Diese können dann ein Bauhandwerker-Pfandrecht errichten – mit unangenehmen Folgen für den Käufer (siehe Kasten links).

Tipp: Verlangen Sie eine sogenannte GU-Eklärung: Darin bestätigt die Bank des Generalunternehmers, dass die Gesamtfinanzierung gesichert ist und Ihre Teilzahlungen nur für diese Liegenschaft verwendet werden.

Kauf ab Plan: Das alles sollten Sie vorher klären

Halten Sie Ihr Risiko klein und informieren Sie sich über die genauen Umstände des Projektes. Klären Sie vor dem Kauf die folgenden Punkte ab:

■ Besteht eine Baubewilligung für das Projekt? Fragen Sie bei der Gemeinde nach.
■ Wie sehen die Pläne aus?
■ Was steht im Kaufvertrag? Bedenken Sie, dass die Verkäufer meist Immobilienprofis wie Makler, Architekten oder Generalunternehmer sind. Sie sind den Käufern punkto Fachwissen weit überlegen und verstecken sich oft hinter Fachbegriffen und Normen.

So kommt es, dass viele Kaufverträge einseitig zugunsten des Verkäufers ausgestellt sind und Klauseln enthalten, die den Käufern später Ärger und erhebliche Mehrkosten bescheren können. Es lohnt sich, den Kaufvertrag von einem Anwalt überprüfen zu lassen.

■ Achten Sie darauf, dass Baubeschrieb, Projektpläne und Reglement Bestandteil des Kaufvertrages sind.
■ Ist die Fertigstellung des Gebäudes vertraglich zugesichert?
■ Wer ist für die Fertigstellung verantwortlich?
■ Hat der Unternehmer bisher gemäss Plan gebaut?
■ Legen Sie die Pläne und die Baubeschreibung einem Fachmann zur Prüfung vor.
■ Halten Sie die Möglichkeit, Änderungswünsche einzubringen, sowie deren Kostenfolgen und zeitlichen Rahmen vertraglich fest.

Speziell im Hinblick auf die finanziellen Risiken sollten Sie sich unbedingt vertraglich absichern:
■ Ist im Kaufpreis alles enthalten bis zur Fertigstellung?

- Sind die Handwerker bisher bezahlt worden?
- Erkundigen Sie sich vor dem Kauf über die finanzielle Situation (Bonität) des Verkäufers bzw. Generalunternehmers (Betreibungsregisterauszug, Internetrecherche). Verlangen Sie eine Referenzliste.
- Bezahlen Sie nicht alles im Voraus, sondern nur gemäss dem konkreten Baufortschritt. Ziehen Sie im Zweifelsfall einen Bautreuhänder bei. Er kontrolliert die Abrechnungen und bezahlt die Handwerker vielleicht sogar direkt. Seien Sie vorsichtig, wenn ein GU keinen Bautreuhänder akzeptieren will.
- Lassen Sie sich den Termin der Fertigstellung beziehungsweise den Bezugstermin vertraglich garantieren.
- Verlangen Sie vom Verkäufer eine umfassende Gewährleistung bei Mängeln (siehe Kasten auf S. 34 und Details auf S. 36 ff.).

Die Fertigstellung verzögert sich. Was nun?

Läuft alles wie am Schnürchen, können Sie zum geplanten Zeitpunkt in Ihre neue Wohnung einziehen. Aber was passiert, wenn sich die Fertigstellung verzögert, das Projekt wegen Konkurses des Bauunternehmers nicht beendet wird oder wenn Ihre Wohnung nicht wie geplant erstellt wurde?

Immer stellt der Vertrag die Basis für Ihre Ansprüche dar. Alles, was Ihnen vertraglich versprochen wurde, können Sie notfalls klageweise durchsetzen.

Wurde die Fertigstellung zu einem genauen Zeitpunkt vertraglich festgesetzt, können Sie den durch die Verspätung erlittenen Schaden einfordern.

Ist der Bauunternehmer Konkurs gegangen, hat er keine finanziellen Mittel mehr, um die Bautätigkeit fortzuführen. In diesem Fall nützt Ihnen eine Klage nichts, da der Verkäufer pleite ist. Sie müssen also zusammen mit den anderen Stockwerkeigentümern entscheiden, ob Sie das Gebäude auf eigene Kosten fertig bauen oder darauf verzichten. Dazu ist ein Entscheid mit einfachem Mehr nötig.

Der Kauf einer fertigen Neubauwohnung

Beim Kauf einer Neubauwohnung nach deren Fertigstellung können Sie Ihre Wohnung vor dem Kauf besichtigen. Sie kaufen nicht die Katze im Sack. So laufen Sie auch nicht Gefahr, dass sich der Bau verzögert. Dafür können Sie keine eigenen Bauwünsche und Ideen mehr einbringen.

Informieren Sie sich anhand des Grundbuchauszugs, der Grundrisse und Fotos und machen Sie sich ein Bild aufgrund folgender Informationen:
- Geografische Einbettung (z.B. anhand eines Ortsplanes)
- Grundbuchauszug mit Situationsplan
- Grundrisse
- Baujahr
- Gesamtnutzfläche
- Rauminhalt
- Grundbuchblatt- bzw. Grundstück-Nummer

- Dienstbarkeiten
- Amtlicher Wert
- Eigenmietwert
- Gebäudeversicherungswert
- Steuersatz der Gemeinde
- Allfällige Schuldbriefe
- Detaillierter Baubeschrieb.

Der Kauf einer Altbauwohnung

Viele Kaufwillige suchen den speziellen Charme einer Altbauwohnung. Andere lockt der tiefere Preis, den sie bei älteren Immobilien finden. Damit der Kauf einer Altbauwohnung kein Reinfall wird, sollten Sie den Kaufvertrag, aber auch die Bausubstanz unbedingt detailliert prüfen (lassen).

Käufer von älteren Immobilien erhalten in der Regel so gut wie keine Garantien seitens des Verkäufers. Oft steht im Kaufvertrag, dass die Gewährleistung des Verkäufers für Mängel und Schäden «ausdrücklich wegbedungen» ist oder «wie gesehen» gekauft wird.

Solche Klauseln bedeuten, dass Sie keinerlei Garantie haben, denn sie wurde ausgeschlossen.

CHECKLISTE

Kauf einer Altbauwohnung: Erstellen Sie ein Protokoll

Bei älteren Liegenschaften ist das Risiko für Mängel und Schäden gross. Entscheidend sind daher die vorgängige sorgfältige Prüfung und der Beizug unabhängiger Immobilienfachleute: qualifizierte Architekten, Baufachleute oder Bauherrenberater. Websites von Berufsorganisationen: www.sia.ch, www.kub.ch.

Besonders zu prüfen sind Bausubstanz, Statik, Dach und Fassade sowie Haustechnik (Warmwasser, Heizung, Kanalisation). Als besonders heikel gelten Feuchtigkeitsschäden.

Im Zweifelsfall sollte der Käufer versuchen, gewisse vertragliche Zusicherungen auszuhandeln. Das heisst: eine genaue Umschreibung, in welchem Zustand das Haus zu übergeben ist und welche Eigenschaften zwingend sind. Ist die Bausubstanz ungenügend oder bleiben zu viele Fragen offen, muss ein tieferer Kaufpreis ausgehandelt werden. Käufer müssen dann auch unvorhergesehene Renovationskosten budgetieren.

Aus dem Vertrag muss hervorgehen, zu welchem Zeitpunkt «die Übertragung von Nutzen und Schaden» stattfindet. Anders gesagt: ab wann dem Käufer der Nutzen am Haus zusteht und ab wann er das Risiko eines allfälligen Schadens selbst trägt. Dies ist vor allem bei Haftungsfragen wichtig (Elementarschäden am Haus, Unfälle bei Umbauarbeiten usw.).

Im Vertrag ist ausdrücklich festzuhalten, dass der Zustand der Liegenschaft begutachtet und protokolliert wird. Damit dies wirksam ist, braucht es auch eine Klausel, dass das Objekt im beschriebenen Zustand zu übergeben ist.

Eine entsprechende Klausel könnte wie folgt lauten: «Die Käuferschaft übernimmt die Kaufobjekte im Zustand wie am *(Datum)* besichtigt. Bei dieser Besichtigung wurde der Zustand der Kaufobjekte protokollarisch festgehalten. Zusätzliches, im Kaufpreis enthaltenes Inventar wurde in einer separaten Zusammenstellung erfasst. Anlässlich des Übergangs von Nutzen und Schaden per 1. Oktober 2013 findet eine weitere Besichtigung statt, an der der Zustand der Kaufobjekte erneut protokollarisch festgehalten wird. Werden unverhältnismässig wertmindernde Differenzen festgestellt, sind diese innert angemessener Frist und unter Kostenfolge für die Verkäuferschaft zu beheben.»

Einzig die Haftung bei Arglist lässt sich von Gesetzes wegen nicht ausdrücklich ausschliessen. Nur: Es ist immer sehr schwierig, einem Verkäufer nachzuweisen, dass er einen Mangel an der Wohnung arglistig verschwiegen hat.

Eine Prüfung durch einen Sachverständigen lohnt sich

Vor dem Kauf sollten Sie die Wohnung sehr sorgfältig prüfen und

---

CHECKLISTE

Wichtige Punkte beim Kauf einer Altbauwohnung

■ Schauen Sie den Grundbuchauszug an: So können Sie den rechtmässigen Eigentümer, bestehende Belastungen und Rechte des Grundstücks überprüfen.

Belastungen können zum Beispiel von Handwerkern oder vom Steueramt stammen, denen der Vorbesitzer Geld schuldig geblieben ist. Diese Schulden würden Sie mitkaufen.

■ Verlangen Sie das Reglement, die Hausordnung und die Protokolle der Eigentümerversammlung: Diese geben Ihnen ein Bild über die bestehenden Rechte und Pflichten und über die Kommunikation innerhalb der Stockwerkeigentümergemeinschaft. Zudem sind daraus Beschlüsse ersichtlich, die das bestehende Reglement abändern. Die Hausordnung ist für das tägliche Zusammenleben sehr wichtig und sollte ebenfalls konsultiert werden.

■ Verlangen Sie die letzte Jahresrechnung der Gemeinschaftskosten bzw. das Budget über die mutmasslichen Kosten für das laufende Abrechnungsjahr: So können Sie die anfallenden Kosten abschätzen. Dazu gehören Gebühren, Kosten für den laufenden Unterhalt, Versicherungsprämien und Einlagen in den Erneuerungsfonds.

■ Verlangen Sie von der Verwaltung eine schriftliche Bestätigung, dass der Verkäufer seine Beiträge an die Stockwerkeigentümergemeinschaft vollständig bezahlt hat.

---

sich von einem Bauexperten oder einem Architekten beraten lassen. Vor allem folgende Gebäudeteile sollten durch einen Fachmann überprüft werden: Fassade, Isolation, Fenster, Elektroinstallationen, Rohrleitungen, Heizung, Warmwasseranlage, Bad und Küche.

Müssen Mängel im Nachhinein behoben werden, so kostet das in der Regel viel Geld.

Kommt ein beigezogener Architekt in seinem Gutachten beispielsweise zum Schluss, dass das Flachdach dicht ist und das Mauerwerk keine Feuchtigkeitsschäden aufweist, haftet er für die Richtigkeit seiner Aussagen. Die Ergebnisse einer solchen vorgängigen Prüfung sollten in die Verhandlungen über den Kaufpreis und gegebenenfalls auch in die Bestimmungen des Vertrages einfliessen.

Wichtige Eigenschaften schriftlich zusichern lassen!

Sind Ihnen bestimmte Eigenschaften der Immobilie besonders wichtig, sollten Sie sich diese schriftlich zusichern lassen.

Vorteil: Fehlen im Nachhinein die zugesicherten Eigenschaften, handelt es sich rechtlich gesehen um einen Mangel, und Sie können vom Verkäufer verlangen, dass er den Mangel behebt beziehungsweise alles wie versprochen herrichtet.

Falls der Abschluss des Kaufvertrags und der Zeitpunkt der Eigentumsübertragung zeitlich auseinanderliegen, besteht das Risiko, dass sich der Zustand in dieser

Kauf einer Altliegenschaft: Die Vor- und Nachteile

Argumente dafür:

■ Die Preise von Altbauten sind meist relativ günstig. Auch das Wegfallen von Planungskosten, Vorfinanzierungen und Baukreditzinsen spart Geld.

■ Der Erwerb einer bestehenden Liegenschaft kann ein unkomplizierter und rascher Weg zum Eigenheim sein, denn eine langwierige Planungs- und Bauzeit entfällt.

■ Altbauten stehen häufig an verkehrstechnisch günstiger Lage in Zentrumsnähe und sind in eine fertige, gewachsene Umgebung eingebunden.

■ Der Kaufpreis ist klar vereinbart, sodass sich die finanzielle Belastung genau kalkulieren lässt.

■ Es besteht kein Risiko, dass der Generalunternehmer während des Baus zahlungsunfähig wird.

■ Bestehende Bausubstanz zu erhalten und zu nutzen spart Ressourcen und ist deshalb ökologisch sinnvoll.

Argumente dagegen:

■ Käufer müssen sich mit dem bestehenden Grundriss arrangieren. Die Folge sind in vielen Fällen Einschränkungen in der Nutzung, weniger Flexibilität oder gar funktionslose Flächen.

■ Sind Heizung und Wärmedämmung nicht mehr auf der Höhe der Zeit, so ist dies ökologisch als Nachteil zu werten. Früher oder später kommen auf den Eigentümer zusätzliche Investitionen zu, um die Anlagen den Umweltschutzbestimmungen anzupassen.

■ Die Betriebs- und Unterhaltskosten sind eher höher als bei einem Neubau.

■ Hinsichtlich der Wertentwicklung einer Altliegenschaft sind eher Fragezeichen angebracht als bei einem gängigen Neubau. Bei stark baufälligen Objekten kann sich die Beschaffung eines Hypothekarkredits schwierig gestalten.

Zeit verändert. Normalerweise steht im Kaufvertrag kein Wort darüber, dass die bisherigen Eigentümer den Zustand des Hauses nicht verändern dürfen. Ebenso wenig ist erwähnt, in welchem Zustand das Objekt zu übergeben ist.

In der Realität kommt es aber vor, dass das Haus während dieser Übergangszeit im Unterhalt vernachlässigt wird, der Garten verwildert oder Geräte und Bauteile entfernt oder gegen billigere ausgetauscht werden.

Daher sollten Sie zwei Besichtigungstermine durchführen: einen bei der Beurkundung des Vertrags und einen kurz vor der Eigentumsübertragung. Gleichzeitig sollten Sie zwei Protokolle erstellen und diese mit Fotos dokumentieren. Falls es zu Diskussionen kommt, haben Sie damit etwas in der Hand. Sie gehen so allfälligen Beweisproblemen aus dem Weg und können belegen, von welchem Zustand und von welcher Ausstattung des Hauses sie ausgegangen sind.

Altbauwohnung: Auch den Erneuerungsfonds prüfen!

Prüfen Sie vor dem Kauf einer Altbauwohnung unbedingt auch, wie viel Geld im Erneuerungsfonds ist (mehr zum Erneuerungsfonds siehe Seite 108 ff.).

Denn: Wer eine (vermeintlich) günstige Wohnung in einer Eigentümergemeinschaft kauft, die keinen oder nur einen geringen Erneuerungsfonds geäufnet hat, kann eine böse Überraschung erleben. Steht zum Beispiel eine teure Sanierung des Daches oder der Heizung an, müssen Käufer daran mitzahlen. Ist der Erneuerungsfonds nicht genügend gefüllt, müssen Käufer somit Kosten übernehmen, die eigentlich der Vorbesitzer hätte tragen müssen. Ein ungenügend gefüllter Fonds sollte also beim Kaufpreis der Wohnung berücksichtigt werden.

Tipp: Falls Sie eine bestehende Eigentumswohnung aus zweiter Hand kaufen, ist auch wichtig, dass Sie sich die zukünftige Stockwerkeigentümergemeinschaft bzw. die Nachbarn genauer ansehen. Sind es eher ältere Leute? Sind Kinder vorhanden? Was für einen Eindruck machen der Hauseingang und das Treppenhaus? Ist die ganze Anlage in steriler Ordnung oder ist eine gewisse Lockerheit zu erkennen?

Und: Was ist alles in der Gemeinschaftsordnung geregelt (Reglement, Hausordnung, Versammlungsbeschlüsse)? Vor allem die Versammlungsbeschlüsse können einen guten Einblick in die nachbarrechtlichen Verhältnisse geben.

Fragen Sie wenn möglich jetzige Bewohner nach den Nachbarn. Falls die einen sofort anfangen, sich über die anderen zu beschweren, wird das Klima nicht so gut sein.

Falls Sie selber eine Familie mit Kindern haben, sollten Sie nicht in eine Liegenschaft mit vorwiegend älteren Leuten einziehen. Sie sollten in diesem Fall eher eine kinderfreundliche Überbauung suchen – mit Spielplatz und anderen Kindern im Haus.

Vorvertrag und Kaufvertrag

Sie haben sich für eine Wohnung entschieden und wollen diese kaufen. Vor der Unterzeichnung des Kaufvertrages sollten Sie einige Dinge beachten. Das Wichtigste vorab: Rechtlich ist eine Eigentumswohnung ein Grundstück. Der Kauf einer Eigentumswohnung ist daher ein Grundstückkauf. Der Grundstückkauf setzt zu seiner Gültigkeit einen öffentlich beurkundeten Kaufvertrag voraus.

Vorvertrag und Reservationsvereinbarung

Häufig will der Verkäufer, dass Sie einen Vorvertrag bzw. eine Reservationsvereinbarung unterschreiben und eine Anzahlung leisten. Üblich sind Beträge zwischen 5000 und 30 000 Franken.

Solche Verträge sollten Sie auf keinen Fall unüberlegt unterzeichnen. Wenn Sie die Wohnung unbedingt wollen, haben Sie allerdings keine andere Möglichkeit.

Der Reservationsvertrag ist nur gültig, wenn er von beiden Seiten unterschrieben und von einem Notar öffentlich beurkundet worden ist. Fehlt die öffentliche Beurkundung und haben Sie eine Vorauszahlung geleistet, muss der Verkäufer Ihnen das Geld zurückzahlen, falls Sie Ihr Interesse an der Wohnung verlieren (siehe Kasten rechts).

Ist allerdings der Vorvertrag öffentlich beurkundet worden und damit gültig, können Sie nicht ohne Nachteile vom Vertrag zurücktreten, denn der Verkäufer kann seine effektiv getätigten Vorarbeiten abziehen.

Die tatsächlichen Aufwendungen sind aber selten so hoch, dass sie die Höhe der gesamten Anzahlung erreichen. Es ist rechtswidrig, in so einem Fall den ganzen Betrag einzubehalten. Geltend machen kann der Verkäufer zum Beispiel tatsächliche Inserate- und Werbekosten, Kosten des Notars, Kosten für vom Käufer gewünschte Änderungen der Baupläne sowie Kosten, die bei einer Verzögerung des Projekts entstehen.

Tipp: Unterschreiben Sie keinen Vorvertrag, in dem steht, dass bei einem Rücktritt die gesamte Anzahlung zugunsten des Verkäufers verfällt. Machen Sie keine Anzahlung, die das übliche Mass übersteigt.

Die wichtigsten Punkte im Kaufvertrag

Der notariell aufgesetzte und beurkundete Vertrag ist die Basis des Immobilienkaufs. Der Vertrag verpflichtet den Verkäufer zur Übertragung des Eigentums und den Käufer zur Zahlung des Kaufpreises.

Im Vertrag sind auch der Liegenschaftsbeschrieb, die Termine zur

---

FRAGE

Kriege ich die Anzahlung zurück?

Ich habe einen Vorvertrag für eine Eigentumswohnung unterschrieben und dem Verkäufer eine Anzahlung von 10 000 Franken überwiesen. Es fand keine öffentliche Beurkundung statt. Es wurde vereinbart, dass im Falle eines Rücktritts meine Anzahlung als Reuegeld dahinfällt. Nun habe ich es mir anders überlegt. Erhalte ich die Anzahlung zurück?

Ja. Der Vertrag ist ungültig, und somit ist auch die Klausel bezüglich des Reuegelds ohne Bedeutung.

Der Verkäufer muss Ihnen die Anzahlung zurückerstatten. Tut er das nicht freiwillig, müssen Sie innert einem Jahr klagen.

Übertragung usw. enthalten. Ein Kaufvertrag ist ein kompliziertes Regelwerk und sollte daher von einem Anwalt ausgearbeitet oder zumindest überprüft werden. Unterschreiben Sie nie blindlings den vom Verkäufer vorgesetzten Vertrag.

Der Übergang von Nutzen und Gefahr

Der Kaufvertrag regelt unter «Nutzen», ab welchem Datum die Immobilie für den Käufer nutzbar ist.

Mit der «Gefahr» wird der Zeitpunkt bestimmt, ab wann das Risiko auf den Käufer übergeht. Ab diesem Zeitpunkt trägt der Käufer das Risiko für zufällige Verschlechterungen an der Liegenschaft oder für Beschädigungen. Deshalb sollte die Liegenschaft spätestens zu diesem Zeitpunkt versichert sein.

Ist im Kaufvertrag der Übergang nicht geregelt, gehen Nutzen und Gefahr mit dem Eintrag des Kaufvertrags im Grundbuch auf den Käufer über.

Bei neu erstellten Liegenschaften wird empfohlen, als frühesten Termin den Zeitpunkt der baupolizeilichen Abnahme zu vereinbaren.

Handelt es sich um einen Kauf nach Fertigstellung, sollte der Übergang von Nutzen und Gefahr auf ein bestimmtes Datum fixiert werden.

Diese Punkte müssen mindestens im Vertrag sein

- Wer sind die Vertragsparteien?
- Wie hoch ist der Kaufpreis?
- Genaue Umschreibung des Kaufobjekts inkl. der Stockwerkeinheit mit Sonderrechten, Wertquoten
- Bestehen Dienstbarkeiten und Grundlasten (das steht im Grundbuch)?
- Wann gehen Nutzen und Gefahr über? Eventuell bei einer früheren Übernahme?
- Wie soll das Objekt übergeben werden? Und wann?
- Zahlungsmodalitäten
- Sicherstellung des Kaufpreises
- Sicherstellung der Kaufpreiszahlung

TIPP

Warnung vor ungünstigen Garantieklauseln

Achtung: Oft steht in den Verträgen «Die Verkäuferschaft tritt der Käuferschaft (...) sämtliche ihr von den Bauhandwerkern, Architekten, Ingenieuren und Lieferanten geleisteten Garantien ab.» Oder: «Der Generalunternehmer tritt alle Garantieleistungen an den Bauherrn ab.»

Das klingt harmlos, und viele Käufer interpretieren das sogar als Verbesserung ihrer Position. Doch das Gegenteil ist der Fall.

Diese Klausel bedeutet, dass der Käufer bei Mängeln oder Schäden selber mit den Handwerkern verhandeln muss. Wegen seines mangelnden Sachverstandes dürfte er damit überfordert sein. Die Verkäufer wollen mit dieser Formulierung im Schadenfall nicht für die von ihnen verkaufte Leistung haften. Eine solche Klausel sollten Käufer nicht akzeptieren.

Tipp: Vereinbaren Sie im Kaufvertrag die Anwendung der SIA-Norm 118 des Schweizerischen Ingenieur- und Architektenvereins (SIA). Dieser ist zwar auch nicht in allen Punkten käuferfreundlich. Doch immerhin haben Sie dann das Recht, während zwei Jahren Mängel jederzeit zu rügen und Nachbesserung zu verlangen – und zwar beim Architekten bzw. Generalunternehmer.

Nach Ablauf dieser zwei Jahre läuft eine weitere Garantiefrist von noch einmal drei Jahren für verdeckte Mängel, die bei der Bauabnahme nicht erkennbar waren.

Weitere Nachteile. Die Abtretung der Mängelrechte ist auch aus anderen Gründen nicht zu empfehlen. Denn dem Käufer können gar nicht alle Rechte abgetreten werden, sondern nur das Nachbesserungsrecht und das Recht auf den Ersatz von Mangelfolgeschäden. Preisminderung und Rücktritt vom Vertrag sind nicht abtretbar.

Zudem kennt der Käufer die genauen Verträge zwischen Verkäufer und Handwerker nicht und somit auch nicht die abzutretenden Rechte. Ausserdem können die Mängel beim Stockwerkeigentum auch gemeinsame Teile wie die Fassade betreffen. Eventuell sind aber nicht alle Eigentümer gleich davon betroffen. Wer streitet dann mit den Handwerkern?

■ Sicherstellung der Grundstückgewinnsteuer
■ Lasten Bauhandwerker-Pfandrechte auf der Liegenschaft?
■ Abrechnung über die laufenden Kosten und Abgaben
■ Zustimmung des Ehegatten des Verkäufers, falls es sich beim Objekt um die Familienwohnung handelt
■ Welche Rechte haben Sie bei Mängeln? Ist die Garantie ausgeschlossen worden?
■ Wer übernimmt die Beurkundungskosten?
■ Wer zahlt die Handänderungssteuer? (In der Regel beide je zur Hälfte)
■ Datum und Unterschrift der Parteien
■ Beurkundungsformel.

Die öffentliche Beurkundung: Kantonal unterschiedlich

Die öffentliche Beurkundung ist Gültigkeitserfordernis für den Kaufvertrag, dient aber auch der Sicherheit von unkundigen Käufern. Der Notar als neutrale Person muss bei der Beurkundung den Parteien die rechtlichen Konsequenzen erklären.

Die Beurkundungsregeln sind kantonal verschieden. Normalerweise liest der Notar den Parteien den Inhalt vor und erklärt ihn. Danach müssen Verkäufer und Käufer bestätigen, dass der Inhalt mit ihrem Willen übereinstimmt. Am Schluss unterzeichnen alle (Verkäufer, Käufer und Notar) den Vertrag.

Üblich ist die hälftige Teilung der Notariatskosten; ist nichts vereinbart, müssen Sie als Käufer die Notariatskosten tragen.

Beim Kauf von Grundstücken können die Parteien den Notar nicht frei wählen. Der Kanton kann vorschreiben, dass ein Grundstück auch am selben Ort beurkundet werden muss. Wohnen beispielsweise Käufer und Verkäufer in Zürich, das Grundstück liegt aber in Bern, muss ein Berner Notar den Kaufvertrag im Kanton Bern verurkunden.

Eigentumsübertragung durch Eintragung in das Grundbuch

Ist der Vertrag nicht richtig beurkundet worden, so trägt der Grundbuchbeamte das Grundstück nicht ein und verhindert so die Eigentumsübertragung. Es handelt sich also immer um zwei Vorgänge: die öffentliche Beurkundung einerseits und den Grundbucheintrag andererseits.

Der notariell beurkundete Kaufvertrag ist das sogenannte Verpflichtungsgeschäft. Ab diesem Zeitpunkt ist der Käufer verpflichtet, den Kaufpreis zu bezahlen, und der Verkäufer ist verpflichtet, dem Käufer das Eigentum an der Wohnung zu übergeben.

Das Eigentum wird aber erst übertragen, wenn der Käufer als neuer Eigentümer im Grundbuch eingetragen ist.

Manchmal fallen diese zwei Geschäfte zeitlich auseinander, was zu gewissen Fragen führt: Wer muss für Rechnungen aufkommen, die in der Zwischenzeit gestellt werden? Wer haftet für in dieser Zeit auftretende Mängel?

Die Wohnungsabnahme

Da mit der Übergabe die Fristen für Ihre Mängelrechte zu laufen beginnen, müssen Sie Ihre neue Wohnung gründlich auf Mängel prüfen. Die Prüfungspflicht bezieht sich nur auf Mängel, die einer durchschnittlichen aufmerksamen Person auffallen müssen. Daher braucht es für die Prüfung keine Fachleute.

Je nach Vertragsinhalt haben Sie für die Prüfung mehr oder weniger Zeit. Kommen die gesetzlichen Bestimmungen zur Anwendung, muss der Käufer seine Wohnung so schnell wie möglich kontrollieren. Nach dieser kurzen gesetzlichen Frist können nur noch Mängel geltend gemacht werden, die versteckt oder arglistig verschwiegen wurden.

Ist im Vertrag die SIA-Norm 118 abgemacht worden (siehe Kasten auf Seite 34), haben Sie für die Prüfung zwei Jahre Zeit. Nach Ablauf dieser Garantiefrist wird meistens eine gemeinsame Begehung von Käufer und Verkäufer durchgeführt und allfällige Mängel werden protokolliert.

Tipp: Verlangen Sie bei der Wohnungsabnahme die Aufnahme eines Protokolls. Führen Sie alle Mängel im Protokoll auf – seien sie noch so klein. Lassen Sie sich vom Verkäufer nicht unter Druck setzen mit Behauptungen wie: «Das ist ein Detail, das notieren wir nicht.» Das Protokoll wird von beiden unterschrieben.

Mängel, die nicht vermerkt wurden, gelten als «genehmigt» – und Sie können in diesen Punkten keine kostenlose Nachbesserung mehr verlangen.

Bei Uneinigkeiten mit dem Verkäufer sollten Sie die Mängel fotografieren und die zwei Meinungen protokollieren.

Als Mangel gilt übrigens alles, was vom Vertrag oder von der Durchschnittsqualität abweicht.

Wenn Sie Mängel entdecken: So müssen Sie vorgehen

Entdecken Sie bei der Prüfung Ihrer Wohnung Mängel, müssen Sie diese sofort dem Verkäufer mitteilen. Das nennt man Mängelrüge.

Mit der Mängelrüge machen Sie dem Verkäufer klar, dass Sie ihn für die Mängel haftbar machen.

Die Mängelrüge muss gemäss Gesetz sofort erhoben werden. Sind die SIA-Normen anwendbar, so erheben Sie die Mängelrüge innert zwei Jahren. Ist die Rügefrist vorbei, sind Ihre Rechte verwirkt. Sie müssen selber für den Schaden einstehen. Sie müssen beweisen können, dass Sie die Mängel rechtzeitig beim Verkäufer gerügt haben. Schicken Sie den Brief daher immer per Einschreiben.

Tipp: Sorgen Sie dafür, dass auch die gemeinschaftlichen Teile geprüft und allfällige Mängel im Namen aller Stockwerkeigentümer gerügt werden.

Sollten im Vertrag die Gewährleistungsrechte an Sie abgetreten worden sein (siehe Kasten auf Seite 34), müssen Sie die Mängelrüge direkt an die zuständigen Handwerker senden.

Die Mängelrechte

Sofern die Gewährleistung im Ver- trag nicht ausgeschlossen wurde, muss der Verkäufer von Gesetzes wegen für allfällige Mängel einste- hen. Es kommen die gesetzlichen Bestimmungen des Grundstück- kaufvertrags (Art. 216 bis 221 OR) oder bei Kauf ab Plan allenfalls jene des Werkvertragsrechts (Art. 363 bis 379 OR) zur Anwendung.

Beim Kauf ab Plan und einer Neubauwohnung sollten Sie auf einer umfassenderen Gewährleis- tungspflicht als von Gesetzes we- gen bestehen. Denn besonders in den ersten Jahren kommen häufig Mängel ans Tageslicht.

Sie können deshalb versuchen, die Rügefrist auf die Verjährungs- frist erstrecken zu lassen, also auf fünf Jahre. Die Verjährungsfrist könnten Sie auf zehn Jahre statt nur auf fünf festsetzen. Für Män- gel, die der Verkäufer absichtlich verschwiegen hat, haftet er in jedem Fall zehn Jahre lang.

Preisminderung oder Nachbesserung

Die gesetzlichen Mängelrechte ge- währen dem Käufer eine Preis- minderung oder beim Werkvertrag eine Nachbesserung und in ganz schlimmen Fällen den Rücktritt vom Vertrag. Diese gesetzlichen Bestimmungen sind wegen der kurzen Rüge- und Verjährungsfrist eher ungünstig für den Käufer. Sie können jedoch vertraglich abgeän- dert werden.

Für Sie als Käufer sind die Re- geln nach SIA-Norm 118 besser. Achten Sie darauf, dass diese im Vertrag Platz finden (siehe Kasten auf Seite 34). Dann haben Sie nach der Übergabe zwei Jahre Zeit, die festgestellten Mängel zu rü- gen. Zudem müssen nicht Sie als Käufer sichtbare Mängel bewei- sen, sondern der Verkäufer muss beweisen, dass kein Mangel vor- handen ist, wenn er sich wehren will. Beide Parteien können eine Nachbesserung verlangen und nicht nur eine Preisminderung.

Das Recht auf Nachbesserung haben Sie auch bei einem Werk- vertrag (kann beim Kauf ab Plan der Fall sein). Weil die Nachbesse- rung, also die kostenlose Repara- tur, für beide Parteien die einfachs- te Lösung ist, sollte diese Möglich- keit so oder so im Vertrag verein- bart werden.

Die Ersatzvornahme, falls der Verkäufer nichts unternimmt

Lässt der Verkäufer mit der Repa- ratur auf sich warten, obwohl Sie ein Recht auf Nachbesserung ha- ben, so können Sie ihm (per Ein- schreiben) die Ersatzvornahme an- drohen. Das heisst: Sie setzen ihm eine Frist, bis wann er den Mangel spätestens behoben ha- ben muss. Läuft diese Frist unge- nutzt ab, so können Sie einen Handwerker mit der Reparatur auf Kosten des Verkäufers beauftra- gen und dem Verkäufer die Rech- nung zuschicken.

Bezahlt der Verkäufer die Rech- nung nicht, können Sie ihn betrei- ben oder die Klage einreichen. Allerdings müssen Sie die Hand- werker in diesem Fall zuerst selber bezahlen.

Die Verjährungsfristen nicht vergessen!

Ist im Vertrag nichts anderes vereinbart, muss der Verkäufer laut Gesetz für Mängel fünf Jahre lang einstehen. Das gilt für das gesamte Gebäude und alles, was fest eingebaut ist – zum Beispiel Fensterläden, Treppengeländer und Türen.

Für bewegliche Gegenstände wie Waschmaschinen, Geschirrspüler usw. beträgt die sogenannte Gewährleistung nur ein Jahr.

Dasselbe gilt für die Verjährung nach der SIA-Norm 118. Die Verjährungsfrist kann vertraglich auf maximal zehn Jahre verlängert werden. Normalerweise beginnt die Verjährung mit der Eintragung im Grundbuch zu laufen und nach SIA-Norm mit der Übergabe der Wohnung.

Trotz rechtzeitiger Mängelrüge verjähren Ihre Rechte nach fünf Jahren. Droht die Verjährungsfrist abzulaufen, müssen Sie unbedingt handeln. Sie können die Verjährung unterbrechen (beziehungsweise sie beginnt von Neuem zu laufen), wenn der Unternehmer die Mängel anerkennt oder wenn Sie Betreibung oder Klage einleiten.

«Eigentums»-Wohnung: Was gehört wem?
Sonderrecht und gemeinschaftliche Teile

Käuferinnen und Käufer einer Eigentumswohnung werden nicht «Alleinherrscher» über ihre eigenen vier Wände. Denn rechtlich gesehen sind alle Beteiligten Miteigentümer des ganzen Grundstücks und des Gebäudes, das darauf steht. Stockwerkeigentümer haben aber ein Sonderrecht an ihren Räumen. In diesem Kapitel steht alles über die Aufteilung der Liegenschaft.

Im alltäglichen Sprachgebrauch denkt man bei der Eigentumswohnung: Da hat ein Käufer in einem Mehrfamilienhaus eine Wohnung gekauft, und er ist nun Alleinbesitzer seiner eigenen vier Wände.

Doch das ist falsch. Das zeigt sich schon daran, dass im Gesetz nie von der Eigentumswohnung die Rede ist, sondern von Stockwerkeigentum. Und auch das ist noch irreführend, denn auf einem Stockwerk können sich mehrere Eigentumswohnungen befinden.

Im Gesetz ist die Eigentumswohnung so definiert: «Stockwerkeigentum ist der Miteigentumsanteil an einem Grundstück, der dem Miteigentümer das Sonderrecht gibt, bestimmte Teile eines Gebäudes ausschliesslich zu benutzen und innen auszubauen.» (ZGB Art. 712a, siehe Kasten auf Seite 42)

Die rechtlichen Schlüsselwörter sind also **Grundstück, Miteigentum und Sonderrecht:**

■ Das bedeutet zunächst: Nach Schweizer Recht kann das Eigentum an einer Wohnung oder an einem ganzen Stockwerk nicht vom Eigentum am **Grundstück** getrennt werden (ausser beim Baurecht, siehe Kasten auf Seite 44).

Wer also eine Eigentumswohnung kauft, erwirbt nicht nur einen Wohnraum für sich selber, sondern einen Miteigentumsanteil am Boden sowie am ganzen Gebäude.

Deshalb ist auch im Kaufvertrag nicht von einer «Eigentumswohnung» die Rede, sondern vom «Miteigentum an der Liegenschaft» mit

---

STICHWORT

Miteigentum und Stockwerkeigentum

Wer eine Eigentumswohnung kauft, wird nicht alleiniger Eigentümer seiner vier Wände, sondern er wird Miteigentümer des Bodens sowie des ganzen Hauses, das darauf errichtet wurde. Jeder Miteigentümer besitzt damit einen Miteigentumsanteil, das heisst einen Bruchteil am Ganzen (Grundstück inkl. Wohnung).

Das Stockwerkeigentum ist eine rechtliche Sonderform des Miteigentums. Denn Stockwerkeigentümer haben ein sogenanntes Son-

derrecht an bestimmtem Räumen – nämlich an ihrer Wohnung. Dieses Sonderrecht erlaubt ihnen, die Wohnung allein zu benutzen und innen auszubauen. Ein Stockwerkeigentumsanteil ist also ein Miteigentumsanteil, der mit einem Sonderrecht verbunden ist.

Stockwerkeigentümer haben alle Rechte eines Eigentümers: Sie können ihren Miteigentumsanteil verkaufen, verschenken, vermieten, darauf eine Hypothek aufnehmen usw.

einem «Sonderrecht» beispielsweise an einer 5-Zimmer-Wohnung.

■ Das Stockwerkeigentum ist eine Sonderform des sogenannten **Miteigentums** (siehe Kasten unten links).

Der Stockwerkeigentümer ist nicht Alleineigentümer seiner vier Wände. Immer bleiben der Boden und das ganze darauf erstellte Gebäude inklusive aller «Eigentumswohnungen» im Miteigentum aller beteiligten Stockwerkeigentümer.

■ Mit dem Miteigentumsanteil ist aber das sogenannte **Sonderrecht** zwingend und untrennbar verbunden. Dieses gibt dem Stockwerkeigentümer das Recht, einen oder mehrere Räume allein zu benutzen; er darf sie innen baulich so gestalten, wie er will, und er darf sie selbständig verwalten.

Über seinen Miteigentumsanteil kann der Stockwerkeigentümer verfügen wie ein Alleineigentümer. Denn im Grundbuch ist jeder Miteigentumsanteil und das zugehörige Sonderrecht auf einem eigenen Grundbuchblatt aufgeführt, und zwar mit der jeweiligen Wertquote (siehe Seite 45 ff.). So geht bei einem Verkauf der Stockwerkeinheit auch das Sonderrecht automatisch auf einen neuen Erwerber über (siehe Kapitel 8). Die Konsequenzen und Modalitäten dieses Sonderrechts sind auf Seite 49 ff. im Detail dargestellt.

Gemeinschaftliche Teile und alleiniges Benützungsrecht

Diese Besonderheit des Stockwerkeigentums hat zur Folge, dass man ein Mehrfamilienhaus in drei

Gesetze finden im Internet

Gesetzlich ist das Stockwerkeigentum in den Artikeln 712a bis 712t des schweizerischen Zivilgesetzbuches (ZGB) verankert.

Für die Verwaltung und die baulichen Massnahmen wird man bei den Bestimmungen über das Miteigentum fündig, das sind die ZGB-Artikel 647a bis 647e.

Zum Thema Stockwerkeigentümerversammlung kommen neben den eigenen Reglementsbestimmungen auch die Vorschriften über die Vereine in den Artikeln 64 bis 68 sowie 75 des ZGB zur Anwendung.

Sämtliche Bundesgesetze finden Sie in der jeweils aktuellen Fassung im Internet unter der Adresse www.admin.ch (→ Bundesrecht → Systematische Rechtssammmlung). Dort geben Sie zum Beispiel das Kürzel «zgb» ein – und schon haben Sie das Zivilgesetzbuch auf Ihrem Bildschirm. Mit «or» finden Sie das Obligationenrecht.

Tipp: Im Stockwerkeigentum spielt auch das Nachbarrecht eine Rolle – und da kommen auch kantonale Regelungen ins Spiel. Für die Suche nach den aktuell gültigen kantonalen Gesetzen gibt es im Internet ein nützliches Portal: www.lexfind.ch. Sie können dort zum Beispiel das Suchwort «Grenzabstand» oder «Lärm» eingeben, dann den gewünschten Kanton wählen und anschliessend «Suchen» drücken – und schon kennen Sie die diesbezügliche Rechtslage in Ihrem Kanton.

Arten von Räumen unterteilen kann:

■ Wohnräume zur freien Benützung im **Sonderrecht**. Das gilt für die eigentliche Wohnung und eventuell noch für Nebenräume wie zum Beispiel den Keller.

■ **Gemeinschaftliche Teile**, die allen Stockwerkeigentümern gemeinsam zur Verfügung stehen – wie zum Beispiel das Treppenhaus, die gemeinsame Waschküche oder der Spielplatz. Alles dazu steht auf Seite 53 ff.

■ Schliesslich gibt es noch gemeinschaftliche Teile, an denen aber einem bestimmten Miteigentümer ein **alleiniges, ausschliessliches Benützungsrecht** eingeräumt wurde (zum Beispiel Gartensitzplatz oder Dachterrasse); Details dazu stehen auf Seite 64 ff.

So entsteht Stockwerkeigentum

Kaufen mehrere Käufer ein Grundstück, so werden sie automatisch Miteigentümer. Ohne anderslautende Vereinbarung gehört dann jedem Miteigentümer der gleiche Anteil am Grundstück.

Stockwerkeigentum ensteht aber nicht von selbst. Wollen die Eigentümer auf dem gemeinsamen Grundstück Stockwerkeigentum begründen und die Liegenschaft in verschiedene Wohneinheiten aufteilen, braucht es dazu einen formellen Akt: den «Begründungsakt», wie er im Gesetz heisst.

Die Begründung geschieht entweder durch Erklärung oder durch Vertrag:

■ Eine Erklärung liegt vor, wenn der alleinige Eigentümer des Grundstücks – etwa eine Baufirma oder eine Generalunternehmung oder ein Investor – gegenüber dem Grundbuchamt die Erklärung abgibt, bezüglich seines Grundstücks Miteigentumsanteile zu bilden und diese zu Stockwerkeigentum auszugestalten.

■ Beim Vertrag vereinbaren mehrere Eigentümer die Ausgestaltung des Grundstücks zu Stockwerkeigentum.

Sehr häufig erwerben Käufer ihr Stockwerkeigentum ab Plan von einem Generalunternehmer, der die vorgängigen Formalitäten bereits erledigt hat (siehe Kapitel 1). Die einzelnen Käufer werden dann als Eigentümer ihrer Stockwerkeinheit im Grundbuch eingetragen.

Die einzelnen Punkte im Begründungsakt

In der Begründungserklärung beziehungsweise im Begründungsvertrag müssen unter anderem folgende Punkte festgehalten sein:
- Beschreibung des Grundstücks, das aufgeteilt werden soll.
- Genaue räumliche Abgrenzung der zu Sonderrecht ausgeschiedenen Gebäudeteile und deren Zuweisung an die einzelnen Stockwerkeinheiten (Aufteilungsplan).

- Angabe des Wertanteils (sogenannte Wertquote) jeder Stockwerkeinheit am Wert des Gesamtgrundstücks in Bruchteilen mit einem gemeinsamen Nenner.

Die Stockwerkeinheit wird im Begründungsakt zum Beispiel so umschrieben (siehe Abbildung unten): «235/1000 Miteigentum an der Liegenschaft Grundbuchblatt XY mit Sonderrecht an der 5–Zimmer-Wohnung im ersten Obergeschoss links Nr. XY und an zwei Kellerabteilen im 1. Untergeschoss Nr. XY.»

Die Umschreibung enthält jeweils einen oder mehrere Aufteilungspläne.

Das Gebäude und die Umgebung müssen im Aufteilungsplan so exakt wie möglich umschrieben werden. So herrscht Klarheit über

Fortsetzung auf Seite 45

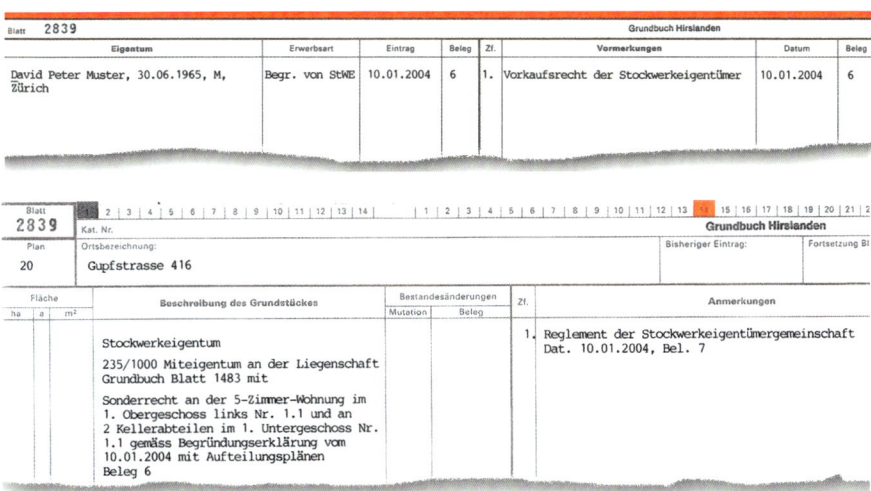

Jede Stockwerkeinheit hat ein eigenes Grundbuchblatt. Im Bild ist oben die Eigentümerspalte zu sehen und unten die Spalte mit dem Grundstückbeschrieb (inkl. Anmerkung des Reglements).

Sehr selten: Stockwerkeigentum im Baurecht

Stockwerkeigentum kann auch im Baurecht begründet werden: Die Bauherren bauen ein Haus auf einem Grundstück, das nicht ihnen gehört, sondern einer anderen Person.

Mit dem Baurecht wird das Eigentum am Grundstück und am darauf erstellten Gebäude getrennt: Der Baurechtsnehmer (oder Baurechtsberechtigte) ist nur Eigentümer des Gebäudes, der Boden darunter hingegen gehört weiterhin dem Baurechtsgeber (oder Baurechtsbelasteten). Dafür erhält der Baurechtsgeber vom Baurechtsnehmer einen Zins.

Ein Baurecht muss «dauernd» errichtet werden, und es muss «selbständig» sein, wie es im Gesetz heisst. Das bedeutet: Das Baurecht muss für mindestens 30 Jahre errichtet worden sein. Und «selbständig» heisst hier: Das Baurecht darf nicht zugunsten einer speziellen Person errichtet sein, sondern es muss vererbbar und verkäuflich sein.

Baut der Baurechtsnehmer ein Mehrfamilienhaus, kann er dieses zu Stockwerkeigentum erklären. Somit sind jetzt drei Ebenen zu unterscheiden: Liegenschaft, Baurecht und Stockwerkanteil. Jede Ebene wird wie ein eigenes Grundstück behandelt und mit einem eigenen Blatt versehen im Grundbuch eingetragen.

Wer Stockwerkeigentum im Baurecht kauft, muss Folgendes beachten:

■ **Dauer des Baurechts:** Das Baurecht kann auf mindestens 30 bis maximal 100 Jahre festgelegt werden. Eine Überprüfung der Dauer ist vor Wohnungskauf unerlässlich. Denn: Läuft die Baurechtsfrist ab, so fällt das Gebäude gemäss Gesetz samt Stockwerkanteilen an den Eigentümer des Bodens. Dieser muss allerdings den Stockwerkeigentümern eine Entschädigung bezahlen.

■ **Verlängerung der Maximaldauer:** Das Baurecht kann über 100 Jahre hinaus verlängert werden, falls vor Ablauf eine neue Vereinbarung zwischen dem Baurechtsgeber und den Stockwerkeigentümern zustande kommt. Dem müssen alle Stockwerkeigentümer zustimmen; die Verlängerung muss öffentlich beurkundet und im Grundbuch eingetragen werden.

■ **Baurechtszins:** Eine Eigentumswohnung im Baurecht ist günstiger als eine «normale» Eigentumswohnung. Jeder Stockwerkeigentümer muss aber einen Zins für das Baurecht bezahlen. Der Baurechtszins ist entweder einmalig oder in periodischen Überweisungen zu zahlen.

■ **Sicherung:** Der Baurechtszins kann mit einem Grundpfandrecht gesichert werden, das im Grundbuch eingetragen sein muss. Folge: Wird der Zins nicht bezahlt, so kann der Eigentümer des Bodens im Endeffekt den Verkauf der Wohnung des säumigen Eigentümers durchsetzen (Pfandverwertung).

■ **Vorkaufsrecht:** Der Baurechtsgeber hat ein gesetzliches Vorkaufsrecht an den Stockwerkanteilen. Die Stockwerkeigentümer haben umgekehrt ein gesetzliches Vorkaufsrecht am Grundstück (das allerdings in vielen Verträgen wegbedungen ist).

Das heisst: Existiert das Vorkaufsrecht und will der Landbesitzer sein Land verkaufen, das er im Baurecht vergeben hat, so haben die Stockwerkeigentümer das Recht, dieses Grundstück vor allfälligen anderen Interessenten zu kaufen.

Gerade dieses Recht zeigt einen Schwachpunkt des Stockwerkeigentums im Baurecht: Wenn auch nur ein Eigentümer den Kauf nicht will (oder wenn er kein Geld hat), so ist die Gemeinschaft blockiert.

Experten betrachten deshalb Stockwerkeinheiten im Baurecht als schwerer verkäuflich also «normale» Eigentumswohnungen.

■ **Heimfallentschädigung:** Wird das Baurecht bei Ablauf nicht verlängert, fällt es an den Baurechtsgeber zurück, dieser muss aber die Stockwerkeigentümer entschädigen. Es ist wichtig, dass diese sogenannte Heimfallentschädigung im Vertrag genau geregelt wird.

Fortsetzung von Seite 43

die räumliche Lage, über die Abgrenzung und Zusammensetzung der Sonderrechtsteile, über die gemeinschaftlichen Teile (siehe Seite 53 ff.) sowie über die gemeinsamen Teile, an denen jemand ein alleiniges Benützungsrecht hat (siehe Seite 64 ff.).

So kann man bereits bei der Begründung spätere Unstimmigkeiten über die genauen Berechtigungen verhindern.

Darüber hinaus können weitere Punkte im Begründungsakt geregelt werden, insbesondere vom Gesetz abweichende Regelungen über Vorkaufs- und Einspracherechte (siehe Kapitel 8).

Tipp: Es empfiehlt sich, nebst dem Begründungsvertrag und den Aufteilungsplänen auch ein Reglement über die Verwaltung und Nutzung im Grundbuch anzumerken (siehe Seite 74 f.). So sind alle wichtigen Dokumente für alle Einsichtsberechtigten zugänglich.

Sowohl der Begründungsvertrag als auch die Begründungserklärung benötigen zur Gültigkeit eine öffentliche Beurkundung. Diese macht ein Notar.

Danach kann das Stockwerkeigentum beim Grundbuchamt am Ort der Liegenschaft angemeldet werden. Mit der Eintragung im Grundbuch entsteht das Stockwerkeigentum.

Jede Stockwerkeigentumseinheit erhält ein eigenes Grundbuchblatt mit eigener Nummer. Dies ermöglicht es später jedem einzelnen Eigentümer, über seinen Stockwerkanteil frei zu verfügen (siehe Abbildung auf Seite 43).

Die Wertquote ist von grosser Bedeutung

Grundsätzlich gilt: Je mehr Raumfläche der Stockwerkeigentümer nutzen darf, desto grösser ist seine Wertquote (siehe Stichwort unten). Doch auch gewisse Quali-

---

STICHWORT

Wertquote

Die Wertquote ist für den Stockwerkeigentümer von grosser Bedeutung. Sie beziffert den Anteil der jeweiligen Stockwerkeigentumseinheit in Bruchteilen am Wert des gesamten Miteigentums.

Wie die Wertquote berechnet wird und welche Faktoren dabei beachtet werden müssen – dazu sagt das Gesetz nichts. Es gibt verschiedene Berechnungsmethoden; eine allgemeingültige Methode existiert nicht.

Massgebend für die Berechnung sind im Wesentlichen die Grundfläche (in Quadratmetern) oder das Volumen (in Kubikmetern) der Stockwerkeinheit, die dem einzelnen Eigentümer zusteht (inklusive Räume im alleinigen Benützungsrecht).

Daneben sind für die Berechnung unter anderem die Aussicht (Nord oder Südlage?), die Besonnung, die Lage im Gebäude selber (Parterre, 1. Stock oder Attika mit Liftzugang?), vorhandene Balkone, Zugangsmöglichkeiten, Lärmexposition und Grundriss der Wohnung relevant.

Die Wertquote einer Stockwerkeinheit wird im Grundbuch eingetragen.

Eine nachträgliche Änderung der Quote ist nur in Ausnahmefällen möglich (siehe Seite 47 ff.).

Die Wertquote ist auch massgebend für die Beschlussfassung an der Stockwerkeigentümerversammlung.

Zudem legt die Wertquote den Kostenbeitrag des einzelnen Eigentümers fest: Jeder muss sich im Prinzip gemäss seiner Wertquote an den gemeinschaftlichen Kosten beteiligen.

tätsmerkmale sowie die zugeteilten alleinigen Benützungsrechte spielen bei der Festlegung der Wertquote eine Rolle.

Die Wertquote darf nicht mit dem Verkehrswert der Wohnung verwechselt werden. Der Verkehrswert sagt etwas über den Preis aus, der beim Verkauf aktuell aufgrund der Nachfrage erzielt werden könnte; dieser Wert kann sich im Lauf der Zeit ändern. Die Wertquote hingegen ist auf Dauer festgelegt.

Auch die individuelle Innenausstattung der Wohnung beeinflusst die Wertquote nicht. Ein luxuriöses Bad mit Marmorböden und goldene Wasserhähne können ausgewechselt werden – und zählen deshalb nicht zur Wertquote (aber zum Verkehrswert).

Weil die Berechnung der Wertquote kompliziert ist und es verschiedene Berechnungsmethoden gibt, sollte die Bemessung einem Fachmann überlassen werden. Bei Neubauten bestimmt meist der Architekt die Wertquoten.

Alle Wertquoten müssen den gleichen Nenner haben

Beim Begründungsakt von Stockwerkeigentum ist die Angabe der Wertquote zwingend. Das gilt auch, wenn der Bau erst in Planung ist.

Bis vor kurzem wurden Wertquoten nur in Hundertsteln oder Tausendsteln angegeben. Beispiel: Wer eine Wohnung mit der Wertquote $^{90}/_{1000}$ besitzt, dem steht ein Miteigentumsanteil von 90 Tausendsteln oder 9 Prozent zu.

Seit Anfang 2012 ist ein beliebiger Nenner erlaubt – er muss aber bei allen Wertquoten gleich sein. Korrekt ist beispielsweise diese Aufteilung: $^{1}/_{6}$ + $^{2}/_{6}$ + $^{3}/_{6}$.

Hier spielt die Wertquote eine grosse Rolle

Ist im Reglement nichts anderes geregelt, so ist die Wertquote massgebend für:

■ die Verteilung der gemeinschaftlichen Kosten,

■ die Verteilung von allfälligen Einnahmen, zum Beispiel aus der Vermietung von Parkplätzen,

■ die Einlagen in den Erneuerungsfonds,

■ den Umfang der Haftung bei Schulden der Gemeinschaft,

■ die Feststellung der Beschlussfähigkeit der Versammlung (siehe Seite 127 f.),

■ das Stimmrecht bei Beschlüssen, die das qualifizierte Mehr fordern (siehe Seite 131 f.),

■ die Verteilung des Liquidationserlöses bei Aufhebung des Stockwerkeigentums,

■ die Verteilung der Versicherungssumme der Gebäudeversicherung nach einem Totalschaden, zum Beispiel nach einem Brand.

Die Wertquote ist auch für die Berechnung des Eigenmietwerts massgebend, den Wohneigentumsbesitzer als Einkommen versteuern müssen; der Eigenmietwert wird vom Steueramt festgelegt.

Die Wertquote wird bei der Begründung im Grundbuch eingetragen und bleibt grundsätzlich bestehen.

Weil die Wertquote elementar ist, sollte sie von Anfang an korrekt sein. Wer Stockwerkeigentum kauft, sollte vor dem Kauf auch die Wertquote anschauen. Allerdings haben Käufer keine Möglichkeit, vor dem Kauf eine Änderung zu verlangen, sondern müssen die bestehende Wertquote akzeptieren und damit leben – oder auf den Kauf verzichten.

Eine Abänderung muss öffentlich beurkundet werden

Die Wertquote ist grundsätzlich auf Dauer ausgelegt und wird daher nach der Begründung nur noch unter strengen Bedingungen geändert (siehe Kasten rechts). Eine Änderung kann auf zwei Arten zustande kommen: durch eine einvernehmliche Änderungsvereinbarung zwischen allen unmittelbar Betroffenen oder – gegen den Willen der Betroffenen – auf Klage eines Stockwerkeigentümers.

Einer Änderungsvereinbarung müssen alle zustimmen, die durch eine Wertquotenänderung betroffen sind. Betroffen sind in erster Linie alle, deren Wertquote herauf- oder herabgesetzt wird.

Betroffen sind aber nicht nur die Stockwerkeigentümer, sondern auch die Bank, die die Hypothek für die betreffende Stockwerkeinheit gewährt hat.

Zu guter Letzt muss noch die Eigentümerversammlung der Wertquotenänderung zustimmen. Ein Mehrheitsbeschluss der anwesenden oder vertretenen Eigentümer

Wann kann die Wertquote geändert werden?

Eine Berichtigung bzw. Änderung der Wertquote kann nur gerichtlich durchgesetzt werden, wenn die Veränderung wesentlich ist, wie das beispielsweise in folgenden Konstellationen der Fall wäre:

■ Dem Begründer unterlief ein Berechnungsfehler.
■ Die Berechnung der Wertquote basiert auf falschen Kriterien oder falschen Zahlen.
■ Ein Gebäudeteil ist vergrössert oder abgebrochen worden.
■ Es erfolgte eine Umteilung eines Sonderrechtsteils in einen gemeinschaftlichen Teil (Verkleinerung der Stockwerkeinheit).
■ Ein gemeinschaftlicher Teil wurde zu Sonderrecht umgeteilt (Vergrösserung der Stockwerkeinheit).
■ Zusammenlegung zweier Stockwerkeinheiten.
■ Teilung einer Stockwerkeinheit. Ein Stockwerkeigentümer kann zum Beispiel aus seiner grossen 6-Zimmer-Wohnung zwei 3-Zimmer-Wohnungen machen und eine davon verkaufen. Er hat dann einen Anspruch darauf, dass seine Wertquote auf den Wert einer 3-Zimmer-Wohnung angepasst wird.

Keine Änderung der Wertquote ergibt sich,
■ wenn alle Einheiten gleichermassen betroffen sind,
■ wenn bauliche Änderungen nur an gemeinschaftlichen Teilen vorgenommen werden oder
■ wenn bauliche Änderungen nur innerhalb einer Wohnung geschehen. Will ein Eigentümer zum Beispiel sein Bad in eine Wellnessoase ausbauen, tangiert das seine Wertquote nicht, obwohl der Wert des Bades sich offensichtlich erhöht. Grund: Der Innenausbau kann jederzeit geändert werden und wird subjektiv anders beurteilt. Ein anderer Besitzer würde vielleicht mehr Wert auf ein zusätzliches Zimmer legen und dafür ein kleineres Bad in Kauf nehmen.

(einfaches Mehr, siehe Seite 131) reicht dafür, wenn reglementarisch kein anderes Quorum festgelegt wurde. Erst dann kann die Änderung beim Grundbuchamt beantragt werden. Dem Antrag sind der öffentlich beurkundete Änderungsvertrag sowie das Protokoll der Eigentümerversammlung beizulegen.

Mit dem Grundbucheintrag wird die neue Wertquotenverteilung wirksam und bestimmt fortan die Beiträge an die gemeinschaftlichen Kosten und die Verwaltung.

Eine Klage auf Berichtigung der Wertquote...

Erhält der betroffene Stockwerkeigentümer keine Zustimmung oder genehmigt die Versammlung die Änderung nicht, so kann er seinen Anspruch vor Gericht gegen den Willen der anderen geltend machen. Dies ist möglich,
- wenn die Wertquote irrtümlich falsch berechnet wurde oder
- wenn die Wertquote aufgrund baulicher Veränderungen nicht mehr stimmt.

Ein Irrtum liegt beispielsweise vor, wenn ein Raum in der ursprünglichen Berechnung der falschen Stockwerkeinheit zugewiesen wurde. Wenn also zum Beispiel ein Bastelraum fälschlicherweise in der Wertquote von Eigentümer A statt von Eigentümer B miteinberechnet wurde – B aber den Bastelraum tatsächlich zu Sonderrecht zugeteilt erhalten hat.

Nachträglich kann die Wertquote falsch werden, wenn sich die Verhältnisse wegen Umbauten oder wegen einer anderen Aufteilung verändert haben – also wenn beispielsweise die gemeinschaftliche Waschküche in einen sonderrechtlichen Hobbyraum umfunktioniert wird.

Nach Rechtsprechung des Bundesgerichts muss der Fehler wesentlich sein. Der betroffene Eigentümer muss derart schlechter gestellt sein, dass ein Festhalten an der falschen Wertquote unzumutbar wäre bzw. gegen Treu und Glauben verstossen würde.

Die Klage ist immer gegen die konkret Betroffenen zu richten – also gegen alle Eigentümer, deren Wertquote geändert werden soll.

Die Klage kann sich aber nicht gegen die Stockwerkeigentümergemeinschaft als solche richten. Wird die Klage gegen die Gemeinschaft als Ganzes erhoben, tritt das Gericht auf die Klage nicht ein.

...ist schwierig und birgt ein hohes Prozessrisiko

Um mit der Klage erfolgreich zu sein, muss der Kläger den Berechnungsfehler beweisen können. Dazu muss er die Berechnungsmethode kennen und darlegen, wie die Wertquote bei richtiger Anwendung ausgefallen wäre.

Das ist ein schwieriges Unterfangen, und Betroffene sollten dazu einen Anwalt nehmen. Die Berichtigungsklage ist mit einem hohen Prozessrisiko behaftet.

Wie knifflig solche Klagen sind, musste ein Kläger aus Kreuzlingen TG erfahren, der die Wertquote seiner Attikawohnung von 120 auf 84 Tausendstel herbsetzen lassen wollte. Er kam nicht durch, denn es gelang ihm nicht zu zeigen, weshalb seine Wertquote falsch sein sollte. Er konnte dem Gericht weder die Berechnungsmethode darlegen noch die genauen Fehler und auch nicht, wie seine Wertquote richtig berechnet werden sollte. (Bundesgerichtsurteil 116 II 55, siehe Kasten rechts)

Nicht von Belang ist die Wahl der Bewertungsmethode. Der Kläger kann nicht verlangen, dass seine Wertquote anhand einer anderen Methode berechnet wird. Vielmehr würde bei einer Berichtigung wieder mit der gleichen Methode gerechnet.

Das Sonderrecht an der «Eigentums»-Wohnung

Das Sonderrecht gibt dem Stockwerkeigentümer das Exklusivrecht, seine Räume allein zu benutzen.

Gegenstand des Sonderrechts können nur abgeschlossene Räume mit eigenem Zugang sein. In der Regel sind das Wohnräume sowie getrennte Nebenräume wie Kellerabteil, Lagerraum, Estrichabteil, Bastelraum, separater Trocknungsraum, separate Waschküche, Mansardenzimmer usw.

Alle einem Eigentümer zugewiesenen Räume im Sonderrecht bilden zusammen eine sogenannte Stockwerkeinheit (zum Beispiel Wohnung plus Keller).

Das Kriterium der Abgeschlossenheit

Die verschiedenen Sonderrechtseinheiten müssen klar voneinander abgrenzbar sein. Deshalb müssen sie mit Wänden, Böden und Decken dreidimensional umschlossen sein. Mobile Trennwän-

TIPP

Gerichtsurteile finden im Internet

In diesem Ratgeber sind viele Gerichtsurteile mit ihrer Nummer erwähnt. Sie finden sie meist im Internet, falls Sie sie im Original lesen möchten. Das sind die Tipps dazu:

■ Sämtliche jüngeren Urteile des Bundesgerichts finden Sie unter www.bger.ch (→ Rechtsprechung → Rechtsprechung [gratis], und dann entweder → BGE Leitentscheide oder → Weitere Urteile ab 2000).

■ Ältere Leitentscheide des Bundesgerichts (mit BGE-Nummer) sind auf www.servat.unibe.ch zu finden. Auf www.bger.ch hat es einen Link auf diese Website.

■ Im Internet finden Sie auch viele Entscheide von kantonalen Gerichten – oft auf der Homepage der kantonalen Verwaltung.

■ Ein allgemeiner Suchtipp: Falls Sie die Nummernbezeichnung des gesuchten Gerichtsentscheids kennen, können Sie exakt diese Angabe auch in einer Suchmaschine im Internet eingeben. Das führt Sie meist ebenfalls zum Ziel.

de oder Bodenmarkierungen genügen nicht.

Gartensitzplätze von Parterrewohnungen und Dachterrassen von Attikawohnungen können deshalb nie zu Sonderrecht ausgeschieden werden, weil sie gegen aussen offen und nicht dreidimensional abgeschlossen sind (aber hier kommt in der Regel das alleinige Benützungsrecht zum Zug, siehe Seite 64 ff.).

Parkplätze in einer Einstellhalle können nur zum Sonderrecht gehören, falls sie mit Mauern, Holzverschlägen, Drahtgittern, Glaswänden oder festen Abschrankungen einzeln eingezäunt und abschliessbar sind (siehe dazu den Kasten auf Seite 68).

Sonderrechtsräume müssen einen eigenen Zugang haben

Die Stockwerkeigentumseinheit muss vom Freien oder von gemeinsamen Räumen aus zugänglich sein. Unzulässig wäre der Zugang über eine andere Stockwerkeigentumseinheit. Diese Voraussetzung gilt übrigens auch für Nebenräume.

Was genau dem einzelnen Stockwerkeigentümer zu seinem Sonderrecht ausgeschieden worden ist, steht in der Begründungserklärung und ist auf den entsprechenden Aufteilungsplänen zu sehen. Käuferinnen und Käufer einer Eigentumswohnung erfahren es aus dem Grundbuch und im Kaufvertrag.

Das Sonderrecht räumt viele Freiheiten ein...

Wurde im Reglement nichts anderes vereinbart, so gehören folgende Teile im Innern der Wohnräume zum Sonderrecht:
- nicht tragende Trennwände,
- Bodenbeläge,
- Wand- und Deckenverputz,
- Fenster und Türen (siehe auch Seite 55 f.),
- eingebaute Schränke,
- sanitäre Einrichtungen in Küche, Badezimmer und Toilette,
- Boiler, Öfen, Radiatoren, Cheminée,
- Leitungen und Rohre ab ihren Abzweigungen von der gemeinschaftlichen Leitung.

Das Sonderrecht an seiner Stockwerkeinheit verleiht dem Eigentümer eine Stellung, die mit derjenigen des Alleineigentümers vergleichbar ist. Er kann seine Räume benützen, wie er will – als Wohnung, als Büro oder als Praxis- bzw. Therapieraum usw.

Der Eigentümer kann seine Wohnung auch jemand anderem zur Benutzung überlassen – also vermieten, ein Wohnrecht geben oder gratis bzw. zur Nutzniessung überlassen. Solange die anderen Mitbewohner nicht gestört werden, kann er in seiner eigenen Wohnung tun und lassen, was er will.

...aber das Reglement kann Einschränkungen diktieren

Dieses exklusive Benützungsrecht kann allerdings durch das Reglement (Zweckbestimmung), durch die kommunale Bau- und Zonenordnung oder durch andere öffentlich-rechtliche Auflagen eingeschränkt sein. Will etwa die Hausfrau als Nebenerwerb in der Wohnung eine Kindertagesstätte einrichten, braucht sie dazu eine Bewilligung der Gemeinde und allenfalls der Aufsichtsbehörde über Kinderhorte.

Ausserdem könnte Kinderlärm zu Problemen mit der Gemeinschaft führen. Denn die Eltern müssen die Kinder bringen und abholen, was zu mehr Publikumsverkehr im Hausflur und zu besetzten Besucherparkplätzen führt. Will die geschäftstüchtige Bewohnerin kein Risiko eingehen, muss sie daher die Einwilligung bei der Eigentümerversammlung einholen.

Im Begründungsakt können einzelne Stockwerke verschiedenen Nutzungsarten zugeteilt werden.

So kann etwa das Erdgeschoss für kleinere Geschäfte frei gehalten werden, während die oberen Geschosse für Wohnzwecke vorgesehen sind.

Will allerdings später ein Eigentümer einen Teil seiner Wohnung als Geschäftsraum benutzen, so darf er das trotzdem. Ein gänzliches Verbot jeglicher beruflicher Aktivitäten in den Wohnräumen würde gegen das gesetzliche freie Nutzungsrecht verstossen. Nur die rein geschäftliche Nutzung der Wohnung könnte ihm allenfalls untersagt werden.

Häufig wird deshalb bereits im Hausreglement die gewerbliche Nutzung auf Tätigkeiten eingeschränkt, die keinen übermässigen Lärm oder andere negative Begleitumstände mit sich bringen. Ein Beispiel: «Die Stockwerkeinheiten im 2. bis 5. Obergeschoss dienen ausschliesslich Wohnzwecken. Sie dürfen indessen für die Ausübung stiller und freier Berufe benutzt werden, als Büros bzw. Praxisräume für Ärzte, Zahnärzte Rechtsanwälte usw.»

Mehr zu Problematik von Zweckbestimmungen und unerwünschten Immissionen aus übermässiger Nutzung steht auf Seite 80 ff.

Beim Innenausbau sind Stockwerkeigentümer frei

Innerhalb der Stockwerkeinheit dürfen Eigentümer ihre Räume nach eigenem Gusto umbauen – also nichttragende Innenwände herausreissen, eine neue Küche oder einen Whirlpool einbauen. Doch auch hier geht die Gestal-tungsfreiheit nur so weit, als gemeinschaftliche Teile davon nicht berührt werden. Und es gilt jeweils auch das Reglement zu beachten, das beispielsweise Whirlpools wegen der Vibrationen untersagen kann. Zudem sind die Gesetze der Baustatik zu beachten, und die Nachbarn dürfen nicht beeinträchtigt werden.

Im Gesetz heisst es dazu: «Der Stockwerkeigentümer ist in der Verwaltung, Benutzung und baulichen Ausgestaltung seiner eigenen Räume frei, darf jedoch keinem anderen Stockwerkeigentümer die Ausübung des gleichen Rechtes erschweren und die gemeinschaftlichen Bauteile, Anlagen und Einrichtungen in keiner Weise beschädigen oder in ihrer Funktion und äusseren Erscheinung beeinträchtigen.»

Und: «Er ist verpflichtet, seine Räume so zu unterhalten, wie es zur Erhaltung des Gebäudes in einwandfreiem Zustand und gutem Aussehen erforderlich ist» (Art. 712a ZGB).

FRAGE

Darf ich eine Treppe in die obere Wohnung einbauen?

Ich bin Stockwerkeigentümer von zwei Wohnungen, die übereinander liegen. Darf ich die zwei Wohnungen mit einer Innen-Wendeltreppe verbinden?

Nein, denn tragende Böden und Wände gehören der Gemeinschaft, Sie haben daran kein Sonderrecht. Ein solcher Einbau ist also nur mit Zustimmung der Versammlung möglich.

Die Rechte und Pflichten der Stockwerkeigentümer

Rechte:

■ Der Stockwerkeigentümer kann grundsätzlich frei über seinen Anteil verfügen. Er kann die Stockwerkeinheit veräussern, verpfänden oder Dienstbarkeiten darauf errichten.

■ Er hat ein exklusives Benützungsrecht an den in seinem Sonderrecht stehenden Räumen. Die Nutzung kann jedoch durch das Reglement eingeschränkt sein (etwa Ausschluss eines bestimmten Gewerbes).

■ Er kann die in seinem Sonderrecht stehenden Räume nach seinen persönlichen Vorstellungen und Bedürfnissen innen baulich gestalten (zum Beispiel nichttragende Wände herausreissen, neues Bad einbauen).

■ Er hat das Recht, seinen Anteil allein zu verwalten. Ausserdem kann er in Notfällen selbständig Massnahmen in Bezug auf die gemeinschaftlichen Gebäudeteile treffen und gewöhnliche Verwaltungshandlungen vornehmen.

■ Er besitzt ein Stimmrecht an der Versammlung der Stockwerkeigentümer und kann Verwaltungsbeschlüsse anfechten.

■ Er hat das Recht, die Aufstellung eines Stockwerkeigentümer-Reglements zu verlangen.

■ Er hat das Recht, einen anfechtbaren Beschluss der Stockwerkeigentümergemeinschaft durch das Gericht aufheben zu lassen.

■ Er hat bei Untätigkeit des Verwalters das Recht, von sich aus im Interesse und auf Kosten der Gemeinschaft dringliche Massnahmen zu ergreifen (welche sofort getroffen werden müssen), um die Sache vor drohendem oder wachsendem Schaden zu bewahren.

■ Er hat Anspruch auf richterliche Bestellung und Abberufung des Verwalters.

Pflichten:

■ Der Stockwerkeigentümer hat eine Verwaltungs- und Mitwirkungspflicht. Weitere Pflichten können sich aus dem Reglement und der Hausordnung ergeben.

■ Er muss seine Wohnung so unterhalten, dass das ganze Gebäude keinen Schaden nimmt und das einheitliche Erscheinungsbild gewahrt bleibt.

■ Jeder Stockwerkeigentümer muss sich an den gemeinschaftlichen Kosten gemäss seiner Wertquote an der Gesamtliegenschaft beteiligen. Dies betrifft insbesondere Kosten für den laufenden Unterhalt der Gemeinschaftsteile, aber auch für die Entschädigung des Verwalters.

■ Er muss auf die Mitbewohner Rücksicht nehmen und umgekehrt das Verhalten der anderen Stockwerkeigentümer dulden, solange dieses nicht die Grenzen des Zumutbaren überschreitet.

Deshalb dürfen Eigentümer ein tragendes Mauerwerk im Innern nicht abbrechen, weil es ja der Gemeinschaft gehört – aber sie dürfen es farbig anstreichen. Denn niemand sieht von aussen, ob in einem Zimmer die Wand blau gestrichen ist oder weiss.

Tragende Wände sind immer gemeinschaftlich – egal wo sie stehen.

Schwierig wird es hingegen bei Haustüren, Fenstern (siehe Seite 55f.) und Balkonen, denn diese sind von aussen sichtbar. Hier gilt: Das optische Erscheinungsbild des gemeinschaftlichen Gebäudes muss gewahrt bleiben.

Deshalb darf kein Stockwerkeigentümer als einziger seine Fensterläden knallrot malen, wenn alle anderen grün gestrichen sind.

Und die Eingangstüre zur Wohnung kann nicht in eine rustikale Holztüre abgewandelt werden, falls im ganzen Treppenhaus die Türen einheitlich weiss sind. Solche Änderungen wären nur mit einstimmiger Einwilligung der Gemeinschaft möglich.

Zudem können das öffentliche Recht, vor allem das Baurecht, sowie feuerpolizeiliche Vorschriften die freie Gestaltung einschränken. Es kann sein, dass es für eine Veränderung eine amtliche Bewilligung braucht, die vor dem Bau eingeholt werden müsste, oder dass Spezialauflagen zu beachten sind – etwa bezüglich Notausgängen.

Jeder Eigentümer ist Verwalter seiner eigenen Einheit

In ihrer eigenen Stockwerkeinheit sind Eigentümer auch ihr eigener Verwalter. Sie bestimmen selber, wann Sie eine Reparatur veranlassen und welche Handwerker sie beauftragen oder ob sie ihre Wohnung vermieten wollen, ob sie sie mit einer Hypothek belasten wollen usw.

Hat ein Handwerker eine Reparatur mangelhaft erledigt, müssen sie sich selber darum kümmern, dass die Mängel behoben werden und dass ihre Mängelrechte nicht verjähren. Sie müssen ihre Wohnung allein unterhalten und das entsprechende Budget selber im Griff haben.

Bezahlen Eigentümer den Handwerker nicht, so kann dieser die betroffene Stockwerkeigentumseinheit mit einem Bauhandwerker-Pfandrecht belasten.

Stockwerkeigentümer bezahlen auch die auf ihre Einheit fallenden Betriebs-, Unterhalts- und Verwaltungskosten alleine. Darunter fallen Strom- und Warmwasserverbrauch, Steuern, Kehrichtgebühren usw.

Für den Abschluss von Versicherungen für ihre eigene Stockwerkeinheit sind sie ebenfalls selber verantwortlich (Mobiliar, Hausrat, Glasbruch, Diebstahl usw.; siehe Kapitel 7).

Die gemeinschaftlichen Teile und ihre Bedeutung

In der Regel steht alles, was nicht mit Sonderrecht belegt ist, im gemeinschaftlichen Eigentum aller Stockwerkeigentümer. Das gilt regelmässig für das Treppenhaus, den Lift, die gemeinsame Waschküche, die Besucherparkplätze, den Spielplatz usw. – für Einrichtungen und Bauteile also, die allen zugänglich sind und die alle gemeinsam nutzen.

Die Stockwerkeigentümer üben die Herrschaft über diese gemeinsamen Teile zusammen aus und verwalten sie auch (mehr dazu im Kapitel 6). Sie entscheiden über wesentliche Veränderungen, die diese Bereiche betreffen. Und sie zahlen auch gemeinsam die anfallenden Kosten.

Einige Bauteile sind zwingend gemeinschaftliche Teile

Das Gesetz sieht einige Teile vor, die zwingend gemeinschaftlich sind und nicht zu Sonderrecht ausgeschieden werden dürfen. Hier haben also die Begründer von

Stockwerkeigentum keinen Spielraum. Sie sind im Kasten unten aufgeführt.

Einige Bauteile dürfen gemeinschaftlich werden

Doch nicht alle Teile, die gemeinschaftlich sind, sind auch zwingend gemeinschaftlich. Bei gewissen Gemeinschaftsteilen haben die Eigentümer Gestaltungsfreiheit: Sie können zum Beispiel nicht zwingend gemeinschaftliche Teile dem Sonderrecht eines einzelnen Stockwerkeigentümers zuweisen.

Diese Bauteile sind zwingend gemeinschaftlich

■ Alles, was zur Bodenparzelle der Liegenschaft gehört und nicht Gebäude ist (Garten inkl. grössere Pflanzen, Terrassen, Mäuerchen, Zäune, Stützmauern, Fusswege, Aussenparkplätze, Aussen-Schwimmbad, Spielplatz usw.).

■ Alle Bauteile, die für den Bestand, die konstruktive Gliederung und Festigkeit des Gebäudes wichtig sind (Fundament, tragende Mauern, Böden, Dach, Dachterrassen, Isolationen, Abdichtungen usw.).

■ Alles, was die äussere Gestalt und das Aussehen des Gebäudes massgeblich mitbestimmt (Hausfassade, Aussenbereich der Balkone, Veranden, gemeinsame Hauseingangstüre).

Das gilt auch für ganze Fensterfronten, wie sie heute modern sind (aber nicht für «normale» Fenster, siehe Seite rechts).

■ Alle Einrichtungen, die dem Gebrauch mehrerer Eigentümer für die Benutzung ihrer Stockwerkeinheit dienen (Zugangswege und -strassen, Hauseingang, Treppenhaus, Lift, Korridore, Lüftungsanlage und Leitungen, Heizung, Wasser-, Gas- und Stromleitungen bis zu den Abzweigungen zu den Sonderrechtseinheiten, Abwasserentsorgung, Besucherparkplätze, Spielplätze usw.).

Umgekehrt können sie unter Umständen ein Interesse daran haben, zusätzliche Räume und Einrichtungen allen zugänglich zu machen, und sie erklären sie deshalb zum gemeinschaftlichen Eigentum – zum Beispiel die Hauswartwohnung, den Bastelraum, eine abschliessbare Garagenbox, den Fitnessraum oder die Indoor-Schwimmhalle.

Gemeinschaftlich sind in der Regel auch das gemeinschaftliche Solarium, der Einstellraum für Fahrräder, der Partyraum oder der Putzraum.

Hat das Haus nur eine Waschküche, so ist diese ebenfalls gemeinschaftlich. Wenn allerdings im Keller mehrere Waschküchen sind, die jeweils einer Wohnung zugeteilt sind, gehören diese zum Sonderrecht.

Für eine gewollte Zuordnung braucht es Einstimmigkeit

Diese gewollte Zuordnung sollte bereits im Begründungsakt festgehalten werden oder muss dann später durch Vereinbarung beschlossen werden. Bei der Änderung dieser Aufteilung müssen verschiedene Formvorschriften beachtet werden (siehe Seite 63 f.).

Werden gemeinschaftliche Teile später in Sonderrechtsteile umgewandelt oder umgekehrt, muss diese Umteilung mit Einstimmigkeit beschlossen werden.

Die Vereinbarung zur Umteilung bedarf überdies der öffentlichen Beurkundung. Natürlich müssen auch der Aufteilungsplan und das Reglement angepasst werden.

Heikle Abgrenzungen: Exklusiv-Sonderrecht oder gemeinschaftlicher Teil?

Ob ein Raum, ein Gebäudeteil oder eine Einrichtung zum Sonderrecht oder zu den gemeinschaftlichen Teilen gehört, ist für die Kostenverteilung und die Verwaltung äusserst wichtig. Denn die gemeinschaftlichen Teile werden von allen gemeinsam genutzt und unterhalten, und die hier anfallenden Kosten müssen alle Eigentümer gemäss ihrer Wertquote oder gemäss einem speziellen Kostenschlüssel mitzahlen.

Sonderrechtsteile hingegen gehen zulasten des jeweiligen Eigentümers.

Doch die Abgrenzung zwischen Sonderrecht und gemeinschaftlichen Teilen ist nicht immer 100-prozentig klar. Deshalb sind im Folgenden die gängigsten Probleme aufgeführt:

■ Fenster

Fenster bestimmen das äussere Erscheinungsbild des Gebäudes und müssten daher im Grunde zwingend gemeinschaftlich sein – aber sie werden nur vom einzelnen Stockwerkeigentümer benutzt.

Deshalb sind Fenster, Fenstersimse, Jalousien, Rollläden, Fensterläden, Balkontüren, Dachluken und Dachfenster sowie Storen in der Regel Bestandteil des Sonderrechts.

Ausnahme: Wenn ganze Fensterfronten die Funktion der Fassade bzw. der Aussenmauer des Gebäudes übernehmen, so sind diese zwingend gemeinschaftlich.

Jeder Eigentümer muss deshalb seine Fenster auf eigene Kosten reparieren oder streichen lassen – auch aussen. Er muss sie in einwandfreiem Zustand halten und dafür sorgen, dass sie gut aussehen.

Umgekehrt heisst das auch: Die Gemeinschaft kann einen Eigentümer nicht zwingen, herkömmliche noch gute Fenster durch moderne Isolationsfenster zu ersetzen.

Weil aber die Fenster zugleich Bestandteil der Hausfassade und von aussen sichtbar sind, dürfen sie nicht so stark verändert werden, dass sie in Art, Grösse oder Farbe sichtbar von den übrigen Fenstern abweichen. Untersagt ist beispielsweise die bauliche Abänderung, das Zumauern oder der Einbau von neuen Fenstern in die Fassade. Es gilt, die äusserliche Gestalt des Gebäudes zu wahren.

Die Ausübung des Sonderrechts ist in diesem Fall also eingeschränkt.

Grundsätzlich ist es aber erlaubt, Holzfenster durch baugleiche Kunststofffenster zu ersetzen, falls sich diese im Aussehen nicht unterscheiden.

Tipp: Fenster und Fensterunterhalt sollten im Reglement geregelt sein.

■ Türen

Zimmertüren innerhalb der Wohnung sind stets Teil des Sonderrechts. Das Gleiche gilt für die Eingangstüre zur eigenen Wohnung (inklusive der Schlösser). Trotzdem darf der Stockwerkeigentümer die Wohnungseingangstüre nicht einfach verändern – zumindest nicht, was die Aussenseite anbelangt, die vom gemeinschaftlichen Korridor aus zu sehen ist.

Denn auch hier muss das gemeinsame Erscheinungsbild aufrechterhalten bleiben, die Wohnungstüren müssen also gleich aussehen beziehungsweise dürfen nur mit Erlaubnis der Eigentümerversammlung verändert werden.

Zur Wohnungstüre gehört auch die Türklingel unmittelbar bei der Wohnung. Meist ist diese ebenfalls dem Sonderrecht zugeteilt, weil sie nur einer Wohnung dient.

Eine Gegensprechanlage beim Haupteingang eines Mehrfamilienhauses jedoch ist gemeinschaftlich. Die Haupteingangstüre bei einem Mehrfamilienhaus ist logischerweise zwingend gemeinschaftlich.

■ Balkone und Veranden

Balkone bestimmen die äussere Gestalt, gehören zur Aussenfassade und sind normalerweise nicht räumlich abgeschlossen. Sie sind aber nur dem einzelnen Eigentümer zugänglich.

Deshalb wird der Innenbereich von Balkonen (Bodenbelag, Innenwände, Balkontüre) reglementarisch meist zu Sonderrecht ausgeschieden, der Aussenbereich bleibt aber weiterhin zwingend gemeinschaftlich. Zum Aussenbereich gehören Aussenfassade, Balkonbrüstung, Balkonfundament und Geländer. Ausserdem kann zum Beispiel im Reglement stehen, dass Blumenkistchen nur auf der Innenseite des Balkons angebracht werden dürfen.

Der einzelne Stockwerkeigentümer darf also nur das Innere des Balkons frei gestalten. Untersagt sind ihm hingegen eigenmächtige Massnahmen, die die äussere Erscheinung verändern – wie das Anbringen von Glas- oder Kunststoffwänden, das Befestigen von Klimageräten an der Aussenfassade oder das Aufstellen einer von aussen sichtbaren Satellitenschüssel.

Aus diesem Grund entschied das Bundesgericht in einem konkreten Fall: Ein Mann, der im Balkonbereich seiner Wohnung ein Klimagerät installiert hatte, musste dieses wieder entfernen, weil er damit widerrechtlich die Fassade und das äussere Erscheinungsbild des Hauses verändert hatte. (Bundesgerichtsurteil 5C.10/2000)

■ Dach und Dachterrassen

Das Dach ist ein wichtiger Bestandteil des Gebäudes und deshalb zwingend gemeinschaftlich. Das musste ein Mann erfahren, der zwei Dachflächenfenster in seinem Estrichabteil einbauen liess.

Das Bundesgericht stützte den Entscheid der kantonalen Gerichte, die ihm auferlegten, diese bauliche Veränderung rückgängig zu machen. Auch Dachfenster prägten «das äussere Erscheinungsbild der Liegenschaft», und der Mann durfte nicht «eigenmächtig in die gemeinschaftlichen Bauteile eingreifen». (Bundesgerichtsurteil 130 III 450)

Dachterrassen gehören ebenfalls zwingend zu den gemeinschaftlichen Teilen, weil sie den Abschluss des Gebäudes darstellen.

Auch wenn nur eine Wohnung Zugang zur Terrasse hat, ist ein Sonderrecht des betreffenden Stockwerkeigentümers nicht möglich, denn die Dachterrasse ist nicht dreidimensional abgeschlossen. In der Regel wird dem Besitzer aber ein alleiniges Benützungsrecht an der Dachterrasse eingeräumt (siehe Seite 64 ff.).

Was diese Zuteilung für die Verteilung von anfallenden Sanierungskosten zur Folge hat, steht im Kasten rechts.

Das Reglement kann beispielsweise festhalten, dass auf der Dachterrasse nur Gegenstände aufgestellt werden dürfen, die nicht höher sind als die Brüstung, und dass diese ein bestimmtes Gewicht nicht überschreiten dürfen.

■ Rollläden, Rollladenkästen und Sonnenstoren

Ohne besondere Regelung stehen diese Bauteile im gemeinschaftlichen Eigentum, können aber dem Sonderrecht eines Eigentümers zugewiesen werden. Weil sie jedoch zum Aussehen des ganzen Gebäudes beitragen, muss die Gemeinschaft über die Anbringung, Änderung und Gestaltung mitentscheiden.

■ Mauern und Wände

Alle tragenden Mauern im Innern des Gebäudes sowie natürlich die

FRAGE

Muss ich die Sanierung der Dachterrasse allein zahlen?

Ich besitze eine Attikawohnung in einem älteren Mehrfamilienhaus. Die Dachterrasse habe ich zur alleinigen Benützung erhalten. Nun muss die Terrasse saniert werden, weil bei Regen Wasser in die darunter liegende Wohnung dringt. Muss ich die Sanierungskosten alleine tragen?

Nein. Obwohl Sie die Terrasse zur alleinigen Benützung haben (siehe Seite 64 ff.), ist diese aufgrund ihrer Lage und ihrer Bedeutung ein Bestandteil des Dachs. Und weil das Dach zwingend zu den gemeinschaftlichen Teilen gehört, müssen alle Stockwerkeigentümer des Hauses für diese Sanierungskosten aufkommen. Folge: Sieht Ihr Reglement für Stockwerkeigentümer keinen anderslautenden Verteilschlüssel vor, müssen sich alle Stockwerkeigentümer im Verhältnis ihrer Wertquote an den Reparaturkosten beteiligen.

Allerdings gilt es bezüglich der Unterhaltspflicht noch zu differenzieren:

■ Die Gemeinschaft ist für den Substanzerhalt des Daches beziehungsweise der Dachterrasse zuständig. Zur Substanz gehören Betondecke, Wärmedämmung und Wasserisolation, eine Schutzschicht aus Kies oder Mörtel und zuoberst ein Plattenbelag.

■ Zur Unterhaltspflicht des Berechtigten gehört das Reinigen, Ausbessern und Erneuern des begehbaren Bodenbelages (zum Beispiel Verbundsteine oder Bodenplatten).

■ Falls der Berechtigte anlässlich der Renovation viel teurere und exklusive Bodenplatten verlegen lassen möchte, muss er zumindest einen Anteil der Mehrkosten wohl selber zahlen.

■ Falls bei einer Totalsanierung der Dachterrasse zuerst schwere Blumentöpfe oder dergleichen entfernt werden müssen, die der Nutzungsberechtigte aufgestellt hat, so muss er diese Räumungskosten selber zahlen. Das Gleiche gilt, wenn er einen speziell aufwendigen Plattenbelag hatte.

■ Und natürlich gilt: Hat der Eigentümer die Terrasse selber beschädigt, muss er auch die gesamte Reparatur selber berappen.

Aussenmauern sind zwingend gemeinschaftlich. Andere innere Wände können entweder gemeinschaftlich oder im Sonderrecht sein (siehe Bundesgerichtsurteil am Schluss dieses Abschnitts).

Die Wände innerhalb einer Eigentumswohnung sind sonderrechtsfähig (ausser sie sind tragend). Solche Wände innerhalb seiner Eigentumswohnung darf der Stockwerkeigentümer ab- oder durchbrechen, abändern oder verschieben. Natürlich darf er innerhalb seiner Wohnung auch neue Wände hochziehen.

Wände oder Mauern, die zwei (oder mehr) Stockwerkeinheiten trennen, gehören zum Sonderrecht beider (oder mehrerer) Stockwerkeigentümer. Solche Trennwände dürfen deshalb von einem Eigentümer nicht so verändert werden, dass der Nachbar beeinflusst wird. Er darf die Wand nur auf seiner Seite frei benützen und anders gestalten. Eine Verschiebung von solchen Wänden ist nur denkbar, wenn der betroffene Eigentümer/Nachbar einverstanden ist und keine gemeinschaftlichen Teile berührt werden.

Eine Mauer, die eine Stockwerkeinheit von gemeinschaftlichen Räumen trennt, gehört zwar zum Sonderrecht des Eigentümers – aber auch diese darf er weder beseitigen noch massgeblich verändern. Nur an ihrer Innenseite ist der Eigentümer frei.

In einem konkreten Gerichtsfall ging es um eine Stockwerkeinheit, bestehend aus einer 2-Zimmer-Wohnung plus zwei unmittelbar angrenzenden Räumen, die als Waschkücheanteil bzw. Estrich definiert waren. Gemäss Begründungsurkunde gehörten die Trennmauern zwischen Wohnung und Waschabteil bzw. Estrich zum gemeinschaftlichen Teil. Nachdem der Besitzer die Mauern zwischen diesen Räumen durchbrochen hatte, musste er das Loch wieder schliessen, weil die Stockwerkeigentümergemeinschaft gegen den Umbau geklagt hatte. (Bundesgerichtsurteil 130 III 450)

FRAGE

Brauche ich für die Katzenleiter eine Erlaubnis?

Ich bin Stockwerkeigentümer und möchte an der Aussenfassade des Hauses eine Katzenleiter von meinem Balkon nach unten zum Garten anbringen. Meine Wohnung befindet sich im zweiten Stock eines fünfstöckigen Hauses. Braucht es dazu die Zustimmung der Eigentümergemeinschaft? Wenn ja, mit welcher Mehrheit?

Ja, Sie brauchen auf jeden Fall die Zustimmung der Stockwerkeigentümerversammlung. Denn die Fassade gehört zwingend zum gemeinschaftlichen Eigentum (siehe Seite 53 ff.). Das Gesetz verbietet ausdrücklich die eigenmächtige Beschädigung gemeinschaftlicher Bauteile oder deren Beeinträchtigung in ihrer äusseren Erscheinung.

Ist im Reglement keine Bestimmung über die Quoren bei baulichen Massnahmen enthalten oder gibt es kein Reglement, muss die Stockwerkeigentümerversammlung einstimmig über das Anbringen einer Katzenleiter bestimmen. Denn eine Katzenleiter würde die ästhetische Einheit der Fassade ziemlich beeinträchtigen.

Sollte der Beschluss zu Ihren Gunsten ausfallen, müssten Sie die Kosten für die Katzenleiter selber tragen.

58

■ Bodenbeläge

Die Verkleidungen (auch von Wand und Decke) der Räume innerhalb einer Stockwerkeinheit sind sonderrechtsfähig, falls sie für die konstruktive Gliederung oder die Festigkeit des Gebäudes keine Bedeutung haben.

Zum Sonderrecht gehören: Parkettböden, Spannteppiche, Tapeten, Holzverkleidungen usw. – nicht aber Beläge, die der Isolation oder Abdichtung dienen. Diese sind zwingend gemeinschaftlich.

■ Garagenbox (Einzelgarage)

Ein Einzel-Garagenplatz hat einen eigenen Zugang und ist räumlich abgeschlossen. Somit kann er als Nebenraum zu Sonderrecht ausgeschieden werden.

■ Parkplätze in einer Autoeinstellhalle (Tiefgarage)

Parkplätze in einer Autoeinstellhalle können nur dann dem Sonderrecht zugeteilt werden, wenn sie von abschliessbaren Gittern oder Ähnlichem umgeben sind (siehe Garagenbox oben); Bodenmarkierungen allein genügen dazu nicht.

Die Autoeinstellhalle als Ganzes kann aber eine eigene Stockwerkeinheit bilden, zumal sie meist im Untergeschoss eines Gebäudeteils liegt. Dazu muss die Halle als Ganzes mit einem Tor abschliessbar sein (siehe Kasten auf S. 68).

■ Autoabstellplätze im Freien

Autoabstellplätze im Freien oder Parkpätze auf dem Dach eines Hauses können nicht zu Sonderrecht ausgeschieden werden.

Grund: Es handelt sich dabei nicht um Räume; zudem sind Boden sowie Dach zwingend gemeinschaftliche Teile. Sie können aber einem Eigentümer zur alleinigen Benützung überlassen werden (siehe Seite 64 ff.).

■ Boden, Garten und Gartensitzplatz

Der Boden und damit die Gartenanlage gehören zum Grundstück, auf dem das Stockwerkeigentum steht. Sie sind zwingend gemeinschaftlich. Das gilt auch für einen Gartensitzplatz, der nur von einem Eigentümer benutzt wird und nur von dessen Parterrewohnung aus zugänglich ist.

An einem Gartensitzplatz oder an einem Gartenabteil kann also kein Sonderrecht begründet werden. In der Regel wird aber der Gartensitzplatz dem betroffenen Eigentümer zur alleinigen Benützung überlassen (siehe Kasten auf Seite 61).

Achten Sie darauf, dass die zur alleinigen Benützung ausgeschiedene Fläche in den Aufteilungsplänen präzis eingezeichnet ist.

Das ändert aber nichts daran, dass der Sitzplatz gemeinschaftlich bleibt – und das hat Konsequenzen für den Benützer: Er darf ihn normal benützen, aber in der Substanz nicht verändern (siehe Kasten auf Seite 61). Er darf auf dem Sitzplatz nicht einmal die Plattenreihen eigenmächtig erweitern.

Und er muss bei der Benützung das befolgen, was dazu im Reglement steht (dass er zum Beispiel pflanzliche Abfälle nicht offen kompostieren darf).

Tipp: Achten Sie darauf, dass das Reglement der Stockwerkeigentümergemeinschaft die Benützung der Gartensitzplätze und auch deren Bepflanzung möglichst klar und präzis regelt. Das kann Streitigkeiten vorbeugen. Zumal bei zwei aneinandergrenzenden Gartensitzplätzen innerhalb der Gemeinschaft nicht die kantonalen Abstands- und Höhenvorschriften gelten, sondern das, was im Reglement steht.

■ **Satellitenschüssel**

Satellitenschüsseln gibt es in diskreter und in grossformatiger Ausführung. Für grössere Parabolantennen braucht es in der Regel eine Baubewilligung. Fragen Sie bei der Gemeinde nach.

Bei der Montage von grösseren Parabolspiegeln sind ganz sicher gemeinschaftliche Bauteile betroffen. Und sie beinflussen das äussere Erscheinungsbild der Liegenschaft so stark, dass es dazu die einstimmige Zustimmung aller Stockwerkeigentümer braucht. Kleinere Antennen sind jedoch jederzeit zulässig. Doch dazu gibt es keine gefestigte Rechtsprechung.

Am besten ist es, wenn das Reglement detailliert festlegt, ob und welche Parabolantennen zulässig oder verboten sind.

Dazu ein Gerichtsfall: Eine Stockwerkeigentümerin hatte auf

Fortsetzung auf Seite 62

Gartenteil: Bin ich finanziell für den Unterhalt verantwortlich?

Die Versammlung der Stockwerkeigentümer hat mir den gemeinschaftlichen Gartensitzplatz zur alleinigen Benützung überlassen. Ich habe einen Gärtner bestellt, der die Bäume stutzen und den Rasen mähen soll. Muss ich das selber zahlen?

Teilweise ja. Die Gemeinschaft muss das Stutzen der Bäume übernehmen. Für diesen Job braucht es in der Regel einen Spezialisten. Das Bäumeschneiden – insbesondere ein grösserer Rückschnitt, der nur alle paar Jahre erfolgt – gehört letztlich zur Substanzerhaltung, und das zahlt die Gemeinschaft.

Die Substanzerhaltung gehört also nicht zu den Unterhaltspflichten des Inhabers des alleinigen Benützungsrechts. Als alleiniger Benützer sind Sie hingegen für die regelmässige und «gewöhnliche» Pflege des Gartenteils zuständig.

Darunter fallen punkto Bäume das Laubrechen und je nach der Sorte des Baumes oder Strauches die kleineren, häufiger zu tätigenden Trimmschnitte. Zu Ihren Aufgaben gehört natürlich auch das Rasenmähen, ebenso die Reinigung des Sitzplatz-Plattenbelags, die Ausbesserung allfälliger kleiner Mängel usw.

Diese Kostenaufteilung ist allerdings nicht zwingend. Das Reglement der Stockwerkeigentümergemeinschaft kann für den Gartenunterhalt abweichende Bestimmungen enthalten.

Noch ein Tipp dazu: Für einen grösseren Baumschnitt, den die Gemeinschaft zahlen muss, sollten Sie den Gärtner besser nicht selber beauftragen, sondern diesen Schritt der Verwaltung überlassen.

Gartensitzplatz im alleinigen Benützungsrecht: Was ist erlaubt?

In der Regel haben Besitzer von Parterrewohnungen ein alleiniges Benützungsrecht am davorliegenden Gartensitzplatz (siehe Seite 64 ff.).

Das sind die wichtigsten Details dazu:

■ Der Benützer darf sein Nutzungsrecht räumlich **nicht ausdehnen** auf das angrenzende Bodenareal, welches gemeinschaftlich ist. Gerade diese unzulässige Erweiterung des Gartensitzplatzes beziehungsweise «Aneignung» von gemeinschaftlichem Boden führt immer wieder zu Streit. Wenn nämlich die Besitzer der oberen Wohnung das Sich-Ausbreiten des Parterre-Besitzers unterbinden oder rückgängig machen wollen, so sind sie im Recht.

■ Die **normale Benützung** des Gartensitzplatzes erlaubt üblicherweise Folgendes: Aufstellen und Benützen von mobilen Einrichtungen wie Tisch, Stühle, Liegestühle, Gartenmöbel, frei beweglicher Grill, Sonnenschirm, Wäscheschirm (Stewi) usw.

■ **Bauliche Veränderungen**, Umgestaltungen oder Substanzveränderungen sind nicht gestattet. Das Umgraben und Anbringen von festen Einrichtungen ist also verboten oder nur mit Erlaubnis der anderen Stockwerkeigentümer möglich. Das betrifft etwa den Bau eines Wintergartens, das Belegen mit Bodenplatten, das Einmauern eines Pizzaofens oder eines Cheminées, das Anlegen von Hecken und Teichlandschaften, das feste Montieren von Sichtschutzabsperrungen, Katzenleitern und Spielgeräten (Kinderschaukel), das Aufstellen von festen Sandkästen, Mauern und Zäunen oder das Verankern von Parabol- und Funkantennen. Er darf auch keine Sonnenstore an die Hauswand montieren, um seinen Sitzplatz zu beschatten. (Urteil des Luzerner Obergerichts 2011 I Nr. 10)

■ Ein neueres Problem sind die **Trampoline**, wie sie heute in vielen Gärten anzutreffen sind. Ihre Sicherheitsnetze reichen bis zum ersten Stock hinauf, sie ziehen viele Kinder an, und sie machen beim Springen unangenehme Quietschgeräusche. Sie werden zwar nicht fest montiert, sind also mobil – stehen aber dennoch monatelang am gleichen Ort. Es ist durchaus denkbar, dass eine Stockwerkeigentümergemeinschaft in diesem Punkt Handlungsbedarf sieht und vielleicht die Benützungszeit einschränkt oder solche Geräte im Reglement sogar verbietet.

■ Auch bei der **Bepflanzung** gibt es Grenzen – wobei die Grenze zwischen erlaubt und verboten oft unklar ist. Der Nutzungsberechtigte darf sicher Blumen, Gemüse und kleinere Pflanzen setzen und Blumentöpfe aufstellen. Bäume und schnellwachsende Sträucher sind hingegen nicht erlaubt beziehungsweise bedürfen der Zustimmung der Gemeinschaft.

Umgekehrt gilt: Der Benutzer darf grössere Bäume nicht eigenmächtig entfernen, weil immer das Gesamtbild zu beachten ist und diese ohnehin der Gemeinschaft gehören.

Das bedeutet auch: Weil es kein Gewohnheitsrecht gibt (siehe Seite 65), muss der Gartenbenützer einen unrechtmässig gepflanzten Baum auch noch nach Jahren fällen, falls die Gemeinschaft das verlangt. Hat er ein Blumenbeet ohne Einwilligung der Gemeinschaft entfernt und durch Rasen ersetzt, muss er das auf eigene Kosten rückgängig machen.

■ Diese Unterschiede haben auch Konsequenzen für den **Unterhalt** (siehe auch Kasten auf der Seite links). Ist im Reglement nichts anderes abgemacht, muss der Nutzungsberechtigte den Rasen mähen, den Plattenbelag des Sitzplatzes reinigen und allfällige kleine Mängel beheben.

Die Gemeinschaft hingegen muss den Gartenanteil in seiner **Substanz** erhalten. Sie ist also beispielsweise für das regelmässige Zurückschneiden des Baumbestandes verantwortlich.

Fortsetzung von Seite 60

dem Balkon ihrer Wohnung eine Parabolantenne installiert, damit Familienmitglieder aus Kasachstan die heimatlichen TV-Sender empfangen konnten.

Das Reglement der Eigentümergemeinschaft verbot jedoch das «sichtbare Anbringen von Parabolantennen».

Vier Jahre später verlangte die Eigentümergemeinschaft, die Antenne müsse entfernt werden. Die Frau wehrte sich bis vor Bundesgericht. Sie machte eine Verletzung des Anspruchs auf Information geltend. Vergeblich. Das Grundrecht sei nicht verletzt, da es andere technische Möglichkeiten gebe, kasachische TV-Sender zu empfangen, entschied das höchste Gericht. (Bundesgerichtsurteil 5D_98/2012)

■ Heizung

Bei der Heizung muss zwischen den Heizungsteilen innerhalb und denjenigen ausserhalb der Stockwerkeinheit unterschieden werden.

Innerhalb befinden sich Heizkörper, Radiatoren, Boiler, Öfen usw. Sie gehören zum Sonderrecht. Das gilt auch für moderne Elektrogitter-Heizungen, die in Bodenplatten eingelegt sind.

Anders siehe es bei den im Boden fest (mit Beton oder Mörtel) eingelegten Spiralen der Bodenheizung aus. Weil der Boden zur Konstruktion des Gebäudes gehört und zwingend gemeinschaftlich ist, sind in der Regel auch die Heizleitungen von Bodenheizungen gemeinschaftlich. Das ist auch richtig so, denn so kann die Gemeinschaft zum Beispiel beschliessen, dass alle Bodenheizungen gemeinsam gespült werden sollen.

Bei Mehrfamilienhäusern ist meistens eine zentrale Heizungsanlage vorhanden, die sämtliche Wohnungen und auch andere Gebäude bedient. Daher ist eine solche Heizungsanlage gemeinschaftlich – und alle müssen sich an den daraus entstehenden Kosten beteiligen.

Heizungsleitungen, die sich zwar ausserhalb der Stockwerkeinheit befinden, aber dieser dienen, sind ab der Abzweigung des Zentralkörpers sonderrechtsfähig. Der Zentralkörper oder die Hauptheizungsanlage ist gemeinschaftlich.

■ Kellerabteile

Kellerabteile werden oft als Nebenraum der Stockwerkeinheit zugeteilt und gehören zum Sonderrecht. Voraussetzung ist, dass der Keller abschliessbar ist. Die gängigen luftdurchlässigen Lattenwände aus Holz oder ein Drahtgitter genügen.

Es ist auch möglich, dass der ganze Kellerraum gemeinschaftlich ist. Dann wird den einzelnen Parteien am jeweiligen Abteil ein alleiniges Benützungsrecht eingeräumt.

Denkbar ist aber auch, dass das ganze Kellergeschoss als Stockwerkeinheit im Miteigentum aufgeteilt wird – wie bei der Tiefgarage (siehe Kasten auf Seite 68).

■ **Leitungen**

Bei Strom-, Gas-, Internet-, Radio- und Fernsehleitungen geht man davon aus, dass der Teil ab dem Verzweigungspunkt zur einzelnen Wohnung und damit zum Sonderrecht gehört.

Führt eine solche Leitung über mehrere Einheiten und dient sie allen, so ist sie gemeinschaftlich.

Bei Mängeln an der Leitung kann die Frage, wer die Kosten tragen muss, äusserst komplex sein. Es spielt also eine Rolle, in welchem Teil der Leitung der Mangel liegt und wo die Ursache für den Schaden entstanden ist.

Ist beispielsweise die Leitung im Sonderrechtsteil undicht, muss der jeweilige Stockwerkeigentümer die Reparatur übernehmen. Wenn aber der Grund für den Defekt bei der Konstruktion der Leitung generell liegt, muss wohl die Gemeinschaft für die Bezahlung aufkommen.

Die Aufteilung ändern? Räume umteilen? So wirds gemacht

Im Lauf der Zeit kann es passieren, dass die alte Aufteilung der Räume (Sonderrecht oder gemeinschaftlicher Teil?) nicht mehr so sinnvoll ist wie am Anfang. Umteilungen sind zum Glück möglich: Räume, die vorher im Sonderrecht standen, können zur Gemeinschaftssache werden, und umgekehrt (ausser es handle sich um zwingendes gemeinschaftliches Eigentum, siehe Seite 53 f.).

Beispiele: Der leerstehende und nicht mehr genutzte gemeinschaftliche Werkraum wird als Hobbyraum dem Sonderrecht eines Rentners zugewiesen. Oder: Ein Hobbyraum wird vom Eigentümer nicht mehr benützt, die Gemeinschaft könnte aber einen zusätzlichen Raum für Kinderwägen gebrauchen – also wird er zu einem gemeinschaftlichen Teil umfunktioniert. Oder Räume werden vergrössert, verkleinert, getauscht usw.

Diese Formvorschriften sind zu beachten

Bei der Umteilung müssen je nach den Umständen diverse Formvorschriften beachtet werden:

■ **Umteilung ganzer Räume:** Werden ganze Räume des Sonderrechts zu gemeinschaftlichen Teilen erklärt, so braucht es einen einstimmigen Beschluss aller Stockwerkeigentümer, weil das eine Zweckänderung ist. Da es sich zudem um eine Eigentumsübertragung handelt, muss die Vereinbarung öffentlich beurkundet werden. Ausserdem müssen das Reglement, die Wertquote und der Aufteilungsplan entsprechend geändert werden.

■ **Umteilung von Bestandteilen einer Stockwerkeinheit:** Wenn zum Beispiel Sonnenstoren vom Sonderrecht zu gemeinschaftlichen Teilen umgeteilt werden, so werden bloss einzelne Teile des Sonderrechts der Gemeinschaft zugeführt. Dafür genügt ein Beschluss mit qualifiziertem Mehr (siehe Seite 131 f.). Auch hier wird das Reglement geändert.

■ **Vergrösserung oder Verkleinerung von Stockwerkeinheiten:** Wird die Grösse einer Einheit auf Kosten einer andern verändert, so müssen die Wertquoten und der Aufteilungsplan entsprechend geändert und im Grundbuch nachgeführt werden.

Beispiel: Eine ältere verwitwete Frau benutzt nicht mehr alle sechs Zimmer ihrer Wohnung. Daher will sie diese Räume der Nachbarsfamilie abtreten. Dafür braucht es die Zustimmung der Versammlung mit einfachem Mehr.

Weil es sich um eine Eigentumsübertragung handelt, muss die Vereinbarung der beiden Stockwerkeigentümer öffentlich beurkundet werden.

■ **Tausch von Räumen:** Haben zwei Stockwerkeigentümer das Bedürfnis, zwei ähnliche Räume abzutauschen (beispielsweise zwei Kellerabteile), berührt dies die Wertquote nicht. Die Gemeinschaft wird vom Tausch ebenfalls nicht berührt, weshalb die Eigentümer einen Tausch unter sich beschliessen können.

Da aber im Grundbuch eine Anpassung der beiden Grundbuchblätter nötig ist und der Aufteilungsplan geändert werden muss, muss der Tauschvertrag öffentlich beurkundet werden.

Häufig kommt der Tausch von Nebenräumen vor. So könnte etwa der Nachbar A eine zusätzliche Garagenbox brauchen, während Nachbar B lieber einen Partyraum hätte. Sie tauschen und beide sind zufrieden.

Tipp: Statt die Aufteilung zu ändern oder Räume aufwendig umzuteilen, können die Stockwerkeigen-

tümer einem Beteiligten auch ein alleiniges Benützungsrecht oder eine Dienstbarkeit an gemeinschaftlichen Teilen einräumen. Denkbar ist auch eine Vermietung.

Alleiniges Benützungsrecht an gemeinschaftlichen Teilen: Einräumung via Reglement

Wie schon auf Seite 53 f. erwähnt, können zwingend gemeinschaftliche Teile nicht zu Sonderrecht ausgeschieden werden. Um dennoch einem Stockwerkeigentümer die alleinige Benützung zu ermöglichen, kann ihm im Reglement ein alleiniges Benützungsrecht gewährt werden.

Dieses alleinige Benützungsrecht wird oft als Sondernutzungsrecht bezeichnet. Um Verwechslungen mit dem Sonderrecht zu vermeiden, wird das Sondernutzungsrecht in diesem Ratgeber als «alleiniges Benützungsrecht» bezeichnet. Das Gesetz spricht vom «ausschliesslichen Nutzungsrecht».

Ein gutes Beispiel dafür ist der Gartenanteil. Aber: Ein Sonderrecht zur exklusiven Nutzung erlaubt keine Umgestaltungen oder baulichen Veränderungen, sondern nur die alleinige Benützung.

Natürlich darf der Stockwerkeigentümer seinen Sitzplatz im alleinigen Benützungsrecht mit den üblichen Einrichtungen ausstatten (siehe Kasten auf Seite 61). Sobald er aber die äussere Erscheinung erheblich verändern will, muss er die Einwilligung der übrigen Stockwerkeigentümer einholen.

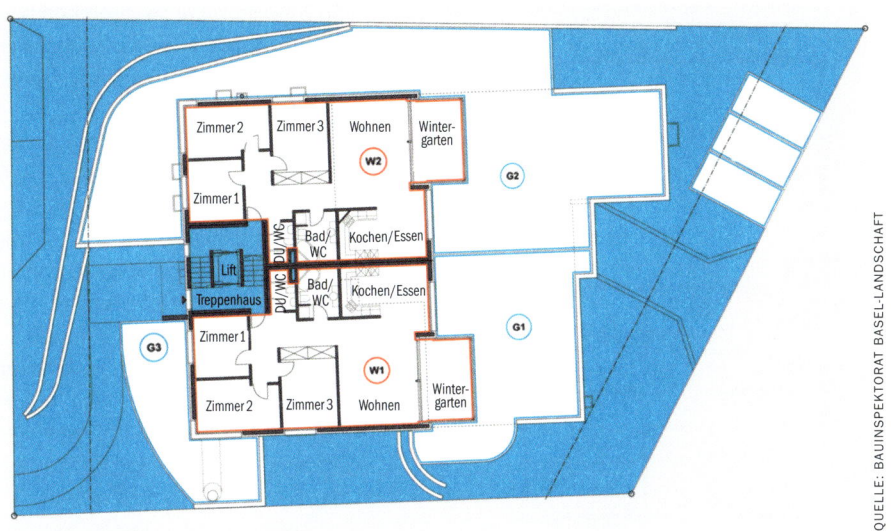

QUELLE: BAUINSPEKTORAT BASEL-LANDSCHAFT

Typischer Aufteilungsplan für eine Parterrewohnung mit Gartensitzplatz

Blau ausgefüllt: Gemeinschaftliche Teile

Blau umrandet: Alleiniges Benützungsrecht

Rot umrandet: Wohnung im Sonderrecht

Die reglementarische Ausscheidung zur alleinigen Benützung wird auch bei Dachterrassen praktiziert. Sowie bei Bastelräumen und Parkplätzen in der Tiefgarage.

Auch ein gemeinschaftlicher Besucherparkplatz im Freien kann einem Eigentümer per Reglement zur alleinigen Benützung überlassen werden.

Es gibt aber kein Gewohnheitsrecht! Das heisst: Wer etwas über lange Zeit allein benutzt hat, erhält deswegen noch kein automatisches alleiniges Benützungsrecht.

Das reglementarisch eingeräumte alleinige Benützungsrecht ist in der Regel von Anfang an mit der betreffenden Stockwerkeinheit verknüpft. Das heisst: Wer zum Beispiel eine Gartenwohnung kauft, erwirbt auch gleich das alleinige Benützungsrecht am Garten.

Verkauft dieser Eigentümer seine Wohnung weiter, geht auch das alleinige Benützungsrecht am Garten an den neuen Eigentümer über. Das Gleiche gilt für die Attika-Wohnung mit Dachterrasse im alleinigen Benützungsrecht.

Und wie steht es um die Unterhaltskosten beim alleinigen Benützungsrecht? Der Grundsatz lautet: Den normalen Unterhalt muss der Benutzungsberechtigte zahlen, der den Hauptnutzen hat. Das lässt sich an der Dachterrasse zeigen (siehe Kasten auf Seite 57) sowie am Gartensitzplatz (siehe Kasten auf Seite 61).

Wenn es hingegen um die Substanzerhaltung geht, also um um-

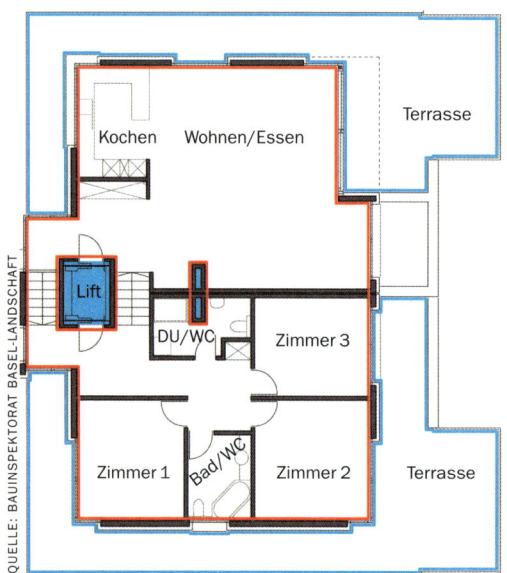

Lift

Kochen

Wohnen/Essen

Terrasse

DU/WC

Zimmer 3

Zimmer 1

Bad/WC

Zimmer 2

Terrasse

Typischer Aufteilungsplan für eine Attikawohnung mit Dachterrasse

Blau ausgefüllt: Gemeinschaftliche Teile (Lift)

Blau umrandet: Alleiniges Benützungsrecht

Rot umrandet: Wohnung im Sonderrecht

fassende Sanierungen, zahlt die Gemeinschaft die entsprechenden Kosten.

Die Änderung des alleinigen Benützungsrechts

Wie die Einräumung des reglementarischen alleinigen Benützungsrechts muss auch eine Änderung desselben zuerst durch die Versammlung beschlossen und dann im Reglement angepasst werden. Dazu braucht es das qualifizierte Mehr (siehe Seite 131 f.).

Zudem ist dazu seit Anfang 2012 die Zustimmung des Inhabers des Nutzungsrechts notwendig. Ohne Zustimmung des Nutzungsberechtigten kann man ihm

sein Recht nicht wegnehmen. Die Zustimmung muss vor oder während der Versammlung abgegeben werden.

Gemäss Rechtsprechung des Bundesgerichts ist eine Zustimmung des Benützers ungültig, wenn sie nur mündlich ausserhalb der Versammlung oder aufgrund einer nicht protokollierten Versammlung abgegeben wurde.

Enthalten sich die betroffenen Nutzungsberechtigten der Stimme oder sind sie abwesend, kann eine Änderung nicht beschlossen werden.

Dank diesen Bestimmungen sind betroffene Stockwerkeigentümer vor unerwünschten einseitigen Änderungen oder der Aufhebung ihres Rechts geschützt. Sie haben also quasi ein Vetorecht.

Die Übertragung des alleinigen Benützungsrechts

Das Bundesgericht hat in einem Urteil festgehalten, dass der Nutzungsberechtigte sein alleiniges Benützungsrecht – zum Beispiel an einem Parkplatz – einem anderen Stockwerkeigentümer abtreten darf, ohne vorher die Einwilligung der Versammlung einzuholen (falls die Einwilligung vom Reglement nicht explizit verlangt wird).

Voraussetzung ist, dass es sich um ein reglementarisch eingeräumtes alleiniges Benützungsrecht handelt und dass eine solche Abtretung im Reglement nicht ausdrücklich verboten ist.

Einem aussenstehenden Dritten jedoch hätte er das alleinige Benützungsrecht nur mit Zustimmung der Versammlung übertragen dürfen. (Bundesgerichtsurteil 122 III 145)

Aber: Wer ein alleiniges Benützungsrecht zum Beispiel an einem Parkplatz hat, darf diesen Platz vermieten – egal an wen.

Sofern nichts anderes festgelegt ist, geht ein reglementarisch eingeräumtes alleiniges Benützungsrecht beim Verkauf der Stockwerkeinheit auf den Käufer über.

Tipp: Weil es rund um das alleinige Benützungsrecht immer wieder Streitereien gibt, empfiehlt es sich dringend, den Inhalt dieses Sondernutzungsrechts und der damit verbundenen Pflichten im Reglement präzis festzulegen. Das gilt vor allem bezüglich der Unterhaltspflicht.

Wichtig ist auch, dass allfällige Übertragungen des alleinigen Benützungsrechts der Verwaltung gemeldet oder sonstwie allgemein bekannt gemacht werden (zum Beispiel in einem Protokoll). Es empfiehlt sich, im Reglement auch für Übertragungen des alleinigen Benützungsrechts Formvorschriften aufzustellen.

Alleiniges Benützungsrecht an gemeinschaftlichen Teilen: Einräumung mit einer Grunddienstbarkeit

Ein alleiniges Benützungsrecht an einem gemeinschaftlichen Teil kann auch in Form einer Dienstbarkeit gewährt werden. Auch so erhält der Berechtigte die Befugnis, einen Teil des Grundstücks allein zu benutzen – zum Beispiel

ein Parkfeld auf einem gemeinschaftlichen Aussenparkplatz.

Grunddienstbarkeiten dienen in einem solchen Fall dazu, ein bestimmtes Recht an einem Grundstück im Grundbuch festzuhalten – hier das alleinige Parkieren auf einem bestimmten Feld.

Dazu braucht es einen einstimmigen Beschluss der Versammlung. Denn es handelt sich um eine Belastung am Stammgrundstück, die alle Stockwerkeigentümer betrifft.

Ausserdem muss die Dienstbarkeit öffentlich beurkundet und im Grundbuch eingetragen werden.

Die Aufhebung einer Grunddienstbarkeit kann ebenfalls durch gegenseitige Vereinbarung erfolgen, falls alle Beteiligten damit einverstanden sind.

Das zeigt, dass Dienstbarkeiten auf Dauer ausgelegt und wenig flexibel sind. Dafür bieten sie vor allem dem Nutzungsberechtigten eine hohe Rechtssicherheit.

Übrigens: Wird eine Dienstbarkeit lange nicht benützt, so geht sie deswegen nicht «unter». (Bundesgerichtsurteil 5C.232/2003)

Alleiniges Benützungsrecht an gemeinschaftlichen Teilen: Einräumung mit einem Mietvertrag

Denkbar ist auch, dass die Gemeinschaft einem Mitglied eine alleinige Benützung auf vertraglicher Basis einräumt.

Beispiel: Ein Eigentümer will den Vorplatz seiner Garage als Abstell-

Fortsetzung auf Seite 69

67

Tiefgarage: Wie werden die Parkplätze zugeteilt?

Auf Parkplätzen im Freien ist der Fall klar: Sie sind immer gemeinschaftlich, und ein bestimmtes Feld kann einem Stockwerkeigentümer nur über das alleinige Benützungsrecht oder über eine Dienstbarkeit zugeteilt werden.

Das Gleiche gilt für überdachte Einstellhallen ohne Garagentor.

Bei Sammelgaragen mit abschliessbarem Tor und separatem Zugang (meistens Tiefgaragen/Unterniveaugaragen) gibt es aber verschiedene Möglichkeiten:

■ Die Gemeinschaft kann die ganze Sammelgarage im gemeinschaftlichen Eigentum belassen und auch hier – wie auf Aussenparkplätzen – der jeweiligen Stockwerkeinheit einen Parkplatz im Reglement fest zuteilen bzw. ihr ein alleiniges Benützungsrecht einräumen.

Bleibt die ganze Tiefgarage gemäss Reglement im gemeinschaftlichen Eigentum, kann der Nutzungsberechtigte den Parkplatz nicht separat von der Wohnung an Aussenstehende verkaufen, und alle Eigentümer zahlen sämtliche Kosten der Tiefgarage gemeinsam.

■ Diese feste Zuteilung kann auch mit einer Dienstbarkeit geschehen. Das ist aber aufwendig und teuer.

■ Oft wird aber die Tiefgarage als eigene Stockwerkeinheit ausgestaltet und dann in so viele selbständige Miteigentumsanteile aufgeteilt, wie es Parkplätze hat. Daraus ergibt sich über das Reglement ebenfalls ein alleiniges Benützungsrecht des jeweiligen Eigentümers.

Die Mitbesitzer bilden dann eine Untergemeinschaft (siehe Seite rechts).

Miteigentum: Nur die Eigentümer zahlen. Bleibt das Innere der Autoeinstellhalle im Miteigentum, so folgt daraus nicht nur das alleinige Benützungsrecht. Es hat auch den Vorteil, dass jeder Stockwerkeigentümer seinen Miteigentumsanteil an der Garage separat (losgelöst von der Wohnung) verkaufen, vermieten oder mit einer Hypothek belasten kann.

Dieses Vorgehen hat einen weiteren Vorteil: Es sind nur jene Interessenten als Miteigentümer beteiligt, die effektiv einen Parkplatz in der Garage wollen und haben. Und nur diese Eigentümer verwalten die Sammelgarage und bezahlen auch die Kosten alleine.

Umgekehrt heisst das: Wohnungsbesitzer, die keinen Abstellplatz haben, müssen sich auch nicht an den Kosten der Parkplätze in der Einstellhalle beteiligen.

Achtung: Beim Miteigentum hat jeder Miteigentümer ein gesetzliches Vorkaufsrecht an den anderen Miteigentumsteilen – und zwar auch dann, wenn dies im Grundbuch gar nicht eingetragen ist.

Das bedeutet: Verkauft ein Eigentümer seinen Platz, kann ein anderer Miteigentümer den frei gewordenen Garagenplatz dazukaufen. Will kein Miteigentümer den frei gewordenen Platz kaufen, darf er an einen aussenstehenden Dritten gehen. Dieser Dritte wird Miteigentümer und erhält automatisch auch ein Mitspracherecht.

Das Vorkaufsrecht kann im Reglement durch einstimmigen Beschluss aufgehoben werden, und das kann als «Abänderung zum gesetzlichen Vorkaufsrecht» im Grundbuch eingetragen (vorgemerkt) werden.

Die Streichung des Vorkaufsrechts kann zur Folge haben, dass immer mehr Aussenstehende einen Platz haben; denn die bisherigen Eigentümer können ja frei entscheiden, wem sie ihren Miteigentumsteil verkaufen wollen.

Deshalb empfiehlt sich folgende Regelung im Reglement: Falls eine Wohnung inklusive Parkplatz verkauft wird, haben die anderen Eigentümer kein Vorkaufsrecht am betreffenden Parkplatz. So erhält der Käufer garantiert auch den Parkplatz, und der Garagenplatz ist untrennbar mit der betreffenden Wohnung verbunden.

Fortsetzung von Seite 67

platz belegen. Er kann ihn dazu von der Gemeinschaft mieten. Vorgängig ist ein Versammlungsbeschluss nötig, der schriftlich protokolliert wurde.

Für die Kündigung eines solchen Mietvertrages gelten die entsprechenden vertraglichen und gesetzlichen Regeln.

Mit der Einräumung eines alleinigen Benützungsrechts via Mietvertrag bleiben also beide beteiligten Parteien relativ flexibel.

Die Untergemeinschaft

Mit einer Untergemeinschaft können sich mehrere Stockwerkeigentümer zu einer Art Interessengemeinschaft zusammenschliessen, um zusammen die Benützung und Verwaltung bestimmter gemeinschaftlicher Teile zu organisieren.

Eine so gebildete Untergemeinschaft existiert sozusagen neben der eigentlichen Stockwerkeigentümergemeinschaft und muss nicht dieselbe Gruppe von Personen umfassen.

Ein typischer Fall: Auf einem Grundstück stehen drei Mehrfamilienhäuser, die allesamt in diverse Stockwerkeinheiten aufgeteilt sind. Doch die drei Häuser unterscheiden sich in gewissen Punkten, und das kann dazu führen, dass die jeweiligen Hausbewohner unterschiedliche Interessen und Bedürfnisse haben.

So ist es zum Beispiel wenig sinnvoll, wenn die Bewohner von Haus A über die Benützung der Waschküche in Haus B mitbestim-

men. Oder dass die Familie in Haus A dem Nachbarn in Haus B sagen kann, wie er seinen Garten gestalten soll.

Deshalb werden dafür die Untergemeinschaften A und B gegründet. So können die Bewohner von Haus A selber über die Benützung und Bewirtschaftung von Haus A bestimmen. So können sie ihr Gebäude alleine verwalten und selbständig eine Hausordnung erlassen, sie können die Finanzen selber regeln und die Kosten alleine tragen.

Denkbar ist auch, dass die jeweiligen Untergemeinschaften ihren eigenen Erneuerungsfonds äufnen.

So wird es auch möglich, die Bewirtschaftung von Heizungsanlage, Eingangstüre und Eingangshalle sowie die Dekoration des Treppenhauses pro Haus individuell zu regeln.

Auch bei Tiefgaragen kann es Untergemeinschaften geben (siehe Kasten auf der Seite links).

Die Mitglieder der Untergemeinschaft können zwar eigene Versammlungen abhalten. Aber die Untergemeinschaft darf keine Entscheidungen selbständig treffen, die zwingend durch die ganze Eigentümerversammlung beschlossen werden müssen. Sie dürfen also zum Beispiel bauliche Massnahmen nicht selbständig in Auftrag geben.

Damit die Kompetenzen allen Bewohnerinnen und Bewohnern klar sind, sollten im Reglement der ganzen Stockwerkeigentümergemeinschaft zumindest folgende

Punkte im Reglement geregelt werden:

■ Wie wird die Untergemeinschaft gegründet und wer ist Mitglied?

■ Welche Aufgaben und Zuständigkeiten übernimmt die Untergemeinschaft?

■ Welche gemeinschaftlichen Teile sind «Hoheitsgebiet» der Untergemeinschaft?

■ Wie ist die Untergemeinschaft organisiert?

■ Wie geschieht die Beschlussfassung innerhalb der Untergemeinschaft?

■ Wie ist die Beziehung zwischen der Untergemeinschaft und der «ganzen» Stockwerkeigentümergemeinschaft?

■ Wie sind Stimmrecht und Stimmkraft der Untergemeinschaft bei den Versammlungen der gesamten Eigentümergemeinschaft geregelt?

3 Das Reglement und die Hausordnung
Rechts, Pflichten und häufige Streitpunkte

Käufer einer Eigentums- wohnung werden automatisch Mitglieder der Stockwerk- eigentümergemeinschaft. Das bringt Rechte mit sich, aber auch Pflichten. Die Regeln dazu stehen im Gesetz, im Reglement und in der Haus- ordnung. Auch wenn diese Bestimmungen noch so detailliert sind – Konflikte kann es dennoch geben.

Wenn viele Leute in einem Haus zusammenleben, wenn sie diverse gemeinsame Einrichtungen teilen müssen, wenn sie auch die Allge- meinkosten gemeinsam zu tragen haben – dann braucht es klare Spielregeln. Denn die einzelnen Mitbewohner einer solche Gemein- schaft können meist unterschied- liche Vorstellung darüber haben, was im Alltag erlaubt ist und was nicht.

Was Stockwerkeigentümer dür- fen und was nicht – dazu steckt das Gesetz nur einen groben Rah- men ab. Für die ausführlichen De-

tails muss die Stockwerkeigentü- mergemeinschaft selber genauere Regelungen schaffen – mit einem Reglement und in Ergänzung dazu mit einer Hausordnung.

Das Reglement: Erlass, Geltung und Abänderung

Das Reglement, auch Nutzungs- und Verwaltungsordnung genannt, ist die wichtigste Grundlage für das Zusammenleben der Stock- werkeigentümer. Es hat in etwa die gleiche Funktion wie die Statuten bei einem Verein.

Das Reglement regelt die Befug- nisse und Pflichten der Stockwerk- eigentümer, die Organisation der Gemeinschaft, die Aufgaben des Verwalters, die zweckmässige Nut- zung der gemeinschaftlichen Teile, die Abgrenzung zu den Sonder- rechtsteilen und die Verteilung der Kosten.

Die gesetzlichen Bestimmungen sind rudimentär

Wer im Zivilgesetzbuch (ZGB) nach spezifischen Rechten und Pflich- ten für Stockwerkeigentümer sucht, findet nur wenige rudimen- täre Bestimmungen (siehe Kasten auf Seite 42).

Deshalb ist eine Ergänzung durch ein Reglement unerlässlich. Vor allem auch, weil die Bedürfnis- se von unterschiedlichen Eigentü- mergemeinschaften jeweils stark voneinander abweichen können.

Wohnhäuser beispielsweise brauchen andere Regeln als Ge- schäftshäuser oder Mischformen davon. Bei riesigen Überbauungen wird das Reglement detaillierter

Das Regelwerk des Stockwerkeigentums

Was für die jeweiligen Stockwerkeigentümer gilt, steht nicht nur im Reglement und in der Hausord- nung. Bindend für alle sind auch die geltenden Gesetzesbestimmungen, alle Vereinbarungen, der Begründungsakt, die Beschlüsse der Versammlung, allfällige Gerichtsurteile in eigener Sache, Bauauf- lagen, amtliche Verfügungen, Anordnungen usw.

Dieses Regelwerk – oft auch Gemeinschaftsord- nung genannt – gilt auch für Käufer, die später eine bereits bestehende Eigentumswohnung kaufen.

sein als bei einer kleinen Familien-
gemeinschaft.

Mit dem individuellen Reglement kann jede einzelne Stockwerkeigentümergemeinschaft die
für sie passenden Regeln aufstellen. Nur zwingende gesetzliche
Bestimmungen dürfen auch durch
ein Reglement weder aufgehoben
noch abgeändert werden.

Zwingende Regeln sind Gesetzesbestimmungen, die in jedem
Fall gelten – auch wenn sie gar
nicht im Reglement stehen.

Das Reglement muss immer schriftlich festgehalten sein

Meist wird das Reglement bereits
bei der Gründung von Stockwerkeigentum erlassen, als Bestandteil des Begründungsaktes. Das
hat den Vorteil, dass die Rechte
und Pflichten von Beginn weg klar
sind. Käufer einer neuen Eigentumswohnung «kaufen» dann das
betreffende Reglement gleich mit.

Natürlich kann das Reglement
auch später noch jederzeit ver-
fasst und beschlossen werden.
Zuständig für die Festsetzung
eines Reglements ist die Eigentümerversammlung. Diese kann entweder an einer Versammlung mit
qualifiziertem Mehr darüber beschliessen (siehe Seite 131f.)
oder schriftlich auf dem Zirkula-
tionsweg (dann braucht es die Zustimmung sämtlicher Eigentümer,
siehe Seite 128f.).

Die Protokollierung des Versammlungsbeschlusses ist dabei
zwingend. Das Reglement muss
also immer schriftlich festgehalten werden. Anschliessend kann

3
**Reglement
und Haus-
ordnung**

der Verwalter das neue Reglement
im Grundbuch anmerken lassen –
auch wenn es nicht einstimmig beschlossen wurde.

Das Gesetz schreibt zwar den
Stockwerkeigentümern nicht vor,

Das Reglement bereits beim Kauf der Wohnung verlangen!

Als Käufer sollten Sie schon vor der Unterzeichnung des Kaufvertrages eine Kopie des geltenden Reglements verlangen und lesen. Falls Sie eine Eigentumswohnung aus zweiter Hand kaufen, sollten Sie auch die bisherigen Protokolle und Beschlüsse lesen. Diese können Sie bei der Verwaltung verlangen. Und Sie sollten auch die Hausordnung vorher zur Kenntnis nehmen.

Wenn Sie merken, dass der Verkäufer bei der Herausgabe von wichtigen Dokumenten zögert, ist etwas faul!

dass sie ein Reglement erlassen müssen. Von Gesetzes wegen hat aber jeder Stockwerkeigentümer das Recht, ein Reglement zu verlangen.

Weigert sich dann die Gemeinschaft, ein solches aufzustellen, kann der Anspruch via Gericht eingeklagt werden.

Die Anmerkung des Reglements im Grundbuch

Das Reglement kann im Grundbuch angemerkt werden. Die Anmerkung ist aber nicht vorgeschrieben.

«Angemerkt» heisst übrigens: Auf dem entsprechenden Grundbuchblatt hat es einen Abschnitt mit der Bezeichnung «Anmerkungen» – und dort ist erwähnt, dass es ein Reglement gibt (wie das in der Abbildung auf Seite 43 zu sehen ist).

Solche Anmerkungen haben rein informativen Charakter – im Gegensatz zu den Vormerkungen, etwa zum Vorkaufsrecht (siehe Kapitel 8).

Ist das Reglement im Grundbuch angemerkt, kann jeder Kaufinteressent des betreffenden Stockwerkeigentums Einsicht verlangen. Wer zum Beispiel mit einem Inserat glaubhaft macht, dass er die betreffende Wohnung kaufen will, erhält vom Grundbuchamt in der Regel auch Einsicht ins Reglement.

Ausserdem entlastet die Anmerkung den Verkäufer von seiner Aufklärungspflicht gegenüber dem Käufer. Denn: Wenn etwas im Grundbuch einsehbar ist, so gilt es als bekannt – egal ob der Interessent tatsächlich Einsicht genommen hat oder nicht.

Achtung: Auch wenn das Reglement im Grundbuch angemerkt ist, so ist das keine Garantie, dass es sich dabei um die aktuelle Fassung handelt. Denn es könnte sein, dass nachträgliche Änderungen dem Grundbuch nicht gemeldet wurden.

Gültig ist dann aber die aktuelle Fassung – ungeachtet des Grundbucheintrags. Ein Käufer sollte daher vom Verkäufer immer eine schriftliche Zusicherung verlangen, dass er die aktuelle Fassung des Reglements erhalten hat. Oder er kann die aktuelle Fassung beim Verwalter verlangen.

Anders ausgedrückt: Auch später vorgenommene Änderungen des Reglements sind für neue Käuferinnen und Käufer bindend – Anmerkung im Grundbuch hin oder her. Es gibt Reglemente, die den Verwalter verpflichten, alle Änderungen am Reglement beim Grundbuchamt anmerken zu lassen.

Übrigens: Das grundsätzliche Einsichtsrecht ins Grundbuch bedeutet nicht, dass Ihnen das Grundbuchamt alle Details über die betreffende Stockwerkeinheit offenlegt. Wenn zum Beispiel der aktuelle Besitzer die Wohnung mit

Pensionskassengeld gekauft hat, so werden Sie das als Aussenstehender nicht erfahren.

Das Reglement gilt für alle Stockwerkeigentümer
Das Reglement ist ein wichtiger Bestandteil der Gemeinschaftsordnung und gilt für alle Stock-

Reglement und Nutzung der Wohnung: Fälle vor Gericht

■ **Was heisst «gewerbliche Nutzung»?** Wenn für ein Erdgeschoss in einem Wohn- und Geschäftshaus eine «gewerbliche Nutzung» erlaubt ist und sich aus den Unterlagen ergibt, dass damit vor allem Ladenlokale gemeint sind, so ist der Betrieb einer bis in die frühen Morgenstunden geöffneten Bar mit lauter Musik unzulässig. (Bundesgerichtsurteil 5C.16/2004)

■ **Erotik-Establissement.** Darf eine Stockwerkeigentümergemeinschaft einen Wohnungsbesitzer ausschliessen, wenn er in seiner Wohnung ein Erotik-Establissement betreibt?

Das Bundesgericht befand, ein solcher Betrieb in einer typischen Wohngegend verletze nicht nur die Persönlichkeitsrechte der Miteigentümer, sondern stelle auch eine übermässige Immission dar.

Der Club war für eine breite Öffentlichkeit zugänglich, und er wurde intensiv und regelmässig in Inseraten beworben. Der Eingang des Gebäudes wurde von allen Eigentümern gemeinsam genutzt. Es konnte somit nicht unterschieden werden, ob jemand als Firmeninhaber, Mitarbeiter, Gast oder Kunde der gestörten Eigentümer oder als Besucher des Clubs das Haus betrat. Solche Auswirkungen des Clubs müssen Nachbarn gemäss Bundesgericht nicht hinnehmen. (Urteil 5C.81/1999)

■ **Büro statt Museum?** Ein Mann kaufte eine Eigentumswohnung, die gemäss Reglement

«für ein privat geführtes Museum mit beschränkt öffentlichem Zutritt» vorgesehen war. Als der Mann darin ein Anwaltsbüro und einen Musikverlag betreiben wollte, wehrten sich die anderen Eigentümer dagegen – allerdings vergeblich.

Das Bundesgericht befand, eine dermassen einengende Nutzungsbeschränkung sei nicht schützenswert – zumal in den anderen Wohnungen die «Führung einer ruhigen Büropraxis» ohnehin gestattet war. (Bundesgerichtsurteil 111 II 330)

■ **Blumentöpfe auf der Terrassenbrüstung kann man nicht verbieten.** Im Reglement einer Stockwerkeigentümergemeinschaft stand, «das Aufhängen von Blumenkisten an der Aussenseite der Balkongeländer» sei verboten. Gestützt darauf wollte eine Miteigentümerin den Besitzern der über ihr gelegenen Attikawohnung verbieten, Blumentöpfe auf die Terrassenbrüstung zu stellen.

Damit ist die Frau nicht durchgekommen – obwohl ein Sturm schon einmal einen solchen Topf in den Garten hinuntergeblasen hatte.

Das Gericht befand, die Töpfe seien keine «übermässige Immission» für die darunterliegende Wohnung, ein Verbot deshalb unverhältnismässig. Die Klägerin erhielt auch keinen Schadenersatz. Sie gab an, wegen der Pflanzen habe sie Schäden an ihren Storen erlitten. (Obergericht des Kantons Zürich, Beschluss vom 30.3.2012) werkeigentümer – egal, ob sie beim Erlass dafür oder dagegen waren.

Es spielt auch keine Rolle, ob ein Eigentümer bei der Begründung dabei war oder nicht.

Auch für den späteren Käufer eines Stockwerkanteils gilt das Reglement unverändert. Es lohnt sich also, dem Reglement schon beim Kauf genügend Aufmerksamkeit zu schenken.

Das gilt übrigens auch, wenn das Reglement im Grundbuch nicht angemerkt wird: Es ist dennoch für jeden neuen Stockwerkeigentümer gültig. Auch ein später dazukommender Eigentümer kann sich also nicht herausreden mit dem Argument, er habe das Reglement nicht gekannt, weil es im Grundbuch nicht angemerkt sei.

Einige Reglementsänderungen benötigen Einstimmigkeit

Das Reglement ist zwar auf Dauer ausgelegt; dennoch können sich mit der Zeit Änderungen aufdrängen. Auch dafür ist grundsätzlich das Wertquotenmehr erforderlich (qualifizierte Mehrheit, siehe Seite 131 f.).

Reglementarisch können aber andere Quoren für die Abänderung abgemacht werden.

Gewisse Änderungen bedürfen sogar der Einstimmigkeit. Sollen zum Beispiel Bestimmungen zur Beschlussfassung über bauliche Massnahmen ins Reglement, die vom Gesetz abweichen, braucht es dafür die Einstimmigkeit (siehe auch Kapitel 4).

Beispiel: Gemäss Gesetz müssen nützliche bauliche Massnahmen (siehe Seite 96 ff.) mit dem qualifizierten Mehr beschlossen werden. Wollen die Eigentümer dafür im Reglement das einfache Mehr einführen, braucht es für die Abänderung dieser gesetzlichen Bestimmung die Einstimmigkeit.

Das Gleiche gilt bei einer Änderung der Zweckbestimmung. Beispiel: Soll in einer Wohnung neu ein Gewerbe betrieben werden, so braucht es dazu gemäss Gesetz Einstimmigkeit. Wollen die Eigentümer dafür zum Beispiel das qualifizierte Mehr ins Reglement aufnehmen, braucht es dazu einen einstimmigen Beschluss.

Fazit: Je nach Inhalt können Teile des Reglements entweder nur ein-

---

FRAGE

Darf im Treppenhaus ein Kleiderschrank stehen?

Ich bin Stockwerkeigentümer in einem Mehrfamilienhaus. Es stört mich, dass die Nachbarsfamilie einen Schrank ins Treppenhaus gestellt hat. Mein Nachbar behauptet, er dürfe das, weil das Reglement nichts Gegenteiliges vorsehe. Stimmt das?

Nein. Das Treppenhaus und der Eingangsbereich sind gemeinschaftliche Teile und gehören allen zusammen. Das Treppenhaus dient als Zugang zu den einzelnen Wohnungen und nicht zum Aufstellen von Gegenständen. Der einzelne Stockwerkeigentümer darf seinen Wohnraum nicht ins Treppenhaus ausdehnen, indem er dort einen Schrank aufstellt.

Dazu wäre die Zustimmung der Versammlung nötig. Ausserdem müssen in solchen Fällen feuerpolizeiliche Vorschriften beachtet werden, die vielleicht das völlständige Freihalten der Treppenhäuser als Fluchtweg vorsehen.

Haustiere im Stockwerkreglement: Was darf verboten werden?

Grundsätzlich darf jeder Stockwerkeigentümer Haustiere halten; das ist ein Teil des freien Nutzungsrechts. Ein generelles Haustierverbot im Reglement oder in der Hausordnung würde zu massiv in das freie Nutzungsrecht des Stockwerkeigentümers eingreifen und wäre in der Regel unzulässig (ausser vielleicht in einem Haus mit lauter Arztpraxen).

Kleine Haustiere wie Meerschweinchen, Fische oder Hamster werden ohnehin nur innerhalb der Sonderrechtsräume gehalten. Sie können auf keinen Fall verboten werden.

Denkbar ist, in der Gemeinschaftsordnung die Haustierhaltung von der Einwilligung der Gemeinschaft abhängig zu machen. Will dann ein Stockwerkeigentümer einen Hund kaufen, muss er vorher die Zustimmung der Gemeinschaft einholen.

Die Einwilligung darf jedoch nur aus wichtigen, objektiven Gründen verweigert werden. Etwa dann, wenn in einer 1- oder 2-Zimmer-Wohnung mehrere grosse Hunde (zum Beispiel Bernhardiner) leben sollen. Oder wenn in einer ruhigen Alterssiedlung noch ein zweiter Hund angeschafft werden soll.

Einschränkungen oder Vorschriften zur Tierhaltung sind ebenfalls erlaubt. Solche Regeln sollen verhindern, dass die übrigen Eigentümer durch Lärm oder Gestank gestört werden. Klare Regeln können hier Unstimmigkeiten und Reklamationen verhindern und eine vernünftige Tierhaltung fördern.

Deshalb können im Reglement zum Beispiel folgende Vorschriften zur Haustierhaltung aufgenommen werden:

■ Eine Höchstzahl von Tieren pro Stockwerkeinheit (Beispiel: Nicht mehr als zwei Hunde oder drei Katzen).

■ Hunde müssen an der Leine geführt werden.

■ Tiere dürfen ihr Geschäft nicht auf gemeinschaftlichen Gärten, Parkplätzen, Spielplätzen usw. verrichten.

Auch wenn nichts Derartiges im Reglement steht, muss sich jeder Stockwerkeigentümer an den Grundsatz der Rücksichtnahme halten. Übermässige Immissionen müssen die Nachbarn nicht dulden (siehe Seite 82 f. zum Nachbarrecht).

Zudem müssen die Tiere in einem vernünftigen Rahmen gehalten werden. Die Gemeinschaft muss beispielsweise nicht dulden, dass eine Bewohnerin die ganze Wohnung voller Katzen hat, diese sich laufend vermehren und die Wohnung voller Katzenkot ist. Das würde gegen den Nutzungszweck einer Eigentumswohnung verstossen und könnte im Extremfall sogar zu einem Auschluss der Eigentümerin führen (siehe Kapitel 9).

stimmig oder nur mit qualifiziertem Mehr abgeändert werden.

Der Inhalt des Reglements: Die wesentlichen Punkte

Die wesentlichen Teile des Reglements betreffen die Organisation der Gemeinschaft, die Beschlussfassung, die Kompetenzen und die Verteilung der Kosten.

Üblicherweise enthält das Reglement auch Bestimmungen über die gemeinschaftliche Verwaltung, die Benutzung der gesamten Liegenschaft und die alleinigen Benützungsrechte sowie eine mehr oder weniger detaillierte Aufzählung der Rechte und Pflichten der Stockwerkeigentümer.

Sinnvollerweise werden auch detaillierte Bestimmungen zur Kostenverteilung unter den Eigentümern aufgenommen, weil sonst die Kosten strikt nach Quoten ver-

Auch Bauauflagen gehen an den Käufer über

In der Baubewilligung für ein Mehrfamilienhaus hiess es, das Flachdach sei zu begrünen und dürfe nicht als Dachterrasse benutzt werden. Als später ein Mann die oberste Wohnung im Stockwerkeigentum kaufte, baute er von seinem Balkon aus eine Treppe aufs Dach und verlegte auf dem Hausdach Gartenplatten.

All das musste der Mann wieder entfernen, sagte das Bundesgericht. Der Käufer argumentierte zwar, er habe diese Auflage beim Kauf der Wohnung nicht gekannt. Doch das zog nicht. «Gemäss der bundesgerichtlichen Rechtsprechung zum Bau- und Planungsrecht gehen öffentlich-rechtliche Pflichten oder Belastungen des Grundeigentums bei einer Handänderung grundsätzlich auf den Erwerber über», beschied ihm das Bundesgericht. (Urteil 1C_277/2012)

teilt werden (mehr dazu steht auf Seite 102 ff.).

Meist enthalten Reglemente auch Nutzungsbeschränkungen, also Angaben darüber, welche Tätigkeiten in den Wohneinheiten nicht zulässig sind.

Eine Mustervorlage für ein Reglement finden Sie im Anhang auf Seite 180 ff.). Im Kasten auf der Seite rechts finden Sie weitere Hinweise auf Musterreglemente.

Vorlagen sollten aber nicht blind übernommen, sondern individuell angepasst werden, damit sie auf die jeweilige Stockwerkeigentümergemeinschaft zugeschnitten sind.

Oft enthalten Reglemente auch die wichtigsten gesetzlichen Vorschriften. Das ist durchaus sinnvoll, denn so ist alles Entscheidende auf einen Blick einsehbar. Die

Stockwerkeigentümer finden sich dann besser zurecht und müssen nicht für jede Frage auch noch das Gesetz konsultieren.

Die Hausordnung: Regeln für den Alltag

Die Hausordnung soll – wie bei Mietwohnungen – die wichtigsten Bestimmungen für das tägliche Zusammenleben enthalten und reglementarische Vorschriften im Detail näher ausführen. Auch die Hausordnung ist nicht gesetzlich vorgeschrieben, aber gerade in grösseren Liegenschaften sehr zu empfehlen.

Die Hausordnung wird durch die Eigentümerversammlung mit einfachem Mehr verabschiedet. Das gilt ebenso für Änderungen oder Ergänzungen. Das Reglement kann aber auch vorsehen, dass es für den Erlass und die Änderung der Hausordnung das qualifizierte Mehr braucht (siehe Seite 131 f.).

Ist keine Hausordnung vorhanden, so hat der einzelne Stockwerkeigentümer keinen Anspruch auf Erlass einer Hausordnung.

Inhaltlich umfasst die Hausordnung ausführliche Alltagsregeln für die Benutzung der gemeinsamen Einrichtungen und Anlagen, der gemeinschaftlichen Räume und der Umgebung. Die Hausordnung darf aber nicht dem Reglement widersprechen.

In der Hausordnung können Details zu den folgenden Punkten stehen:

■ Wann sind Ruhezeiten im Haus? Wann sind besonders lärmige Aktivitäten zu unterlassen?

- Wann muss die Haustüre abgeschlossen sein?
- Wo dürfen Kinder wann spielen?
- Zu welchen Tageszeiten soll Musizieren erlaubt sein (siehe Kasten auf der nächsten Seite)?
- Wann dürfen Waschmaschine und Tumbler von wem benützt werden? Wer muss solche Geräte wann reinigen?
- Wann und wo darf man Wäsche im Freien aufhängen?
- Welche Regeln gelten für die Benützung von Lift, Garten, Treppenhaus, Lagerräumen usw.?
- Von wann bis wann soll die Beleuchtung im Treppenhaus brennen?
- Wer ist zuständig für die Reinigung von welchen gemeinschaftlichen Teilen (Vorplätze, Zugangswege usw.)? Wer muss Schnee schaufeln, das Treppenhaus reinigen oder sonstige Arbeiten erledigen, falls diese Aufgaben nicht einem Hauswart übertragen wurden?
- Was gilt punkto Unterhalt und Ausgestaltung des gemeinschaftlichen Gartens?
- Wann ist das Rasenmähen erlaubt? Und ist offenes Kompostieren erlaubt oder verboten?
- Wo dürfen welche Gegenstände (Velos, Möbel, Geräte) nicht aufgestellt bzw. gelagert werden?
- Welche Sicherheitsregeln sind zu beachten, wann sind also welche Aussentüren und Garageneingänge mit dem Schlüssel zu schliessen?
- Wo gelten Rauchverbote?
- Muss man längere Abwesenheiten dem Verwalter melden?
- Was gilt für Haustiere (siehe Kasten auf Seite 77)?
- Wie sind die Benutzungsregeln für Besucherparkplätze?

TIPP

Reglement und Hausordnung: Hier gibt es Vorlagen und Hilfen

Im Internet finden Interessenten Checklisten mit den wichtigsten Punkten, die im Reglement der Stockwerkeigentümergemeinschaft geregelt werden sollten, sowie konkrete Mustervorlagen. Zum Teil finden sich dort auch Mustervorlagen für Hausordnungen.

Checklisten
- www.stockwerk-eigentum.ch (→ Schema für ein Reglement)
- www.sgkb.ch (→ e-Services → Downloads→ Kategorie Finanzieren → Wegleitung zur Überprüfung StWE-Reglement)

Mustervorlagen für Reglemente und Hausordnungen
- Auf der Homepage des Stockwerkeigentümerverbandes (www.stockwerk.ch) können Interessierte ein Musterreglement für 75 Franken herunterladen. Mitglieder des Stockwerkeigentümerverbandes erhalten es gratis.
- Mitglieder des Hausvereins können auf www.hausverein.ch mit ihrem Zugriffscode kostenlos eine «Muster-Hausordnung Stockwerkeigentum» herunterladen. Zudem hat der Hausverein ein Musterreglement und ein Muster-Ausschussreglement.
- Auf der Website des Hauseigentümerverbandes der Schweiz kann man unter www.hev-shop.ch ein Musterreglement bestellen. Mitglieder des HEV zahlen 13 Franken, Nichtmitglieder 16 Franken. Eine Muster-Hausordnung gibt es hier für Fr. 1.80 (Mitglieder) bzw. Fr. 2.30 (Nichtmitglieder).
- Auch dieser Ratgeber enthält ein Musterreglement. Sie finden es im Anhang auf Seite 180 ff.

Die Adressen der genannten Verbände finden Sie im Anhang auf Seite 202.

- Müssen bauliche Massnahmen innerhalb der Stockwerkeinheit vor Baubeginn mitgeteilt werden?
- Wo gelten Fahrverbote?
- Welche Informations- und Sofortmassnahmen sind bei Mängeln oder Schäden zu ergreifen?
- Wann darf wo grilliert werden?
- Denkbar ist auch das Verbot, Elektroautos in der Tiefgarage auf Kosten der Gemeinschaft aufzuladen.

Muss ich das Gefiedel meiner Nachbarin dulden?

In unserer Stockwerkeigentümergemeinschaft ist eine Konzertviolinistin eingezogen. Als direkte Nachbarin muss ich mir jeden Tag ihre Übungen anhören – oft den ganzen Tag lang. Auf meine Bitte, das Üben einzuschränken, ging sie nicht ein; sie könne sich das als professionelle Violinistin nicht erlauben. Muss ich das akzeptieren?

Nein, in Ihrem Fall ist das zumutbare Ausmass vermutlich überschritten. Ist im Reglement oder in der Hausordnung nichts Konkretes dazu bestimmt worden, gilt das Nachbarrecht: Übermässige Immissionen müssen nicht geduldet werden beziehungsweise sind zu unterlassen.

Übermässig ist, wenn sich der Durchschnittsmensch ebenfalls gestört fühlen würde. Individuelle Empfindlichkeiten werden nicht berücksichtigt.

Aufgrund der Gerichtspraxis kann man sagen, dass rund zwei Stunden tägliches Musizieren (ausser am Wochenende) zumutbar sind. Laute Musik nach 22 Uhr muss niemand dulden.

Hält sich Ihre Nachbarin nicht daran, können Sie gegen sie klagen. Zudem empfiehlt es sich für die Zukunft, genaue diesbezügliche Regelungen in das Reglement oder in die Hausordnung aufzunehmen.

In diesem Zusammenhang ist vielleicht auch die Qualität des Baus zu beachten. Ältere Häuser sind oft weniger gut schallisoliert, was bei Lärmfragen zu berücksichtigen ist, während in neueren Bauten wohl mehr musikalische Aktivitäten drin liegen.

Untergemeinschaften können eigene Hausordnung erlassen

Besteht eine Stockwerkeigentümerwohnsiedlung aus mehreren Mehrfamilienhäusern, kann jedes Wohnhaus ein eigene Untergemeinschaft gründen (siehe Seite 69 f.). Solche Untergemeinschaften dürfen auch eine eigene Hausordnung aufstellen.

In einer solchen «Unter-Hausordnung» dürfen aber keine Verpflichtungen stehen, deren Erlass Sache der ganzen Stockwerkeigentümergemeinschaft ist.

Solche Untergemeinschaften dürfen übrigens kein eigenes Reglement erlassen, denn dieses gehört in den Zuständigkeitsbereich der «ganzen» Eigentümerversammlung und muss für alle gleichermassen gelten.

Konflikte im Stockwerkeigentum: Streit innerhalb der Gemeinschaft

Bei Nachbarstreitigkeiten unter Stockwerkeigentümern ist zu unterscheiden, ob sich der Streit auf die Nutzung gemeinschaftlicher Einrichtungen und Anlagen bezieht oder auf die Nutzung der eigenen Räume.

■ Übermässige Nutzung der gemeinschaftlichen Räume

Geht es beispielsweise um die Nutzung der Waschküche oder des Treppenhauses, ist die Gemeinschaft verantwortlich. Sie bestimmt, wie und in welchem Umfang gemeinschaftliche Einrichtungen und Anlagen genutzt werden dürfen. In der Regel stehen diese Nutzungsmöglichkeiten im Reglement. Eine Hausordnung führt diese Bestimmungen detaillierter aus.

Bestehen Unstimmigkeiten über die Art und das Ausmass der Benutzung solcher Einrichtungen, sind deshalb in erster Linie das Reglement und die Hausordnung zu konsultieren.

Findet sich darin keine Lösung, kann ein Stockwerkeigentümer in einem ersten Schritt die Verwaltung bitten, für Ordnung zu sorgen.

Oder er kann sein Anliegen der Gemeinschaft vorbringen, am besten mit konkreten Verbesserungsvorschlägen. Die Gemeinschaft kann dann neue Bestimmungen ins Reglement aufnehmen oder in einer Versammlung über die offene Frage beziehungsweise den konkreten Streit beschliessen.

Gestützt auf diese Beschlüsse kann dann der fehlbare Eigentümer abgemahnt werden. Bringt das nichts, kann im schlimmsten Fall der Ausschluss des betreffenden Eigentümers verlangt werden (siehe Details in Kapitel 9).

■ **Übermässige Nutzung der eigenen Sonderrechtsräume**
Handelt es sich um eine übermässige Nutzung der eigenen Räumlichkeiten im Sonderrecht, ist ebenfalls zuerst das Reglement zu konsultieren. Dieses bestimmt die Details der erlaubten und verbotenen Nutzung der im Sonderrecht stehenden Räume.

So definiert das Bundesgericht das friedliche Zusammenleben

«Jeder Stockwerkeigentümer ist ganz allgemein verpflichtet, sich so zu verhalten, dass ein ungestörtes, friedliches Zusammenleben möglich wird; er hat das Seine dazu beizutragen, dass Konflikte erst gar nicht entstehen und, soweit solche bestehen, sie in einer Art und Weise behoben werden können, wie das für vernünftige, wohlerzogene und rechtdenkende Menschen selbstverständlich ist.

Zu den im Reglement, in der Hausordnung und durch Versammlungsbeschlüsse näher konkretisierten Pflichten eines jeden Stockwerkeigentümers gehört es daher, nicht nur das Eigentum und die Persönlichkeit jedes andern zu respektieren, sondern auch Bestimmungen über Ruhezeit und Ordnung in und um das Haus einzuhalten.

Das Zusammenleben in einer Stockwerkeigentümergemeinschaft läuft im Grunde nach ähnlichen Spielregeln ab, wie sie in einer Demokratie selbstverständlich sind. Dort wie hier gilt es, sich gegenseitig bei allem Unterschied der Lebensart, der Lebensauffassung und der Bedürfnisse zu achten, Toleranz zu üben, sich aber auch einmal gefassten Beschlüssen zu unterziehen, damit das friedliche Zusammenleben erleichtert wird.» (Bundesgerichtsurteil 113 II 15)

Im Gesetz stehen nur allgemeine Ausführungen zur erlaubten Nutzung des Sonderrechts: Jeder Stockwerkeigentümer darf seine eigenen Räume frei verwalten, nutzen und baulich ausgestalten (siehe Seite 49 ff.).

Gleichzeitig darf er aber gemäss Gesetz weder die Ausübung der Rechte anderer Stockwerkeigentümer erschweren noch die gemeinschaftlichen Bauteile, Anlagen und Einrichtungen beschädigen oder in der Funktion und äusseren Erscheinung beeinträchtigen (Art. 712a Abs. 2 ZGB).

So sind beispielsweise die folgenden Handlungen auch ohne reglementarisches Verbot untersagt:

■ In einer zu Wohnzwecken bestimmten Stockwerkeinheit einen Industriebetrieb einrichten.

■ In einem Wohnhaus einen Nachtclub betreiben.

■ Geruchs- oder Lärmstörungen verursachen, die die Nutzung eines Geschäfts- oder Wohnraums verunmöglichen bzw. stark beeinträchtigen.

■ Beschädigung von gemeinschaftlichen Teilen durch Abbrechen einer tragenden Wand in der eigenen Wohnung.

■ Unterbrechen von Wasser- oder Energieleitungen aus ästhetischen Gründen.

■ Lärm verursachen in der Nähe eines gemeinschaftlichen Raums wie Sauna oder Ruheraum.

■ Einfügen von Balkon, Fenster, oder Türe in die Fassade der Liegenschaft.

■ Balkon in einen Wintergarten umbauen.

Die anstössige Nutzung der Wohnung ist verboten

Das freie Nutzungsrecht des Stockwerkeigentümers wird auch durch das allgemeine Nachbarrecht eingeschränkt. Verboten sind gemäss Artikel 684 des ZGB «übermässige» schädliche und nicht gerechtfertigte Einwirkungen (sogenannte Immissionen), die durch Lärm, Rauch, Russ, lästige Dünste, Abwässer oder Erschütterung verursacht werden.

Verboten sind auch optisch störende Anlagen sowie die moralisch anstössige Nutzung einer Liegenschaft. So wehrten sich zum Beispiel die Bewohner eines Mehrfamilienhauses erfolgreich gegen einen Sexsalon in der obersten Etage (siehe Kasten auf Seite 75).

Wird dieser Umfang überschritten, kann sich die Gemeinschaft oder jeder Eigentümer mit verschiedenen Klagen zur Wehr setzen (siehe Kasten auf Seite 86).

Bevor aber Stockwerkeigentümer eine Klage einreichen, sollten sie etwas Wichtiges bedenken: Verboten sind nur übermässige Immissionen – und «übermässig» ist ein schwammiger Begriff.

■ Was sind «übermässige» Immissionen?

Nicht jede Störung, die von einer Person als Belästigung empfunden wird, ist rechtlich relevant. Verboten sind nur Einwirkungen, die eindeutig schädlich oder je nach Lage nicht üblich und gerechtfertigt sind.

Zu berücksichtigen ist dabei nicht das subjektive Empfinden des gestörten Nachbarn oder dessen persönliche Verfassung – wie zum Beispiel Nervosität oder eine Krankheit. Was übermässig ist oder noch zumutbar – das wird aus dem Blickwinkel des Durchschnittsmenschen beurteilt.

Ausschlaggebend ist, ob sich eine andere Person, welche sich in der Situation des gestörten Nachbarn befände, ebenfalls belästigt fühlen würde. Bei der Beurteilung werden auch die Lage und Beschaffenheit der Liegenschaft gewichtet.

In einem Reglement und einer allfälligen Hausordnung kann detaillierter umschrieben werden, was wann erlaubt sein soll. Das Reglement sowie die Hausordnung können beigezogen werden, wenn es darum geht zu bestimmen, ob ein bestimmtes Verhalten übermässig ist oder nicht.

Für allfällige Mieterinnen oder Mieter der Stockwerkeinheit gelten die gleichen Regeln. Hält sich ein Stockwerkeigentümer, dessen Familienmitglieder oder sein Mieter vermehrt nicht an die Regeln und verhält er sich rücksichtslos gegenüber der Gemeinschaft, so kann er in gravierenden Fällen aus der Gemeinschaft ausgeschlossen werden.

Ein Ausschluss ist möglich, wenn ein weiteres Zusammenleben mit dem störenden Eigentümer der Gemeinschaft nicht mehr zugemutet werden kann (siehe dazu das Kapitel 9).

Streit mit Nachbarn ausserhalb der Stockwerkgemeinschaft

Wird ein Stockwerkeigentümer gestört, stehen ihm dieselben rechtlichen Abwehrmöglichkeiten wie einem Alleineigentümer offen (siehe Kasten auf Seite 86).

Allerdings ist entscheidend, ob nur ein einzelner Stockwerkeigentümer einen Konflikt hat oder die ganze Gemeinschaft; je nachdem ist das Vorgehen anders.

Kinder dürfen Lärm machen

Der übliche Lärm von spielenden Kindern muss während des gesamten Tages geduldet werden – auch in ruhigen Wohnlagen. Kinder dürfen in Wohnzonen jauchzen, schreien und kreischen, Babys dürfen weinen.

Wenn allerdings Kinder auch noch spätabends oder nachts in der Wohnung herumrennen und Fussball spielen, müssen die Eltern eingreifen und den Kindern die nächtliche Ruhezeit beibringen.

Kindertagesstätten sind selbst in ruhigen Wohngebieten zulässig, hat das Bundesgericht festgehalten. In einem konkreten Fall hat das oberste Gericht die Beschwerde von zwei Anwohnern abgewiesen, die sich gegen die Kindertagesstätten des Kantonsspitals Aarau gewehrt hatten. Das Spital hatte zwei ehemalige Personalhäuser zu Kindertagesstätten umgenutzt.

Nachbarn fochten das an: Die Tagesstätten seien nicht wohnzonenkonform. Störende Betriebe seien im ruhigen Wohngebiet, das einer erhöhten Empfindlichkeitsstufe gemäss Lärmschutzverordnung zugeordnet sei, nicht erlaubt. Ausserdem würden dort gar nicht Kinder aus dem Quartier betreut, sondern Kinder des Spitalpersonals.

Diese Argumente überzeugten das Bundesgericht nicht. Wie zuvor schon das kantonale Verwaltungsgericht stellte es fest, die Geräusche spielender Kinder seien untrennbar mit der Wohnnutzung verbunden. Zudem seien Wohnzonen keine den Anwohnern vorbehaltenen abgeschlossenen Gebiete, sondern für jedermann frei zugänglich.

Den Nachbarn sei es auch in einer ruhigen Wohnzone zuzumuten, von Montag bis Freitag zwischen 6.30 und 12 Uhr sowie zwischen 13 und 19 Uhr den Lärm von im Garten spielenden Kindern zu dulden – auch wenn es jeweils bis zu 20 Kinder seien. (Bundesgerichtsurteil 1C_148/2010)

■ Wenn sich ein einzelner Eigentümer gestört fühlt

Betrifft eine Störung nur einen einzelnen Eigentümer bzw. sein Sonderrecht, kann er allein gegen den störenden Nachbarn vorgehen (siehe auch Kasten unten). Das kann zum Beispiel der Fall sein, wenn üble Gerüche aus der Umgebung nur gerade in seiner Eigentumswohnung wahrzunehmen sind.

Geht es jedoch um gemeinschaftliches Eigentum, ist ein Alleingang nicht möglich. Muss beispielsweise ein Vertrag mit dem Nachbarn über ein Wegrecht ausgehandelt werden, kann dies nicht ein einzelner Stockwerkeigentümer machen, sondern es muss die Gemeinschaft als Ganzes mitwirken.

■ Wenn gemeinschaftliche Teile aus der Nachbarschaft gestört werden

Die ganze Gemeinschaft ist auch dann betroffen, wenn zum Beispiel der Nachbar widerrechtlich einen Zaun auf das Grundstück der Gemeinschaft stellt. Und auch hier muss die ganze Gemeinschaft ihre Rechte geltend machen.

Sie kann allerdings einen Stockwerkeigentümer ermächtigen, selber gegen den Nachbarn zu klagen, auch wenn die ganze Gemeinschaft betroffen ist. Es empfiehlt sich jedoch nicht, von sich aus –

Kann ich allein gegen den Nachbarn klagen?

Ich wohne im Kanton Bern und besitze eine Wohnung im Stockwerkeigentum. Auf dem Nachbargrundstück stehen direkt an der Grundstücksgrenze mehrere Birken, die uns seit vielen Jahren die Aussicht nehmen. Die anderen Stockwerkeigentümer stört das nicht. Ich aber möchte, dass die Bäume gefällt werden. Der Nachbar weigert sich. Kann ich allein gerichtlich gegen ihn vorgehen oder muss die ganze Gemeinschaft der Stockwerkeigentümer klagen?

Sie können allein klagen. Bei Streitigkeiten mit dem Besitzer eines benachbarten Grundstücks hat jeder einzelne Stockwerkeigentümer grundsätzlich die gleichen Rechte, wie wenn er Alleineigentümer wäre.

Die Grenzabstände und die Frist, innert welcher eine sogenannte Beseitigungsklage erfolgen muss, sind allerdings von Kanton zu Kanton unterschiedlich geregelt. Im Kanton Bern verjährt der Anspruch auf Beseitigung nach fünf Jahren. Andere Kantone, wie der Kanton Aargau, kennen keine Verjährungsfrist.

In Ihrem Fall stehen die Birken zwar zu nahe an der Grenze, Ihr Recht auf eine Beseitigungsklage ist jedoch verjährt.

Zudem stehen Ihnen die weiteren (nachbarrechtlichen) Rechtsbehelfe des Zivilgesetzbuchs zur Verfügung, wobei die Störung für Sie persönlich übermässig sein muss. Was übermässig ist, muss jedoch der Richter entscheiden.

Tipp: Sind alle Stockwerkeigentümer einer Liegenschaft von einer nachbarschaftlichen Störung betroffen, ist ein einheitliches Vorgehen zu empfehlen. Sollten jedoch die anderen Stockwerkeigentümer an einer Klage nicht interessiert sein, kann ein einzelner Eigentümer prozessieren.

ohne Ermächtigung der Gemeinschaft – gegen den Nachbarn zu klagen.

Verstösst die Gemeinschaft als Ganzes gegen nachbarrechtliche Vorschriften, kann der Nachbar gegen die Gemeinschaft klagen. Pflanzt zum Beispiel eine Gemeinschaft auf dem gemeinsamen Boden der Liegenschaft einen Baum zu nahe an die Grenze zum Nachbarn, kann dieser gegen die Gemeinschaft klagen.

Sanktionen gegen einen Stockwerkeigentümer

Haben Mieterinnen und Mieter untereinander Streit, haben sie es in einem Punkt leicht: Sie können sich an den Vermieter wenden – und dieser muss für Abhilfe sorgen, wenn zum Beispiel der Lärm vom Nachbarn übermässig ist.

Der Vermieter muss also dafür sorgen, dass seine Mieterinnen und Mieter gegenseitig aufeinander Rücksicht nehmen. Dauert die Störung an, kann ein sich gestört fühlender Mieter sogar eine Mietzinsreduktion verlangen.

Beim Stockwerkeigentum hingegen sind die Nachbarn gleichberechtigte Eigentümer. Es muss auf dem Verhandlungsweg eine Einigung erzielt werden.

Doch wenn das nicht möglich ist, ist guter Rat teuer. Die Eigentümerversammlung ist letzten Endes nicht die geeignete Instanz, um einen Streit zwischen zwei Mitgliedern zu schlichten.

Wenn sich ein Eigentümer den Beschlüssen der Versammlung nicht fügt oder wenn er reglemen-

Muss ich Passanten akzeptieren?

Ich bin Eigentümer einer Gartenwohnung mit Sitzplatz. Vor meinem Sitzplatz verläuft ein Fussweg, der von den Nachbarn umliegender Wohnhäuser rege benutzt wird. Der Weg führt über die gemeinschaftliche Gartenfläche. Mich stören die vielen Leute, die mir direkt in meine Wohnung sehen. Es gäbe noch einen anderen Weg, über den die Nachbarn zu ihren Häusern gelangen könnten. Muss ich das akzeptieren?

Ja. Für Ihren eigentlichen Sitzplatz haben Sie ein alleiniges Benützungsrecht. Diesen darf niemand betreten.

Doch vor Ihrem Sitzplatz liegt noch eine weitere Rasenfläche, die gemeinschaftlich ist (siehe auch Kasten auf Seite 61). Und auf dieser gemeinschaftlichen Fläche hat die Gemeinschaft zugunsten der Nachbarliegenschaften ein Fusswegrecht ins Grundbuch eintragen lassen.

Die Einräumung dieses Wegrechts erforderte Einstimmigkeit. Weil Sie die Wohnung später gekauft haben, sind Sie jetzt an diesen Beschluss gebunden. Eine Aufhebung dieses Wegrechts würde ebenfalls Einstimmigkeit erfordern.

tarische bzw. gesetzliche Bestimmungen verletzt, so kann die Gemeinschaft gerichtlich gegen ihn vorgehen. Bei einer klaren Situation, die sofort beweisbar ist, kann

Nachbarn vor Gericht: Die verschiedenen Klagemöglichkeiten

■ **Die Schadenersatzklage.** Damit kann der Geschädigte vom benachbarten Eigentümer den finanziellen Ersatz des Schadens verlangen, der ihm durch die Überschreitung der Grundeigentümerrechte entstanden ist. Der Nachbar muss die Klage innerhalb eines Jahres seit Kenntnis des Schadens erheben, spätestens jedoch zehn Jahre seit Eintritt des Schadens.

Der Geschädigte muss beweisen, dass der Nachbar seine Rechte überschritten hat. Der geschädigte Nachbar muss auch aufzeigen, dass sein Schaden genau dadurch entstanden ist, dass der Nachbar seine Rechte überschritten hat. Der klagende Nachbar muss auch die Höhe des Schadens beweisen.

■ **Die Beseitigungsklage.** Damit kann erreicht werden, dass noch bestehende Immissionen beseitigt werden. Die Beseitigungsklage kann jederzeit erhoben werden, solange die Störung andauert.

■ **Die Unterlassungsklage.** Wird die benachbarte Eigentumswohnung in einer bestimmten Art und Weise genutzt, die in der Vergangenheit übermässige Immissionen verursacht hat, und sind solche Einwirkungen auch in Zukunft weiterhin zu erwarten, können betroffene Nachbarn die Unterlassungsklage erheben.

das Gericht anordnen, dass sich der Stockwerkeigentümer künftig an die Beschlüsse der Gemeinschaft bzw. an die Regeln und Gesetze zu halten hat. In schwerwiegenden Fällen kann das Gericht auf Antrag zusätzliche Sanktionen wie Haft oder Busse androhen.

Im schlimmsten Fall ist sogar ein Ausschluss möglich

Hat der Störenfried seine Verpflichtungen gegenüber der Gemeinschaft so schwer verletzt, dass ein Zusammenleben unter dem gleichen Dach nicht mehr zumutbar ist, ist der Ausschluss des Stockwerkeigentümers möglich; dann muss der Störenfried seine Stockwerkeinheit verkaufen. Die Details dazu stehen in Kapitel 9.

Vor einem Prozess: Beachten Sie die folgenden Punkte

■ **Der Einfluss der Psychologie**
Bei Nachbarstreitigkeiten spielen nebst den rechtlichen Aspekten immer auch soziale und psychologische Komponenten eine wichtige Rolle. Ab und zu entzündet sich der Zwist unter Nachbarn aus einer Bagatelle und artet dann in einen Dauerkrieg aus. Das kann man verhindern – am besten mit frühzeitigen Gesprächen.

Wenn nämlich der Streit vor Gericht landet, ist die Situation manchmal schon so verfahren, dass die Voraussetzungen für eine friedliche Nachbarschaft nicht mehr gegeben sind.

Und: Juristische Auseinandersetzungen können nicht verhindern, dass sich die Nachbarn das Leben auch weiterhin gegenseitig schwer machen – egal wie das Gericht entscheidet.

Der wichtigste Tipp ist deshalb ganz klar: Versuchen Sie, das Problem einvernehmlich im Gespräch zu lösen, bevor Sie sich ans Gericht wenden. Das direkte Gespräch kann die Differenzen auf den Tisch bringen und ausräumen. Solche Gespräche sind natürlich nur möglich, wenn die Nachbarn überhaupt noch miteinander reden wollen und können.

Übrigens: Das Gespräch zu suchen ist meist auch besser, als gleich einen eingeschriebenen Brief zu schicken. Es gibt Leute, die eingeschriebene Briefe aus heiterem Himmel ohne vorheriges Gespräch als Beleidigung, Frechheit oder Provokation empfinden.

■ Prozesse sind immer mit einem Risiko verbunden

Gerichtliche Klagen gegen Nachbarn sollten nur das letzte Mittel sein. Denn der Gerichtsweg kostet – und der Ausgang von Prozessen ist ungewiss. Zum Beispiel dann, wenn eine Ermessensfrage zur Debatte steht – was etwa bei Lärm oder Gestank fast immer der Fall ist.

Auch wenn jemand behauptet, der benachbarte Stockwerkeigentümer habe ihn gezielt und böswillig gestört, so ist der Nachweis schwierig – besonders wenn die Störungen nur sporadisch auftreten.

Häufig muss das Gericht Expertisen erstellen lassen oder selber einen Augenschein nehmen, um sich ein Bild über den Sachverhalt zu machen. Derartige Beweiserhebungen sind in der Regel mit hohen Kosten verbunden.

Kann ein Kläger die Immission nicht beweisen oder erachtet sie das Gericht als zumutbar, weist es die Klage ab. Dann müssen Kläger nicht nur die Schadenfreude des ungeliebten Nachbarn erdulden, sondern nebst den Gerichtsgebüh-

ren und den eigenen Anwaltskosten auch noch die Prozesskosten der Gegenpartei übernehmen. Und das kann teuer werden.

■ Wenn alles Reden nichts mehr nützt: Der Zivilprozess

Verfahren unter Stockwerkeigentümern finden im Zivilprozess statt. Dabei stehen sich zwei Parteien gegenüber: Kläger/Klägerin auf der einen Seite und auf der anderen Seite Beklagte/Beklagter.

Das Gericht entscheidet über die Anträge der Parteien. Die Kontrahenten bestimmen also, womit sich das Gericht beschäftigen muss und was geklärt werden soll.

Eine Klage hat nur Aussicht auf Erfolg, wenn tatsächlich eine Überschreitung des Eigentumsrechts vorliegt.

Da in einem Zivilprozess jede Entscheidung des Gerichts an die nächsthöhere Instanz weitergezogen werden kann, dauert ein Prozess nicht selten jahrelang.

Diese lange Dauer bringt mit sich, dass hohe Kosten entstehen können. Müssen noch Expertisen erstellt werden, wird die Sache noch teurer. Schon nur bis ein Entscheid des erstinstanzlichen Gerichts vorliegt, kann es mehrere Jahre dauern.

Während dieser (langen) Zeit müssen Nachbarn weiterhin nebeneinander wohnen. Ein laufender Prozess erleichtert das Zusammenleben nicht gerade. Und ist das Klima einmal vergiftet, tauchen immer wieder neue Punkte auf, über die dann auch noch gestritten wird.

Selbsthilfe ist im Grundsatz nicht erlaubt

Wer eigenmächtig und ohne rechtliche Grundlage selber nach dem Rechten schaut, riskiert eine Busse, wie der folgende Fall aus der Gerichtspraxis zeigt:

Der Stockwerkeigentümer einer Parterrewohnung stellte einen Sichtschutz auf, der aber zu breit geriet und deshalb einen Teil des Weges versperrte, der für alle anderen Stockwerkeigentümer begehbar war.

Die Mehrheit der Eigentümer sprach sich jedoch an der Versammlung dafür aus, den Sichtschutz so zu belassen.

Nur einer war an der Abstimmung dagegen gewesen – und der griff in der Folge zum Pickel und zerstörte den Sichtschutz. Als der Eigentümer der Parterrewohnung – wiederum mit Erlaubnis der Mehrheit – einen gleichen Sichtschutz noch einmal aufstellte, montierte der «Gegner» diesen sogleich ab und verkürzte ihn in seiner Werkstatt um 30 Zentimeter.

Der Fall landete vor Bundesgericht, und die höchsten Richter bestätigten die Busse von 700 Franken für den Sichtschutz-Gegner. Er hätte den Rechtsweg beschreiten müssen, statt zur Selbsthilfe zu greifen, beschied ihm das Bundesgericht.

Damit bleibt die Frage: Hätte es für die Bewilligung des zu breiten Sichtschutzes an der Versammlung Einstimmigkeit gebraucht? Das Bundesgericht musste diese Frage nicht beantworten. (Bundesgerichtsurteil 6B_669/2010)

Der laufende Zivilprozess kann sich allerdings nicht mit all diesen neuen Punkten befassen. Das Gericht beurteilt nur das, was im Zeitpunkt der Klageeinreichung geltend gemacht wurde. Tauchen später weitere Konflikte auf, muss ein neuer Prozess eingeleitet werden.

■ Am Anfang steht immer die Schlichtungsbehörde

Gemäss Zivilprozessordnung sind Klagen in der Regel bei einer Schlichtungsbehörde einzureichen. Das heisst: Bevor ein Gericht erstinstanzlich über eine Klage entscheidet, müssen sich die Parteien vor der Schlichtungsbehörde treffen (oft Friedensrichter oder Vermittler genannt).

■ Aussergerichtliches Verhandeln kann teure Prozesse verhindern

Wer einmal erfahren hat, wie zeitaufreibend und teuer ein Zivilprozess sein kann, wird beim nächsten Mal mit Sicherheit anders vorgehen: Er wird versuchen, vor dem Gang zum Gericht mit der Gegenpartei über die Meinungsverschiedenheiten zu verhandeln.

Das Einreichen einer Klage ist so gesehen das letztmögliche Mittel, nachdem alle Verhandlungsbemühungen gescheitert sind.

In diesem Sinne arbeiten auch Anwältinnen und Anwälte. Wer in einem Streitfall einen Anwalt kontaktiert, wird in der Regel feststellen, dass dieser vor dem Gang zum Gericht immer zuerst mit der Gegenpartei oder mit dem Gegenanwalt das Gespräch sucht.

Jeder vernünftige Anwalt, der dem Wohl seines Klienten verpflichtet ist, versucht also, aussergerichtlich zu einem bestmöglichen Ergebnis zu kommen. Anschliessend legt er seinem Klienten das Resultat der Verhandlungen mit der Gegenpartei vor.

Der Klient kann dann entscheiden, ob er damit zufrieden ist – oder sich andernfalls doch für den Gerichtsweg entscheiden.

Anwalt und Klient sollten das Für und Wider eines Prozesses ausführlich besprechen. Wesentlich ist dabei nicht nur die Rechtslage, sondern auch die Beweislage.

Genau abzuwägen sind auch die finanziellen Risiken (Anwaltskosten, Gerichtskosten usw.) und die Tatsache, dass ein Prozess eine teils grosse zeitliche und nervliche Beanspruchung mit sich bringen kann.

■ Wann einen Anwalt nehmen? Und wann nicht?

Weil Anwältinnen und Anwälte nicht gratis arbeiten, sollten Sie stets überlegen, ob es sich lohnt, einen Anwalt einzuschalten, um vor Gericht etwas zu erreichen.

Wenn im Voraus klar ist, dass ein Anwalt mehr kostet als das, was am Ende herausschauen könnte, lohnt es sich in der Regel nicht – ausser Sie haben eine Rechtsschutz-Versicherung und der entsprechende Fall ist gedeckt. Wie und in welchen Fällen Rechtsschutz-Versicherungen helfen (oder eben nicht) steht in Kapitel 7.

Grundsätzlich sollten Sie eine Anwältin oder einen Anwalt beauftragen, wenn die Gegenpartei ebenfalls durch einen Anwalt vertreten ist oder wenn die Gegenpartei rechtskundig ist.

Ab einem Streitwert von 5000 Franken kann es sich lohnen, einen Anwalt beizuziehen. In einen Prozess sollte man aber nur gehen, wenn es um mindestens 10 000 Franken geht (es sei denn, man kann unentgeltlich prozessieren).

■ In manchen Fällen genügt eine Anzeige bei der Polizei

Auch öffentlich-rechtliche Gesetze und Verordnungen von Bund, Kantonen und Gemeinden enthalten Bestimmungen zum Nachbarrecht. Zu finden sind diese Bestimmungen in Baugesetzen, in Gewässer- und Lärmschutzverordnungen, in Vorschriften des Gesundheitswesens oder der Feuerpolizei, im Strafrecht usw.

Bei eindeutigen Störfaktoren wie dröhnenden Rasenmähern am Sonntagmorgen oder nächtlichem Radau prozessiert man deshalb in der Regel nicht nach Zivilrecht. Hier genügt eine einfache Anzeige wegen Ruhestörung bei der Polizei.

■ Vielleicht hilft eine Mediation

Eine Mediation ist eventuell erfolgversprechender als eine formelle Klage vor Gericht. Sie gelingt, wenn auf beiden Seiten eine Vergleichsbereitschaft vorhanden ist und sich die Parteien einigen können.

Der Begriff Mediation bedeutet «Vermittlung». Das Vermittlungsverfahren ist freiwillig und formlos.

Der Mediator ist eine neutrale und unparteiische Person ohne eigene Entscheidungsbefugnis. Meist handelt es sich um einen Anwalt mit einer Zusatzausbildung oder um einen Psychologen oder Sozialarbeiter.

Im Unterschied zu staatlichen Gerichten oder privaten Schiedsgerichten hat ein Mediator aber nicht das Recht, gegen den Willen einer Partei zu entscheiden. Seine Aufgabe ist es, eine Atmosphäre des Vertrauens zu schaffen.

Ziel einer Mediation ist der Abschluss einer schriftlichen Vereinbarung, die die strittigen Fragen regelt. Dann erübrigt sich ein gerichtliches Verfahren. Im Sinne eines «runden Tisches» kann eine Mediation verhärtete Fronten auflösen.

Die Adressen der Mediationsverbände stehen im Anhang auf Seite 203.

4   Reparaturen, Unterhalt und übrige Kosten
Wer muss welchen Anteil zahlen?

Jede Liegenschaft muss früher oder später renoviert werden. Daran zahlen müssen in der Regel alle Eigentümer – und sie müssen sich auch an den übrigen Gemeinschaftskosten beteiligen. Doch was gilt, wenn ein Eigentümer seinen Anteil schuldig bleibt? Die Gemeinschaft hat für diesen Fall ein paar griffige Sicherungsmittel.

Reparaturen und Unterhalt in der eigenen Wohnung

Für Unterhalt und Renovationen innerhalb seiner eigenen Wohnung ist jeder Stockwerkeigentümer selber verantwortlich. Genauer: Jeder Stockwerkeigentümer ist allein zuständig für alle Räume, die ihm im Sonderrecht zugewiesen wurden – also auch für getrennte Nebenräume wie beispielsweise Kellerabteile (siehe Kapitel 2).

Der Stockwerkeigentümer entscheidet hier in Eigenregie, wann und wie er Unterhaltsarbeiten in Auftrag geben will. Nur wenn solche Renovationen auch gemeinschaftliche Teile betreffen (etwa an einer tragenden Wand), muss der Stockwerkeigentümer vorher die Zustimmung der Gemeinschaft einholen.

Lässt allerdings ein Eigentümer seine Wohnung regelrecht verlottern, kann die Gemeinschaft beziehungsweise der Verwalter eingreifen. Denn sonst besteht das Risiko, dass dadurch auch gemeinschaftliche Teile in Mitleidenschaft gezogen werden.

Im Musterreglement im Anhang auf Seite 180 ff. heisst es beispielsweise: «Der Stockwerkeigentümer ist verpflichtet, seine zu seinem Sonderrechtsbereich gehörenden Räume auf seine Kosten derart instand zu halten, zu repa-

---

FRAGE

Muss ich den Balkon auf eigene Kosten flicken lassen?

Ich bin Eigentümer einer Wohnung im dritten Stock. Seit einiger Zeit dringt von meinem Balkon Giess- und Regenwasser auf den Balkon im zweiten Stock. Experten haben festgestellt, dass mein Balkonboden einen Riss hat und leckt. Die Verwaltung verlangt nun von mir, den Mangel auf eigene Kosten zu beheben; das kostet rund 4000 Franken. Muss ich das zahlen?

Nein. Alle tragenden und äusseren Teile eines Mehrfamilienhauses sind gemeinschaftliches Eigentum. Dazu gehören auch der Aussenbereich eines Balkons und damit die dazugehörenden Brüstungen, Aussen-

wände und Geländer sowie das Balkonfundament.

Die Unterhaltskosten und Reparaturen am gemeinschaftlichen Eigentum müssen vollumfänglich durch die Eigentümergemeinschaft finanziert werden. Sie müssen sich also nur entsprechend Ihrer eigenen Wertquote an den Kosten beteiligen.

Aber: Für die Innenausstattung des Balkons ist der jeweilige Eigentümer allein verantwortlich. So etwa für Schäden an einem selbst verlegten Teppich auf dem Balkonboden, an der Holzauskleidung des Balkoninnenraums, an der Möblierung oder an der Beleuchtung.

rieren und zu erneuern, wie es zur Erhaltung des Gebäudes in einwandfreiem Zustand und einheitlichem Aussehen erforderlich ist.

Unterlässt ein Stockwerkeigentümer Unterhalts-, Reparatur- und Erneuerungsarbeiten, zu denen er verpflichtet ist, kann der Verwalter auf dessen Kosten die erforderlichen Arbeiten veranlassen.»

Auch die regelmässig anfallenden Kosten, die direkt mit seinem Sonderrecht verbunden sind, trägt jeder Stockwerkeigentümer im Grundsatz selber. Darunter fallen beispielsweise Stromverbrauch in den Sonderrechtsräumen, Radio- und Fernsehkonzessionsgebühren, Steuern usw.

Der Stockwerkeigentümer zahlt allerdings nicht nur seine eigenen Kosten; er muss sich auch an den gemeinschaftlichen Kosten beteiligen – und zwar nach Massgabe seiner eigenen Wertquote.

Bauliche Massnahmen an gemeinschaftlichen Teilen: Nötig? Nützlich? Luxuriös?

Für Unterhaltsarbeiten, bauliche Veränderungen, Renovationen, Instandsetzungen, Modernisierungen und Erneuerungen an gemeinschaftlichen Teilen ist die Eigentümergemeinschaft zuständig.

Für alle diese Arbeiten, die über einfache Reparaturen oder gewöhnliche Wartungsarbeiten hinausgehen, hat der Gesetzgeber den Begriff der «baulichen Massnahme» eingeführt.

Die Eigentümer beschliessen bauliche Massnahmen gemeinsam und tragen auch gemeinsam

4

Unterhalt und Kostenverteilung

die anfallenden Kosten. Je nach Art, Absicht, Umfang und Ziel dieser Renovationen, Umbauten oder Neubauten sind für die Beschlussfassung unterschiedliche Mehrheiten notwendig.

Dabei wird unterschieden zwischen **notwendigen**, **nützlichen** und **luxuriösen** baulichen Massnahmen.

■ Notwendige bauliche Massnahmen

Notwendige bauliche Massnahmen dienen dazu, den Verfall der Liegenschaft zu vermeiden bzw. weitere Schäden zu verhindern und die «Gebrauchsfähigkeit» der Liegenschaft zu erhalten, wie es

im Gesetz heisst. Sie sollen also den Wert der Liegenschaft erhalten und sicherstellen, dass die gemeinschaftlichen Einrichtungen weiterhin allen wie üblich zur Verfügung stehen.

Dazu zählen unter anderem die Sanierung eines undichten Dachs, die Behebung grösserer Feuchtigkeitsschäden in Wohnräumen, das Instandhalten von Installationen oder die erforderliche Erneuerung von Sicherheitsvorrichtungen.

Auch das Malen der Fassade nach durchschnittlich 20 bis 30 Jahren gehört in diese Kategorie. Sollte allerdings ein neuer Anstrich schon nach 15 Jahren ins Auge gefasst werden, könnte das eine nützliche Massnahme sein (siehe übernächste Seite). Ein Malen nach nur 10 Jahren wäre wohl sogar eine luxuriöse Massnahme (siehe Seite 99f.).

Weitere Beispiele für notwendige bauliche Massnahmen:
■ Schutz gegen Hochwasser oder Lawinen,
■ Reparatur einer tragenden Mauer oder einer einsturzgefährdeten Stützmauer,
■ Sanierung privater Zugangswege,
■ Wiederaufbau eines zerstörten Gebäudeteils,
■ Massnahmen zum Schutz von Aussenstehenden wie zum Beispiel die Sicherung von Ziegeln, die herunterfallen könnten,
■ Sanierung eines rutschigen Treppenbelages usw.

Aber auch öffentlich-rechtliche Auflagen können notwendige Mass-

Gemeinschaftliche Einrichtungen: Der Verwalter muss sich um den täglichen Unterhalt kümmern

Für die übliche Pflege und normale Wartung der gemeinschaftlichen Einrichtungen und Anlagen ist primär die Verwaltung zuständig. Sie muss regelmässig deren Zustand kontrollieren und prüfen, ob alles richtig funktioniert. Das betrifft zum Beispiel die Heizung, die gemeinsame Waschküche, die Beleuchtung oder den Lift.

Folge: Reparaturen erkennbarer Mängel sowie kleine Instandstellungsarbeiten der gemeinschaftlichen Teile kann der Verwalter im Rahmen seiner Kompetenzsumme selbständig ausführen. Die Rechnung geht dann zulasten aller Eigentümer. Beispiel: das Auswechseln von Neonröhren im Treppenhaus.

Nicht selber entscheiden kann der Verwalter (oder der einzelne Stockwerkeigentümer) hingegen über umfangreiche Mängelbehebungen, über Unterhaltsarbeiten und Sanierungen sowie über Erneuerungen und bauliche Massnahmen zur längerfristigen Werterhaltung.

nahmen erfordern, wie etwa die Verpflichtung, den Lift den aktuellen Sicherheitsvorschriften anzupassen oder eine Entkalkungsanlage einzubauen oder Brüstungen auf die vorgeschriebene Höhe aufzurüsten. Gesetzliche Vorschriften zum Feuerschutz können ebenfalls notwendige Baumassnahmen nach sich ziehen.

Um solche notwendigen Massnahmen zu beschliessen, muss gemäss Gesetz die Mehrheit der anwesenden und vertretenen Eigentümer an der Versammlung zustimmen (einfaches Mehr).

Verweigert die Versammlung die Zustimmung, kann ein einzelner Eigentümer gegen die Gemeinschaft klagen. Denn jeder Stockwerkeigentümer hat einen Anspruch auf die Durchführung notwendiger Massnahmen – und dieser Anspruch kann ihm nicht entzogen werden. Ein solcher Prozess ist aber mit Kosten verbunden, und der Ausgang ist ungewiss.

Wertvermehrende Umbauten gelten nicht als notwendig

Die Bestimmung zur erforderlichen Beschlussmehrheit kann durch einstimmigen Beschluss abgeändert werden. Eine Gemeinschaft kann also beispielsweise einstimmig beschliessen, dass es für notwendige bauliche Massnahmen das qualifizierte Mehr oder gar Einstimmigkeit braucht.

Das ist aber nicht empfehlenswert und bringt faktisch auch nichts – denn notwendige Massnahmen müssen auf Begehren eines Stockwerkeigentümer sowie-

Unterhalt: Was gilt in Notfällen?

Jemand ist im Lift eingeschlossen und muss befreit werden, nach einem Gewitter muss ein Keller ausgepumpt werden, nach einem Sturm muss ein undichtes Dach provisorisch abgedeckt werden: Das sind Beispiele von dringlichen Massnahmen, die jeder Stockwerkeigentümer im Notfall selber unverzüglich in Auftrag geben kann – sofern das Einschalten des Verwalters nicht möglich ist oder der Abwart nicht innert nützlicher Frist Abhilfe schaffen kann.

Dabei handelt es sich um dringend nötige Massnahmen zum Schutz gemeinsamer Sachen vor unmittelbar drohendem oder wachsendem Schaden.

Dies gilt allerdings nur in Notfällen und in Ausnahmesituationen. Kann vorher der Verwalter informiert werden, liegt kein Notfall vor.

Und: Können drohende Schäden vorerst mit provisorischen Massnahmen verhindert werden, so darf der einzelne Stockwerkeigentümer nicht darüber hinaus entscheiden. Er darf nur die provisorischen Massnahmen ergreifen und muss den Rest der Stockwerkeigentümergemeinschaft überlassen.

Beispiel: Er darf bei einem Dachschaden eine provisorische Abdeckung in die Wege leiten, aber nicht die anschliessende dauerhafte Sanierung.

so durchgeführt werden (wie erwähnt). Und ausserdem riskiert die Gemeinschaft so einen Wertverlust und das weitere «Verlottern» der Liegenschaft.

Nicht notwendig sind hingegen Renovationen, bei denen es bloss um die Anpassung an einen zeitgemässen Standard geht. Ebenso wenig notwendig sind Umbauten, die der Gemeinschaft oder einem einzelnen Eigentümer bloss neue Nutzungsmöglichkeiten eröffnen – selbst wenn die Arbeiten zu einem späteren Zeitpunkt höhere Kosten verursachen würden.

Werden Investitionen getätigt, die ganz oder teilweise den Wert

Darf die Garage gebaut werden?

Die Stockwerkeigentümergemeinschaft möchte eine unterirdische Parkgarage erstellen und müsste dazu das Gartenterrain aufschütten. Dadurch würde ein Fenster meiner Parterrewohnung verdeckt, sodass kein Tageslicht mehr hereinfallen würde. Kann die Garage gegen meinen Willen in dieser Form gebaut werden?

Nein, es bräuchte Ihre Zustimmung. Für den Bau einer Garage genügt normalerweise das qualifizierte Mehr. Kann aber ein Eigentümer nach dem Bau seine Wohnung nicht mehr wie zuvor nutzen, entstehen ihm erhebliche Nachteile – und er muss seine Zustimmung geben.

Diese Schutzklausel steht so im ZGB-Artikel 647d: «Änderungen, die einem Miteigentümer den Gebrauch oder die Benutzung der Sache zum bisherigen Zweck erheblich und dauernd erschweren oder unwirtschaftlich machen, können nicht ohne seine Zustimmung durchgeführt werden.»

vermehren, gehören sie nicht mehr zu den notwendigen, sondern zu den nützlichen baulichen Massnahmen.

■ Nützliche bauliche Massnahmen

Erneuerungs- und Umbauarbeiten sind gemäss Gesetz dann «nützlich», wenn sie «eine Wertsteigerung oder Verbesserung der Wirtschaftlichkeit oder der Gebrauchsfähigkeit» der Liegenschaft zur Folge haben, sie also besser nutzbar machen. Nützlich sind auch energiesparende Massnahmen.

Der Gesetzgeber hatte hier also auch auch einen höheren Verkehrswert beziehungsweise bessere Verkaufsmöglichkeiten im Auge.

Beispiele dafür sind:

■ Anpassung von Anlagen und Geräten an den neusten Stand der Technik (Sanierung der Heizung, Energie-Sparmassnahmen, bessere Isolation von Fassaden, Kellerdecken oder Estrichböden),

■ Ersatz der Türschlösser durch eine elektronische Schliessanlage,

■ Aufstockung des Gebäudes,

■ Ausbau eines bisher ungenützten Dachstockes,

■ Anschluss ans Kabelfernsehnetz,

■ gemeinsame Satellitenempfangsanlage,

■ Einbau von Garagen oder Lift,

■ Einbau eines Treppenlifts, wenn die Mehrheit der Bewohner betagt ist,

■ Einbau einer moderneren Waschküche,

■ Errichtung eines Kinderspielplatzes oder Grillplatzes usw.

Massstab für die Nützlichkeit einer baulichen Massnahme ist das Gesamtinteresse der Stockwerkeigentümergemeinschaft und die mit der Massnahme verbundene Wertsteigerung der Gesamtliegenschaft. Nicht von Bedeutung sind die Interessen bloss eines einzelnen Eigentümers.

Für die Beschlussfassung über nützliche Massnahmen ist gemäss Gesetz das qualifizierte Mehr der Eigentümer erforderlich (siehe Seite 131 f.).

Auch hier gilt: Die Gemeinschaft kann das Reglement mit einstimmigem Beschluss so ändern, dass es für nützliche Massnahmen Einstimmigkeit braucht – oder dass dafür das einfache Mehr genügt.

Zudem gibt es bei den nützlichen Baumassnahmen ein Vetorecht: Solche Änderungen können nicht gegen den Willen eines direkt Betroffenen durchgeführt werden, wenn diesem Einzelnen dadurch ein unzumutbarer Nachteil entsteht. Das Gesetz spricht von Änderungen, die die Benutzung des Eigentumsanteils «erheblich und dauernd erschweren oder unwirtschaftlich machen».

Das könnte zum Beispiel der Fall sein, wenn ein Anbau einem Eigentümer die Aussicht versperren würde (siehe Kasten auf der Seite links).

Oder wenn ein Stockwerkeigentümer im 1. Stock den Hauslift nicht mehr benützen kann, weil der Lift neu nur noch im 2. und 3. Stock betreten werden kann.

Zudem gilt: Haben die baulichen Massnahmen für den betroffenen Stockwerkeigentümer unzumutbar hohe Kosten zur Folge, können sie nur dann gegen seinen Willen beschlossen werden, wenn die übrigen Stockwerkeigentümer seinen Kostenanteil übernehmen, soweit sein Anteil das Zumutbare übersteigt.

Müssen unkorrekt beschlossene Bauten abgerissen werden?

Wird ein Umbau mit falscher Mehrheit beschlossen (zum Beispiel einfaches Mehr statt qualifiziertes Mehr), ist dieser Beschluss innert Monatsfrist anfechtbar (siehe Seite 133 ff.).

Das heisst umgekehrt: Falls keiner der unterlegenen Stockwerkeigentümer den mangelhaften Beschluss anficht, wird der Beschluss rechtens, und der Umbau kann realisiert werden. Eine nachträgliche Anfechtung ist nicht möglich, es kann also niemand im Nachhinein den Rückbau verlangen.

Anders sieht es aus, wenn elementare Vorschriften des Stockwerkeigentums nicht beachtet wurden. Dann ist der Beschluss nichtig, und jeder Betroffene kann jederzeit den Abbruch der Baute verlangen. Das ist beispielsweise der Fall, wenn der Umbau einer Zweckänderung gleichkam, die einstimmig beschlossen werden muss.

Dazu ein Beispiel: Die Stockwerkeigentümergemeinschaft beschliesst, auf dem Areal des gemeinschaftlichen Gartens ein kleines Hallenbad zu errichten. Die Halle wird unmittelbar vor der Parterrewohnung des Stockwerkeigentümers A gebaut, wodurch ihm die ganze See- und Bergsicht geraubt wird.

A hatte diesem Beschluss nicht zugestimmt, da er in dieser Zeit im Ausland weilte. Als er zurückkam und die «Bescherung» sah, stand die Halle bereits.

Gegen diesen Neubau kann er sich aber erfolgreich wehren, weil es sich um eine Änderung der Gartennutzung (Änderung der Zweckbestimmung, siehe Seite 76) handelte, die einen einstimmigen Beschluss erfordert hätte.

Zusätzlich hätte er durch die direkte Betroffenheit (Einschränkung seines Eigentums, Wertverminderung durch verbaute Aussicht) so oder so seine Zustimmung geben müssen.

Der Beschluss ist deshalb nichtig, und der Betroffene kann auch nachträglich noch den Abbruch des Schwimmbades verlangen.

Wellness statt Tennis?
Das hat das Gericht erlaubt

Zur Charakterisierung von nützlichen Baumassnahmen noch ein konkreter Fall, der vor Gericht landete: Die Besitzer eines Wohnblocks beschlossen, unter dem gemeinsamen Garten und Spielplatz eine unterirdische Garage mit 47 Einstellplätzen zu bauen. Einer von ihnen wehrte sich dagegen.

Das Luzerner Obergericht erlaubte den Bau – obwohl es faktisch ein Neubau war und nicht nur eine «Erneuerungs- und Umbauarbeit», wie es im Gesetz heisst. Es stufte das Bauvorhaben als nützlich ein, weil es die Attraktivität der Wohnungen steigere und die Möglichkeit verbessere, die Wohnungen zu vermieten. (Urteil des Luzerner Obergerichts LGVE 2006 I Nr. 11)

In einem anderen Fall erlaubte das Bundesgericht bei einem Aparthotel den Abriss einer Tennishalle und deren Ersatz durch eine Wellness-Anlage. (Bundesgerichtsurteil 130 III 441)

Notwendig, nützlich oder luxuriös? Fragen Sie den Fachmann

Die Abgrenzung zwischen den einzelnen Kategorien (nötig, nützlich, luxuriös) ist oft schwierig. In welche Kategorie eine geplante bauliche Massnahme fällt, muss stets im konkreten Einzelfall unter Würdigung aller Umstände geprüft werden.

Massgebend sind Kriterien wie die Lage, der Nutzungszweck oder der technische Standard des Stockwerkeigentums. So ist beispielsweise die Sanierung einer veralteten Waschküche für ein Wohnhaus notwendig, für ein Bürogebäude jedoch bestenfalls nützlich. In einem Shoppingcenter sind Rolltreppen nützlich oder gar notwendig, in einem Bürohaus aber luxuriös. In einem Aparthotel ist die Erneuerung des Liftes sicherlich notwendig, bei einem Wohnhaus hingegen eher luxuriös.

Aber auch die Entwicklung und der Wandel der Zeit verändern die Sichtweise. Früher war ein Lift vielleicht noch luxuriös, heute gehört ein Aufzug zum durchschnittlichen Standard eines Mehrfamilienhauses dazu.

Tipp: Ist unklar, unter welche Kategorie eine bauliche Massnahme gehört, kann die Meinung einer qualifizierten Fachperson eingeholt werden.

Vorab können die Eigentümer zum Beispiel beschliessen, dass sie die Meinung dieses Aussenstehenden akzeptieren werden. Denn sonst bleibt im Streitfall nur der Weg über den Richter offen, der viel Zeit und Geld kostet.

Die Geister scheiden sich besonders bei energieeffizienten Massnahmen. Wird beispielsweise die alte Zentralheizung durch eine Wärmepumpe ersetzt, so betrachten umweltbewusste Stockwerkeigentümer dies als eine nützliche oder gar notwendige Massnahme, während andere sie als teuren Luxus empfinden. Die Beurteilung ist also stark subjektiv.

Es empfiehlt sich bei grösseren Vorhaben, Teilprojekte und Alternativen vorzuschlagen. Beispielsweise können einerseits eine Minimalvariante mit den allernötigsten Sanierungen und andererseits eine umfassendere Variante vorgeschlagen werden. So lässt sich verhindern, dass das Projekt gänzlich scheitert.

◾ **Luxuriöse bauliche Massnahmen**

Als luxuriös gelten bauliche Massnahmen dann, wenn sie einzig der Verschönerung dienen (der «Ansehnlichkeit der Sache», wie es im Gesetz heisst) oder wenn sie lediglich den Komfort für die Bewohner steigern (gemäss Gesetz der «Bequemlichkeit im Gebrauch» dienen).

Oft ist nicht klar, ob eine Massnahme nützlich oder luxuriös ist. Gemäss Bundesgericht könnte bei der Abgrenzung zwischen nützlichen und luxuriösen Massnahmen die folgende Faustregel gelten: Je höher der durch die Investition geschaffene Mehrwert im Vergleich zu den Kosten ausfällt, desto eher ist es eine nützliche Massnahme.

Anders ausgedrückt: Stellt die Massnahme nur eine Liebhaberei dar und kostet sie viel Geld, ohne dass daraus eine effektive Wertsteigerung resultiert, so liegt eine luxuriöse bauliche Massnahme vor.

Bei Luxusbauten müssen alle einverstanden sein

Zudem kommt es im Einzelfall auch immer auf den Charakter des entsprechenden Wohnobjekts an. Der Einbau eines Swimmingpools auf dem Gartensitzplatz in einer hochpreisigen Wohnlage im Tessin könnte durchaus noch nützlich sein, während das Gleiche in einer Arbeitersiedlung ein Luxus wäre.

Luxuriös sind zum Beispiel

◾ der Einbau eines Hallenbades oder einer Wellness-Oase in einem einfachen und alten Wohnhaus,

◾ das Aufstellen eines Springbrunnens im Innenhof,

◾ die Einrichtung eines Tennisplatzes auf der Dachterrasse,

◾ das Ausschmücken der Fassade mit einem Mosaik,

◾ die komplette Erneuerung der Gartenanlage,

◾ der Ersatz eines noch funktionstüchtigen Liftes durch ein besonders schnelles Modell,

◾ der Einbau eines Lifts in einem zweistöckigen Gebäude, wenn keiner der Hausbewohner an einem körperlichen Gebrechen leidet,

◾ der Einbau einer ferngesteuerten Hauselektronik oder

◾ das Anlegen eines Wintergartens.

Solche Vorhaben können gemäss Gesetz im Prinzip nur realisiert werden, wenn sämtliche im Grundbuch eingetragenen Eigentümer damit einverstanden sind. Die Einstimmigkeit an der Versammlung genügt also nicht, falls nicht alle Eigentümer anwesend oder vertreten sind.

Es gibt jedoch Ausnahmen von der Erfordernis der Einstimmigkeit. Stimmen nicht alle Eigentümer dem luxuriösen Projekt zu, genügt unter Umständen das qualifizierte Mehr (siehe Seite 131 f.) – und zwar dann, wenn die Eigentümer, die das Vorhaben ablehnen, durch den Bau keine dauernden Nachteile erleiden.

Zudem haben diejenigen, die ablehnten, während der Bauzeit Anspruch auf Schadenersatz. Und sie müssen nichts an die Baukosten zahlen, dürfen die Sache aber anschliessend auch nicht benutzen (ausser im Reglement steht etwas anderes).

Stimmen nicht alle Stockwerkeigentümer einer luxuriösen baulichen Massnahme zu, sollten folgende Punkte festgehalten werden: Wer muss wie viel an die Kosten beitragen? Wie ist der Verteilschlüssel für den künftigen Unterhalt? Können die Personen, die sich gegen die Baute ausgesprochen haben, diese ebenfalls nutzen? Wie lauten die Konditionen, zu denen sich diese «Ablehnenden» später doch noch einkaufen können?

Fehlerhafte Abstimmungen sind anfechtbar

Wird eine bauliche Massnahme ohne die gesetzlich oder reglementarisch vorgeschriebene Mehrheit gefasst, so kann jeder Eigentümer, der dem Beschluss nicht zugestimmt hat, diesen Mangel durch Anfechtung des Beschlusses innert 30 Tagen gerichtlich geltend machen. Wird der Beschluss jedoch nicht angefochten, so bleibt er – ungeachtet seines juristischen Makels – wirksam (siehe Kasten auf Seite 97).

Heikle Abstimmungsfragen kann es auch geben, wenn grössere Bauprojekte «Mischformen» sind: Einzelne Teile des Vorhabens sind notwendige, andere hingegen nützliche oder gar luxuriöse Massnahmen.

Wie darüber abstimmen? Entweder stimmen die Stockwerkeigentümer gleichzeitig über alle Massnahmen ab – und dann braucht es Einstimmigkeit. Oder sie gehen einen Teilbereich nach dem anderen durch und stimmen separat darüber ab.

Wichtig ist, dass bereits im Beschluss über die bauliche Massnahme auch die Kostenverteilung geregelt ist. Insbesondere: Soll ein Teil der Kosten aus dem Erneuerungsfonds bezahlt werden?

Bauliche Massnahmen an gemeinschaftlichen Teilen im alleinigen Benützungsrecht

Hat ein Stockwerkeigentümer ein alleiniges Benützungsrecht an einer gemeinschaftlichen Sache (zum Beispiel Gartensitzplatz, siehe Seite 59 ff.), so stellt sich die Frage, inwiefern die Stockwerkeigentümerversammlung über den Kopf des Inhabers dieses alleinigen Benützungsrechts hinweg entscheiden kann.

Da es sich bei solchen Räumen oder Flächen immer noch um gemeinschaftliche Teile handelt, bleiben die auf Seite 94 ff. genannten Mehrheiten und Abgrenzungen (Nötig? Nützlich? Luxuriös?) grundsätzlich bestehen.

Dennoch darf die Gemeinschaft keine baulichen Massnahmen anordnen, die dem jeweiligen Stockwerkeigentümer die Ausübung seines alleinigen Benützungsrechts erschweren oder verunmöglichen würden. Das heisst: Seine zugesicherte alleinige Benutzung muss erhalten bleiben.

Zudem sind alle Rechte mitzuberücksichtigen, die dem Berechtigten im Reglement, in einem Dienstbarkeitsvertrag oder in einem Vertrag eingeräumt wurden.

Die Gebäudesubstanz darf nicht beeinträchtigt werden

Denkbar ist, dass dem jeweiligen Stockwerkeigentümer reglementarisch das Recht zur Vornahme von baulichen Massnahmen eingeräumt wird. Doch in diesem Fall muss der Stockwerkeigentümer beachten, dass er die Substanz des gemeinschaftlichen Teils nicht verschlechtert, sondern mindestens erhält oder gar verbessert. Er darf zudem die äussere Erscheinung nicht verändern, und andere Sonderrechtsteile oder gemeinschaftliche Teile und deren Benutzung dürfen nicht betroffen sein.

Die Kosten müssen in der Regel von der Gemeinschaft getragen werden. Ausnahmsweise dürfen

FRAGE

Eigene Waschmaschine: Dennoch für die Waschküche zahlen?

Wir haben vor zwei Jahren eine eigene Waschmaschine gekauft und waschen jetzt nur noch in unserer Wohnung. Die Maschine in der Waschküche, die für alle Stockwerkeigentümer ist, benutzen wir nicht mehr. Nun muss diese ersetzt werden. Müssen wir uns an den Kosten für die neue Waschmaschine beteiligen, obwohl wir sie nicht mehr benutzen?

Ja. Ist im Reglement nichts anderes vorgesehen, müssen sich alle Stockwerkeigentümer – meist im Verhältnis ihrer Wertquoten – an den laufenden Gemeinschaftskosten beteiligen. Dazu gehören auch die Unterhalts- und Erneuerungskosten gemeinschaftlicher Sachen wie hier der Waschmaschine.

Diese Verteilung der Kosten nach Wertquoten gilt grundsätzlich unabhängig davon, ob der einzelne Stockwerkeigentümer die gemeinschaftliche Sache tatsächlich nutzt oder nicht.

Zwar enthält das Gesetz eine Ausnahmeklausel für jene Fälle, in denen eine Sache einem einzelnen Stockwerkeigentümer «nicht oder nur in ganz geringem Masse» dient (siehe Kasten auf Seite 103).

Doch das Bundesgericht erachtet eine reduzierte Beitragspflicht oder gar eine Befreiung davon nur dann als zulässig, wenn ein Stockwerkeigentümer eine gemeinschaftliche Sache aus objektiven Gründen nicht benutzen kann. Verzichtet er hingegen freiwillig auf die Nutzung, befreit ihn das nicht von der Beitragspflicht.

Wörtlich schreibt das Bundesgericht: «Ein Stockwerkeigentümer kann sich grundsätzlich nicht dadurch von den Betriebs- und Unterhaltskosten einer ihm objektiv nützlichen gemeinsamen Anlage befreien, dass er sie aus subjektiven Gründen nicht benützt.» (Urteil 112 II 312)

Für Sie bedeutet das: Da Sie die Waschmaschine nicht benutzen wollen, obwohl Sie dies könnten, müssen Sie sich dennoch an den Kosten für die neue Maschine beteiligen. Das hat übrigens auch einen Vorteil für Sie: Falls Ihre eigene Maschine aussteigen sollte, können Sie jederzeit die «allgemeine» Maschine benutzen.

Allerdings: Die Eigentümerversammlung kann für einzelne Kosten eine abweichende Verteilung beschliessen – sei es im Einzelfall oder generell über eine entsprechende Anpassung des Reglements. Die Gemeinschaft könnte also beschliessen, dass Sie künftig nichts mehr oder weniger an die gemeinsame Waschküche zahlen müssen.

die Kosten dem Inhaber des alleinigen Benützungsrechts überwälzt werden:

■ wenn er individuell ausgestalten darf,

■ wenn er widerrechtlich umbaut oder

■ wenn er bauliche Massnahmen vornimmt, die den anderen Stockwerkeigentümern keinerlei Vorteil bringen.

Aufschüttung des Sitzplatzes: Das Bundesgericht stimmte zu

In einem konkreten Streitfall stellte sich die Frage: Darf ein Eigentümer einen Gartensitzplatz, den er im alleinigen Benützungsrecht hat, um rund einen halben Meter aufschütten? Der Eigentümer wollte so den Garten auf das Niveau seines im Sonderrecht stehenden Balkons bzw. der Wohnung anheben und dann den Balkon um eine vorgelagerte Terrasse erweitern.

Die Versammlung hatte dem Vorhaben mit qualifiziertem Mehr zugestimmt – doch der Nachbar in der Gartenwohnung nebenan wehrte sich gegen den Beschluss.

Das Bundesgericht hat die Massnahme erlaubt. Sie sei nützlich, aber nicht luxuriös (also genügte das qualifizierte Mehr).

Und es hat das Vetorecht des Nachbarn verneint (siehe Seite 97): Die Tatsache, dass der Bauwillige nach der Erhöhung des Gartensitzplatzes von leicht erhöhter Warte auf seinen Nachbarn herunterschauen konnte, sei für den Betroffenen kein erheblicher Nachteil. (Bundesgerichtsurteil 5C. 110/2001)

So werden die gemeinschaftlichen Kosten verteilt

Wer bezahlt welchen Anteil an den gemeinsam zu tragenden Auslagen? Diese Frage sorgt immer wieder für hitzige Debatten.

Klar ist, dass die folgenden Auslagen gemeinschaftliche Kosten sind:

■ Ausgaben für den laufenden Unterhalt, für Reparaturen und Erneuerungen der gemeinschaftlichen Teile des Grundstückes und Gebäudes sowie der gemeinschaftlichen Anlagen und Einrichtungen,

■ Kosten für die Verwaltung einschliesslich Entschädigung für den Verwalter,

■ Kosten für Hauswartung inkl. Sozialabgaben,

■ Prämien für die Versicherungen (kantonale Gebäudeversicherung, Sachversicherungen, siehe Kapitel 7),

■ Betriebskosten für Heizung, Warmwasser, Strom, Reinigung usw.,

■ Spesen der Stockwerkeigentümerversammlung,

■ Einlagen in den Erneuerungsfonds,

■ Öffentliche Abgaben für Abfall, Schmutzwassergrundgebühren, Meteorwassergrundgebühren (Regenabwasser),

■ Baurechtszins am Stammgrundstück.

Die Kostenverteilung nach Wertquoten ist der Normalfall

Die Aufteilung der gemeinschaftlichen Kosten führt oft zu Streitereien, weil es immer wieder Eigentümer gibt, die geltend machen, ihr Anteil sei angesichts des individuellen Nutzens zu hoch – zum Beispiel bei den Kosten für den Lift.

Das Gesetz sieht als einheitlichen Verteilschlüssel die Verteilung nach den bestehenden Wertquoten vor: «Die Stockwerkeigentümer haben an die Lasten des gemeinschaftlichen Eigentums und an die Kosten der gemeinschaftlichen Verwaltung Beiträge nach Massgabe ihrer Wertquoten

Die heiklen Aspekte einer zwingenden Ausnahmeregelung

Zum Thema Verteilung der gemeinschaftlichen Kosten steht im Gesetz eine Ausnahmeregel: Stockwerkeigentümer müssen sich dann nicht strikt gemäss ihrer Wertquote an den Kosten von gemeinschaftlichen Einrichtung beteiligen, wenn ihnen diese Einrichtungen «nicht oder nur in ganz geringem Masse dienen» (ZGB Art. 712h).

Das Bundesgericht hat entschieden, dass diese Ausnahmeregel zwingend ist. Das heisst: Die Stockwerkeigentümer dürfen sie im Reglement nicht ausser Kraft setzen.

Das Bundesgericht empfiehlt aber, die Ausnahmeregelung nur «mit Zurückhaltung anzuwenden».

Das ist einleuchtend: Wenn bei jedem einzelnen Posten der gemeinschaftlichen Kosten diskutiert wird, ob und welche Einheiten dafür allenfalls weniger oder mehr als gemäss Wertquote zahlen müssen, so ergibt das nie endende Diskussionen. Und jeder Entscheid in diese Richtung weckt Begehrlichkeiten von anderen Eigentümern, die jetzt erwarten, mit einem entsprechenden Antrag durchzukommen.

Im Konfliktfall ist gemäss Bundesgericht von einer objektiven Betrachtungsweise auszugehen: Entscheidend ist also, ob eine bestimmte Anlage oder Einrichtung einer Stockwerkeinheit tatsächlich keinen Nutzen bringt.

In diesem Sinn entschied das Bundesgericht bei einem Mann, der in seiner Attikawohnung alle Räume durch Fensteröffnen lüften konnte und der deshalb die Öffnungen der zentralen Zu- und Abluftanlage verschloss. Er musste sich nicht mehr an den Kosten für die Belüftungsanlage beteiligen, denn sie nützte ihm «objektiv nichts». (Bundesgerichtsurteil 112 II 312)

Für andere Fälle lässt sich Folgendes sagen:

■ Ein Stockwerkeigentümer, der nur gerade ein Sonderrecht an einer Garagenbox hat (aber nicht an einer Wohnung), muss nicht für die Kosten aufkommen, die für die Wohnungen anfallen.

■ Wer seinen eigenen Zugang zu seiner Stockwerkeinheit hat, muss für die Reinigungskosten des Treppenhauses nichts bezahlen – ausser er benützt die Treppe als Zugang zu Garage und Keller mit.

■ Falls mehrere Einfamilienhäuser nebeneinander stehen und Untergemeinschaften bilden (siehe Seite 69) und dann gewisse Anlagen nur einem einzigen Gebäude dienen, so müssen die anderen Eigentümer nichts daran zahlen.

Keine Anwendung findet die Ausnahmeregelung bei folgenden Beispielen:

■ Beim Lift. Wenn also beispielsweise der Eigentümer einer oberen Etage nichts an den Hauslift zahlen will mit dem Argument, er benutze aus gesundheitlichen Gründen nur die Treppe, so kann er deswegen nicht von den Kosten befreit werden.

■ Bei der Sanierung einer Dachterrasse, die im ausschliesslichen Benützungsrecht für den Eigentümer der Attikawohnung steht. Hier müssen alle Eigentümer mitzahlen, auch wenn sie die Dachterrasse nicht benützen dürfen (siehe Kasten auf Seite 57).

zu leisten», heisst es in Artikel 712h ZGB.

Die Stockwerkeigentümer müssen sich demnach grundsätzlich im Verhältnis ihrer Wertquoten an den gemeinschaftlichen Kosten beteiligen: Je höher seine Wertquote ist, desto mehr muss der jeweilige Eigentümer bezahlen.

Diese Regelung gilt im Prinzip unabhängig von der konkreten Benutzung; grundsätzlich muss jeder bezahlen – egal welchen Nutzen er aus der gemeinsamen Einrichtung zieht.

Gesetzliche Ausnahmen von der Wertquotenregelung

Vom Grundsatz der Wertquotenverteilung muss gemäss Gesetz in folgenden Ausnahmefällen abgewichen werden:

■ Wenn ein gemeinschaftlicher Teil einem Stockwerkeigentümer «nicht oder nur in ganz geringem Masse» dient, wie es im Gesetz heisst, so ist dies bei der Verteilung zu berücksichtigen (zwingender Art. 712h Abs. 3 ZGB, siehe Kasten vorhergehende Seite).

■ Wenn ein Stockwerkeigentümer gegen eine luxuriöse Baumassnahme war und diese dennoch durchgeführt wird, muss er dafür auch nicht bezahlen (Art. 647e Abs. 2 ZGB, siehe Seite 99 f.).

■ Wenn eine nützliche bauliche Massnahme für einen Eigentümer unverhältnismässig hohe Aufwendungen nach sich zieht, müssen die anderen den Betrag übernehmen, der für den Betroffenen unzumutbar ist (Art. 647d Abs. 3 ZGB, siehe auch Seite 97).

■ Wenn ein Stockwerkeigentümer ausserordentlich teure Innenausstattungen in seine Wohnung einbaut, muss er einen zusätzlichen Prämienanteil der Gebäudeversicherung übernehmen (Art. 712m Abs. 1 Ziff. 6 ZGB).

Ein abgeänderter, verfeinerter Verteilschlüssel ist erlaubt

Die gesetzliche Regelung, wonach die Eigentümer die allgemeinen Kosten gemäss ihrer Wertquote übernehmen, ist nicht zwingend. Die Stockwerkeigentümergemeinschaft kann also den Verteilschlüssel ändern und ihn beispielsweise vom individuellen Verbrauch abhängig machen.

Auf diesem Weg ist eine Lösung zu erreichen, die näher beim effektiven Verbrauch ist. Eine Änderung des Verteilschlüssels lohnt sich allerdings nur, wenn dadurch für die Verwaltung kein unverhältnismässiger Mehraufwand entsteht und wenn tatsächlich eine gerechtere Lösung gefunden wird.

Das sind die Möglichkeiten, wie die Stockwerkeigentümer von der strikten Wertquotenverteilung abweichen können:

■ **Verteilung nach Wohnfläche oder Kubikinhalt der Räume:** Diese Lösung kann Sinn machen, wenn die verschiedenen Wohneinheiten vom Wert her gleich sind, sich aber in Lage, Fläche und Kubikinhalt stark voneinander unterscheiden. In der Tabelle auf der nächsten Doppelseite kann man sehen, dass in dieser Überbauung die Fixkosten für die Heizung gemäss Raumquote und nicht gemäss Wertquote oder Flächenquote verteilt werden.

Bei den Fixkosten, die nach Quoten verteilt werden, handelt es sich um die allgemeinen Betriebskosten der Heizung, die in der Regel zwischen 30 und 40 Prozent der Gesamtkosten ausmachen.

Der Rest wird jeweils aufgrund der individuellen Verbrauchsmessung den einzelnen Wohnungen in Rechnung gestellt. Diese individuelle Verbrauchsmessung ist vorgeschrieben, und nur sehr alte Häuser haben sie (noch) nicht.

■ **Verbrauchsabhängige Verteilung** beispielsweise für **Warmwasser, Frischwasser, Strom usw.:** Voraussetzung dafür ist, dass der individuelle Verbrauch gemessen wird (zum Beispiel mit einem Wasser- bzw. Stromzähler). Die verbrauchsabhängige Verteilung lohnt sich, wenn im selben Gebäude eine Stockwerkeinheit bedeutend mehr Wasser verbraucht, wie das etwa bei einem Coiffeurgeschäft der Fall sein kann. Denkbar ist auch, dass bei Untergemeinschaften (siehe Seite 69 f.) nach Gebäude abgerechnet wird.

In der Praxis werden heute Wasser- und Stromverbrauch meistens durch Zähler erfasst, und die einzelnen Verbraucher erhalten direkt eine Rechnung von der Gemeinde und vom Elektrizitätswerk.

■ **Verteilung nach Interessenlage:** Wird einem Stockwerkeigentümer ein alleiniges Benützungsrecht eingeräumt, so kann damit die Auf-

Neue Briefkästen: Für das Gleiche mehr zahlen?

In unserer Stockwerkeigentümergemeinschaft sind die alten, teilweise kaputten Briefkästen durch neue ersetzt worden. Doch die Kosten dafür wurden nicht gleichmässig verteilt, sondern nach Wertquote – wo doch alle den gleichen Briefkasten haben. Ist das zulässig?

Ja. Das Gesetz sieht vor, dass die Kosten für den laufenden Unterhalt sowie für Reparaturen und Erneuerungen der gemeinschaftlichen Teile nach den bestehenden Wertquoten zu verteilen sind. Weil die Briefkästen zu den gemeinschaftlichen Teilen gehören, ist das Vorgehen der Verwaltung korrekt. Der Besitzer der teuersten Wohnung zum Beispiel zahlt dann entsprechend mehr.

Die Kostenverteilung ist nur dann anders, wenn das Reglement dies so vorsieht oder wenn an einer Versammlung der Stockwerkeigentümer für den konkreten Fall eine andere Kostenverteilung beschlossen wird. Für eine einmalige Abänderung der Kostenverteilung genügt das einfache Mehr.

lage verbunden sein, die jeweiligen spezifischen Kosten allein zu zahlen (Beispiel Hobbyraum).

Aber auch bei anderen gemeinschaftlichen Anlagen kann eine individuelle Kostenverteilung Sinn machen. So kann man etwa für die Betriebskosten des Lifts je nach Stockwerk mehr oder weniger in Rechnung stellen (siehe Tabelle auf der nächsten Doppelseite).

Eigentümer der Parterrewohnung, die den Lift nie benützen, müssen so nur wenig an die Liftkosten zahlen. Solche Regelungen sind häufig.

Es können auch Untergemeinschaften gebildet werden (siehe

Seite 69 f.), die dann die Kosten beispielsweise für die abschliessbare Tiefgarage alleine tragen.

Zu bedenken ist aber dabei stets: Im Stockwerkeigentum gibt es keine absolute Frankengerechtigkeit! Es ist schlicht unmöglich, dass jeder Eigentümer 100-prozentig exakt nur das zahlt, was er effektiv «verbraucht». Beispiel: Soll man den Abwart zwingen, seine Rechnung so detailliert zu gestalten, dass dabei die Kosten für die Treppenhausreinigung separat ausgewiesen sind? Und soll dann der Eigentümer der Parterrewohnung für die Treppenhausreinigung weniger zahlen müssen als der Attika-Besitzer? Wenn eine Gemeinschaft solche Ansinnen zurückweist, so ist das nur vernünftig.

Beispiel für eine differenzierte Verteilung der Kosten mit unt

Nr.	Beschreibung	Geschoss	Wertquote	Flächenquote
1	4½-Zimmer-Wohnung Nr. 41	Ebene 1	72	67
2	3½-Zimmer-Wohnung Nr. 42	Ebene 1	57	57
3	5½-Zimmer-Wohnung Nr. 43	Ebene 1	87	81
4	4½-Zimmer-Wohnung Nr. 44	Ebene 2	70	66
5	4½-Zimmer-Wohnung Nr. 45	Ebene 2	65	67
6	3½-Zimmer-Wohnung Nr. 46	Ebene 2	55	57
7	5½-Zimmer-Wohnung Nr. 47	Ebene 2	79	81
8	4½-Zimmer-Wohnung Nr. 48	Ebene 3	69	66
9	4½-Zimmer-Wohnung Nr. 49	Ebene 3	67	67
10	3½-Zimmer-Wohnung Nr. 50	Ebene 3	57	57
11	5½-Zimmer-Wohnung Nr. 51	Ebene 3	81	81
12	5½-Zimmer-Wohnung Nr. 52	Ebene 4	93	81
13	5½-Zimmer-Wohnung Nr. 53	Ebene 4	95	84
14	Abstellraum Nr. 28	Ebene 0	7,5	13
15	Abstellraum Nr. 29	Ebene 0	9	15
16	Abstellraum Nr. 30	Ebene 0	10	17
17	Abstellraum Nr. 31	Ebene 0	4	6
18	Abstellraum Nr. 32	Ebene 1	5	9
19	Abstellraum Nr. 33	Ebene 1	6	10
20	Abstellraum Nr. 34	Ebene 1	7	11
21	Abstellraum Nr. 35	Ebene 1	4,5	7
		Total	**1000**	**1000**
	Massgebend für die Kosten von:		Versicherungen, Verwaltung, werterhaltenden und wertvermehrenden Investitionen	Allg. Strom, Hauswart, Wasser, Abwasser, Reinigungsmaterial

Beispiel für eine Quotentabelle mit ausgefeilter Kostenverteilung. Die eigentliche Wertquote gilt nur für Versicherungen usw., für die übrigen Kosten gelten andere Quoten – abhängig von Lage und Grösse der jeweiligen Wohnung.

Die Verteilung anders regeln? So wirds gemacht

Eine Gemeinschaft kann die Kostenverteilung generell abändern – oder nur einmalig davon abweichen. Je nachdem muss die Versammlung anders darüber beschliessen:

■ Wird generell ein anderer Verteilschlüssel im Reglement verankert, muss darüber mit qualifiziertem Mehr (nach Köpfen und Wertquoten) beschlossen werden. Der neue Verteilschlüssel muss im Begründungsakt bzw. im Reglement verankert werden.

■ Wird bloss einmalig vom ordentlichen Verteilschlüssel abgewichen, spielt es eine Rolle, ob der Verteilschlüssel im Reglement verankert ist oder nicht. Wenn ja, so muss die notwendige Mehrheit für eine Reglementsänderung beachtet werden. Ansonsten genügt das einfache Mehr.

Die regelmässigen Beitragszahlungen an die gemeinschaftlichen Kosten

Auf Seite 102 ist aufgezählt, was alles zu den gemeinschaftlichen Kosten zählt. Es passiert also laufend, dass Aussenstehende der Gemeinschaft eine Rechnung stellen für eine solche Aufwendung.

Damit die Gemeinschaft finanziell liquid ist und solche Rechnungen auch laufend zahlen kann, erhebt sie in der Regel von den einzelnen Eigentümern Vorschüsse beziehungsweise Akontozahlungen. Im Reglement steht dann beispielsweise, dass die Eigentümer «Vorschüsse an die Gemeinschaftskosten» zahlen und dass diese Vorschüsse vierteljährlich zur Zahlung fällig werden.

Die Vorschusspflicht ist nicht zwingend, jedoch sinnvoll. Der Verwalter müsste sonst jede einzelne Position separat auf die Eigentümer verteilen und jeweils in Rechnung stellen – allenfalls sogar im Voraus verlangen. Dies wäre unpraktisch.

...chiedlichen Quoten

Raumquote	TV-Quote	Liftquote
74	1/13	30
62	1/13	24
89	1/13	36
73	1/13	58
74	1/13	54
62	1/13	46
88	1/13	66
72	1/13	86
74	1/13	83
62	1/13	71
88	1/13	101
89	1/13	154
93	1/13	158
		6
		7
		8
		3
		2
		2
		3
		2
1000	**13/13**	**1000**
Anteil Heizkosten (Fixkosten ohne individuell abgerechneten Verbrauch)	Kabelfernsehen	Lift (Unterhalt und Betrieb)

Weit verbreitet sind vierteljährliche Akontozahlungen. Diese Beträge enthalten dann die folgenden Positionen:

■ Beitrag an die Gemeinschaftskosten des laufenden Jahres. Dieser Beitrag wird aufgrund eines Budgets festgesetzt, und dieses Budget wiederum orientiert sich an den Ausgaben des vergangenen Rechnungsjahres.

■ Abrechnung des vergangenen Geschäftsjahres. Jetzt sind die effektiv angefallenen Kosten des letzten Rechnungsjahres bekannt, und sie können mit den zuvor eingezogenen Akontozahlungen verrechnet werden. Je nachdem ergibt sich eine Nachforderung oder eine Gutschrift.

■ In der Regel werden auch die Beiträge für den Erneuerungsfonds via die Akontozahlungen eingezogen.

■ Bei Bedarf können die Akontozahlungen auch Vorschuss-Beiträge für ausserordentliche Ausgaben wie unerwartete Sanierungen enthalten, falls es im Erneuerungsfonds dafür nicht genug Geld hat.

Der Erneuerungsfonds: Sehr empfehlenswert!

Mit einem Erneuerungsfonds sparen Stockwerkeigentümer für die

Wie viel Geld soll im Erneuerungsfonds sein?

Der Schweizer Stockwerkeigentümerverband rät: 20 Jahre nach Erstellung eines Gebäudes sollte der Erneuerungsfonds mindestens 5 Prozent des Gebäudeversicherungswerts ausmachen. Ohne Berücksichtigung von Zins und Zinseszins sollte er also um mindestens 0,25 Prozent pro Jahr wachsen.

Gebäudeversicherungswert bedeutet hier den Gesamtwert des Wohnhauses – also die Kosten für die Wiederherstellung aller Wohnungen inkl. gemeinsamer Gebäudeteile wie Fassade, Dach usw.

Gemäss der Auswertung von Unterhaltskosten durch die Immobilienberatungsfirma Wüest & Partner in Zürich ist auch eine Äufnung um 0,25 Prozent pro Jahr noch zu wenig: Nach ihrer Statistik sind im gehobenen Segment – Stockwerkeigentum gehört oft in diese Kategorie – jährlich Rücklagen von 0,5 Prozent zu bilden. Dies deckt den normalen Unterhalt – also die reine Werterhaltung eines Neubaus.

Wertvermehrende Massnahmen wie grössere Balkone sind mit diesen Rückstellungen noch nicht gedeckt. Auch wenn das Haus schon älter ist und wenig Geld im Erneuerungsfonds liegt, ist die Quote höher anzusetzen.

Faustregel: Bei vielen Wohnhäusern steht in der Regel nach 30 Jahren eine Totalsanierung von Dach, Fassade und Gebäudehülle an. Je früher man mit Rücklagen von 0,5 Prozent anfängt, umso besser.

Für andere Gebäudeteile wie etwa die Tiefgarage, Aussen- und Gemeinschaftsräume kann die Quote aber tiefer als 0,5 Prozent angesetzt werden. Eine Garage besteht vor allem aus Rohbau und verursacht deutlich geringere Erneuerungskosten. Und der Unterhalt von Garten, Spielplätzen und anderen Aussenräumen sollte durch das Verwaltungskostenkonto der Stockwerkeigentümergemeinschaft und den Erneuerungsfonds bereits abgedeckt sein.

Zukunft; sie stellen damit sicher, dass genügend Geld vorhanden ist, wenn dereinst grössere Ausgaben anfallen etwa für Dachsanierung, Anpassung der Heizung, Malen bzw. Erneuerung der Fassade usw. Das Geld im Erneuerungsfonds ist für gemeinschaftliche Teile gebunden.

Würde ein Erneuerungsfonds fehlen, müsste die Gemeinschaft das Geld für notwendige Sanierungen jeweils auf einen Schlag auftreiben – und das kann schwierig sein und einzelne Eigentümer finanziell vielleicht überfordern. Als Folge würde eine notwendige Sanierung vielleicht in Etappen aufgeteilt, was mit noch höheren Kosten verbunden sein kann.

Ohne Renovationen verliert das Gebäude an Wert

Das Gesetz schreibt die Einrichtung eines Erneuerungsfonds nicht zwingend vor. Er ist aber überaus empfehlenswert.

Sanierungen dienen nicht nur der unmittelbaren Behebung von Mängeln. Sie erhalten auch die Substanz und damit den Wert der Liegenschaft. Anders ausgedrückt: Wegen fehlender Erneuerungen können Wohnbauten an Wert verlieren. Es lohnt sich also, rechtzeitig umfassende Renovationen ins Auge zu fassen.

Sind finanzielle Mittel für eine geplante Sanierung bereits im Erneuerungsfonds vorhanden, sind die Eigentümer eher bereit, dieses Geld für eine notwendige Massnahme auch wirklich freizugeben. Müssten sie hingegen jeden ein-

Wir verkaufen unsere Wohnung. Erhalten wir unseren Anteil am Erneuerungsfonds zurück?

Unsere Stockwerkeigentümergemeinschaft verfügt über einen Erneuerungsfonds, in den auch wir jahrelang eingezahlt haben. Nun möchten wir unsere Wohnung verkaufen. Muss uns die Eigentümergemeinschaft unseren Anteil am Erneuerungsfonds zurückgeben?

Nein. Der Erneuerungsfonds gehört von Gesetzes wegen zum Gemeinschaftsvermögen. Ihr Anteil ist untrennbar mit dem Stockwerkeigentum verbunden. Sie können sich dieses Kapital also nicht auszahlen lassen – auch dann nicht, wenn Sie Ihre Wohnung verkaufen.

Aber: Bei einem Verkauf geht Ihr Vermögensanteil am Erneuerungsfonds zusammen mit dem Stockwerkeigentum automatisch auf den Käufer über. Deshalb können Sie mit dem Käufer regeln, ob und wie er Ihren Anteil am Erneuerungsfonds abgelten will. Das ist Verhandlungssache.

Es empfiehlt sich, die Höhe des Anteils im Kaufvertrag aufzuführen und anzugeben, ob dieser im Kaufpreis inbegriffen ist oder ob separat darüber abgerechnet wird. Dies schafft Klarheit für alle Beteiligten und ist auch für die Bemessung der Grundsteuern (Grundstückgewinn- und Handänderungssteuer) wichtig (siehe Kapitel 8).

zelnen Renovierungsschritt bewilligen und dann auch noch zahlen, so scheitern solche Massnahmen eher an der nötigen Stimmenmehrheit – und mögen sie noch so notwendig oder nützlich sein.

Kommt noch dazu: In schon länger bestehenden Gemeinschaften mit vorwiegend älteren Eigentümern neigen die Beteiligten dazu, Erneuerungen zu verweigern mit

Fortsetzung auf Seite 111

Die wichtigsten Punkte zum Erneuerungsfonds

■ Nach rund 20 bis 25 Jahren werden oft grössere Sanierungen an gemeinschaftlichen Teilen fällig. Ein Erneuerungsfonds dient zur Finanzierung solcher Massnahmen.

■ Der Erneuerungsfonds wird üblicherweise mit regelmässigen Einzahlungen gespeist. In der Regel erfolgt das Inkasso zusammen mit den Beiträgen für den Unterhalt. Meistens zahlen die einzelnen Eigentümer auch die Beiträge für den Erneuerungsfonds gemäss ihrer Wertquote.

■ Wie viel Geld soll gespart werden? Bei der Festlegung der Beiträge sind die Stockwerkeigentümer frei (siehe Kasten auf Seite 108). Oft werden die Beiträge zu niedrig angesetzt, um die Nebenkosten tief zu halten.

■ Die gesparten Gelder sind zweckgebunden, die Eigentümerschaft kann sie also nicht beliebig einsetzen (es sei denn, im Reglement steht etwas anderes).

■ Der Erneuerungsfonds ist im Prinzip nicht dazu da, den laufenden Unterhalt zu decken (in der Praxis sehen viele Reglemente dies aber trotzdem vor). Die Abgrenzung zwischen gewöhnlichem Unterhalt und einer grösseren Erneuerung ist nicht immer einfach zu ziehen. Deshalb ist es wichtig, im Reglement oder durch Beschluss klare Vorschriften über den Zweck des Erneuerungsfonds zu errichten.

Zweckmässige grössere Erneuerungen sind zum Beispiel der Einbau eines Liftes, der Bau einer neuen Sammelgarage, die Sanierung von Fassade oder Dach, das Ersetzen aller Wasserleitungen usw.

Zum **gewöhnlichen Unterhalt** gehören zum Beispiel neue Türschlösser, bessere Verkabelung, Reparatur eines einzelnen Rohrbruchs, neuer Elektroanschluss usw.

■ Reicht das Geld im Fonds für eine bestimmte Sanierung nicht aus, so kann es sein, dass die Eigentümer trotzdem noch zusätzlich zur Kasse gebeten werden. Das passiert oft, wenn vorher zu wenig geäufnet wurde.

■ Einlagen in den Erneuerungsfonds kann der einzelne Eigentümer von der Steuer abziehen. Bei diesen Abzügen für Unterhalt und Verwaltung gibt es grundsätzlich zwei Möglichkeiten: Man kann entweder eine Pauschale in Prozent des Eigenmietwerts als Unterhaltskosten abziehen. Oder die Abzüge einzeln ausweisen und in Abzug bringen, falls diese zusammen mehr ausmachen als die Pauschale.

Beim Bund und in vielen Kantonen beträgt die Pauschale für Gebäude unter 10 Jahren jeweils 10 Prozent des Eigenmietwerts. Für Gebäude, die älter sind als 10 Jahre, gilt beim Bund und bei den meisten Kantonen eine Pauschale von 20 Prozent.

Falls man die effektiven Kosten einzeln geltend macht, kann man hier auch die Einlagen in den Erneuerungsfonds aufführen.

■ Thematisieren Sie die Sanierung frühzeitig in einer Versammlung der Stockwerkeigentümer – möglichst einige Jahre bevor es zu ersten grösseren Sanierungen kommen wird.

Schlagen Sie vor, dass eine Fachperson, beispielsweise ein Architekt, Bauherrenberater oder ein Ingenieur mit der Planung des langfristigen Unterhalts sowie dem Abschätzen der Kosten und der Ausarbeitung von Sanierungsvarianten beauftragt wird.

Je nach Grösse der Stockwerkeigentümergemeinschaft lohnt es sich, einen Ausschuss zu wählen, der als Ansprechpartner für die Fachperson(en) dient.

Tipp: Verlangen Sie, dass die Verwaltung eine Unterhaltsplanung bzw. eine Bewirtschaftungsstrategie erstellt.

■ Wichtig: Das Geld im Erneuerungsfonds ist für die Sanierung von gemeinschaftlichen Teilen zweckbestimmt. Daneben sollten Sie als Stockwerkeigentümer auch noch selber Reserven bilden für die Renovation der eigenen Wohnung – denn die müssen Sie immer allein, also aus der eigenen Tasche finanzieren.

Fortsetzung von Seite 109

dem Argument: «Das sollen dann unsere Erben machen.»

Bedenken Sie auch: Fehlt das Geld für eine teure Sanierung, kann die Gemeinschaft als solche keinen Bankkredit aufnehmen. Solche Kredite sind bei den Banken nicht erhältlich.

Tipp: Wer eine Eigentumswohnung kauft, sollte unbedingt darauf achten, ob das Stockwerkeigentümerreglement einen Erneuerungsfonds vorsieht. Zudem geht aus der Jahresbilanz der Gemeinschaft hervor, wie viel Geld der Fonds tatsächlich enthält. Das ist wichtig für die Beurteilung der Unterhaltskosten, die auf die Käufer der Wohnung in den nächsten Jahren zukommen. Bestand und Höhe des Erneuerungsfonds sind deshalb auch für die Kalkulation des Kaufpreises von Bedeutung.

Grundsätzlich gilt: Mit dem Kauf einer Eigentumswohnung wird man automatisch Mitglied der Eigentümergemeinschaft. Ist im Reglement die Zahlung in den Erneuerungsfonds vorgesehen oder hat die Stockwerkeigentümergemeinschaft früher einmal einen entsprechenden Beschluss gefasst, muss sich der Käufer künftig im Rahmen seiner Wertquote am Erneuerungsfonds beteiligen.

Was wird aus dem Erneuerungsfonds bezahlt?

Der Erneuerungsfonds ist nicht dazu da, Sonderwünsche von einzelnen Eigentümern zu erfüllen. Nur gemeinschaftliches Eigentum wie Dach, Fassade oder gemeinsame Garage dürfen aus dem Erneuerungsfonds erneuert oder aufgewertet werden.

Luxuriöse Investitionen wie beispielsweise der Neubau eines Swimmingpools dürfen nur dann aus dem Erneuerungsfonds bezahlt werden, wenn die Eigentümer das einstimmig beschliessen oder wenn es so im Reglement vorgesehen ist.

Über die Verwendung entscheidet die Gemeinschaft

Was oder wie viel aus dem Erneuerungsfonds bezahlt wird, entscheiden immer die Eigentümer gemeinsam. Um den Fonds nicht unnötig zu belasten, ist von allzu häufigem Gebrauch bei Engpässen abzuraten.

Im Reglement sollte dazu festgehalten sein, mit welchem Mehr welche Beschlüsse an der Versammlung zu fassen sind. Handelt es sich um unbestrittene Erneuerungsarbeiten, so genügt dazu gemäss vielen Reglementen das einfache Mehr. Es gibt aber auch Reglemente, die für alle grösseren Entnahmen das qualifizierte Mehr verlangen.

Das qualifizierte Mehr kann insbesondere dann nötig sein, wenn es darum geht, Mittel aus dem Erneuerungsfonds für andere Zwecke einzusetzen als für den eigentlichen Unterhalt. Das könnte zum Beispiel der Fall sein, wenn die Eigentümer darüber abstimmen, ob beispielsweise die neue Garage aus dem Erneuerungsfonds bezahlt werden soll.

Die spätere Schaffung eines Erneuerungsfonds

Der Erneuerungsfonds kann im Begründungsakt oder im Reglement verankert sein. Wurde im Begründungsakt kein Erneuerungsfonds vorgesehen, kann er auch später noch jederzeit beschlossen werden.

Dazu ist ein Versammlungsbeschluss mit einfachem Mehr notwendig.

Soll aber ein neu beschlossener Erneuerungsfonds auch ins Reglement aufgenommen werden, so bedarf es einer Änderung des Reglements – und dazu ist meist ein qualifiziertes Mehr (nach Köpfen und Wertquoten) nötig.

Folgende Einzelheiten sollten bei der Schaffung eines Erneuerungsfonds geregelt werden:

■ Wie hoch sind die zu bezahlenden Beiträge? Und welcher Eigentümer zahlt wie viel?

■ Denkbar ist auch, dass verschiedene «Unterfonds» gebildet werden, beispielsweise einer für den Lift, einer für gemeinschaftliche Teile inklusive Heizung, einer für die Fenster sowie einer für die Fassade.

Beim Lift-«Unterfonds» ist dann beispielweise möglich, dass die Eigentümer in den oberen Etagen mehr einzahlen als die Eigentümer weiter unten.

■ Ab welchem Zeitpunkt, wann und in welchem Rhythmus sind die Beitragszahlungen fällig?

■ Wie lange bzw. bis zu welchem Höchstbetrag (Obergrenze) soll eingezahlt werden?

■ Unter welchen Umständen können ausserordentliche Einzahlungen verlangt werden?

■ Unter welchen Umständen kann auf die Beitragserhebung verzichtet werden?

■ Wann und mit welcher Mehrheit können die einzuzahlenden Beiträge geändert werden?

■ Wer verwaltet den Erneuerungsfonds? Wer bestimmt, bei welcher Bank und mit welchen Anlageprodukten die Gelder parkiert bzw. angelegt werden?

Fortsetzung auf Seite 114

FRAGE

Erneuerungsfonds: Darf ein Miteigentümer die Zahlung verweigern?

Ein Mitglied unserer Stockwerkeigentümergemeinschaft weigert sich, seinen Anteil in den Renovationsfonds einzuzahlen – mit dem Argument, er habe einer mit Mehrheit beschlossenen Renovation nicht zugestimmt. Darf er die Zahlung verweigern? Und falls nicht: Wie können wir ihn dazu bringen, doch noch zu zahlen?

Falls es sich um eine notwendige oder nützliche bauliche Massnahme handelt (und nicht um eine Luxusrenovation, siehe Seite 93 ff.), so gilt der Mehrheitsbeschluss – und dieser ist auch für die unterlegene Minderheit bindend.

Sollte ein persönliches Gespräch den betreffenden Miteigentümer nicht umstimmen, sollten Sie ihn schriftlich mahnen. Weigert er sich weiterhin zu zahlen, kann ihn die Eigentümergemeinschaft betreiben.

Hilft auch das nicht, können die Stockwerkeigentümer ein Grundpfand zulasten ihres Miteigentümers eintragen lassen – genau so wie das bei den ausstehenden «normalen» Kostenbeiträgen der Fall ist (siehe Seite 117 f.).

Erneuerungsfonds in der Praxis: Erhebung im Raum Luzern

Im Oktober 2010 hat ein Team der Fachhochschule Luzern in der Agglomeration Luzern Verwalter von Stockwerkeigentümergemeinschaften zum Thema Erneuerungsfonds befragt.

Das sind die wichtigsten Ergebnisse:

■ Der Anteil der Gebäude mit Wohnanteil im Stockwerkeigentum liegt in der Agglomeration Luzern bei über 8 Prozent.

■ Über 80 Prozent der Gemeinschaften haben einen Erneuerungsfonds zur Finanzierung von Renovationen gemeinschaftlicher Gebäudeteile.

■ Die Hälfte dieser Gemeinschaften braucht den Erneuerungsfonds auch für die Finanzierung von Unterhaltsarbeiten, für den Ausbau oder für andere dringende Ausgaben.

■ Rund die Hälfte der Stockwerkeigentümergemeinschaften zahlen jährlich zwischen 0,1 und 0,3 Prozent des Gebäudeversicherungswerts in den Fonds ein.

Rund drei Viertel der Gemeinschaften zahlen weniger als 0,4 Prozent des Gebäudeversicherungswerts ein.

■ Rund 40 Prozent der Gemeinschaften haben eine Obergrenze für den Kapitalstock festgesetzt: Bei 15 Prozent liegt die Obergrenze bei 2 Prozent des Gebäudeversicherungswerts.

12 Prozent der Gemeinschaften haben die Obergrenze auf 3 Prozent des Gebäudeversicherungswerts festgelegt.

■ Die meisten Fonds sind damit zu wenig gut bestückt. Im Schnitt wird der Fonds weniger als die Hälfte der gemeinschaftlichen Erneuerungskosten decken können.

Das heisst, dass die einzelnen Eigentümer zum Zeitpunkt der Renovation beträchtliche zusätzliche Gelder aufwerfen müssen. Die gemeinschaftlichen Kosten werden unterschätzt und die jährlichen Einzahlungen eher tief angesetzt.

■ Kann nur ein Mitglied der Gemeinschaft die zusätzlichen Mittel zum Zeitpunkt der Erneuerung nicht aufbringen, kann es sein, dass die Renovation verschoben werden muss. Derartige Finanzierungsprobleme können auch Konflikte innerhalb der Gemeinschaft auslösen.

■ Nur die wenigsten Stockwerkeigentümergemeinschaften haben eine langfristige Planung für die Sanierung ihres Gebäudes aufgestellt. Die anstehenden Renovationen werden daher meist kurzfristig geplant.

■ Über 84 Prozent der Fondsgelder liegen auf einem Sparbuch. Nur ein kleiner Teil der Gemeinschaften hat den Erneuerungsfonds in Kassenobligationen oder gar in Aktienfonds investiert.

■ Die Autoren bemängeln fehlende Anreize für höhere Einzahlungen in den Fonds: «Die relativ reicheren Stockwerkeigentümer bevorzugen es, ihr Erspartes gewinnbringender als auf einem Sparkonto anzulegen, und haben daher kaum einen Anreiz, möglichst viel in den Erneuerungsfonds einzuzahlen. Die relativ ärmeren Stockwerkeigentümer haben ebenfalls keinen Anreiz, weil hohe Beiträge ihre Liquidität gefährden könnten. Relativ tiefe jährliche Einzahlungen stellen daher den gemeinsamen Nenner dar.»

■ Stockwerkeigentümergemeinschaften mit externer Verwaltung haben öfter einen Erneuerungsfonds, weil sich professionelle Verwalter dafür einsetzen.

Aussagen von Verwaltungen weisen aber darauf hin, dass es schwierig ist, Stockwerkeigentümergemeinschaften von den Vorteilen höherer jährlicher Einzahlungen zu überzeugen.

Viele Verwaltungen verfügen in der Regel nicht über die notwendigen bautechnischen bzw. architektonischen Kenntnisse, um der Stockwerkeigentümergemeinschaft bei der Planung und Umsetzung von Erneuerungsarbeiten beiseite zu stehen. Mangelnde Fachkenntnisse führen dazu, dass die Verwaltungen nicht in der Lage sind, den Zustand des Gebäudes zu beurteilen und die Erneuerungskosten abzuschätzen.

113

Fortsetzung von Seite 112

■ Zweckbestimmung des Erneuerungsfonds: Welche ausdrücklich genannten baulichen Massnahmen sollen damit finanziert werden? Sollen nebst den absolut notwendigen Renovationen auch wertvermehrende Investitionen (zum Beispiel Lifteinbau) über den Erneuerungsfonds finanziert werden? Oder allenfalls sogar Unterhaltsarbeiten?

■ Sollen auch luxuriöse Bauten (siehe Seite 99 f.) aus dem Erneuerungsfonds gezahlt werden?

■ Mit welcher Mehrheit können Massnahmen gemäss der Zweckbestimmung beschlossen werden?

■ Was gilt, wenn der Erneuerungsfonds aufgelöst wird, etwa punkto Verteilung?

Was passiert mit den Beiträgen beim Verkauf?

Der Erneuerungsfonds gehört zum Verwaltungvermögen der Stockwerkeigentümergemeinschaft. Jeder Stockwerkeigentümer ist Teil der Gemeinschaft. Damit sind die Einlagen eines Stockwerkeigentümers fest mit dem Stockwerkanteil verbunden und können bei einem Verkauf nicht davon getrennt werden (siehe Kasten auf Seite 109).

Der neue Eigentümer profitiert von Einzahlungen des vormaligen Eigentümers. Sie gehen automatisch auf den neuen Eigentümer über. Der Verkäufer kann allerdings den Verkaufspreis um den Betrag der getätigten Einzahlungen erhöhen.

Ein Stockwerkeigentümer zahlt nicht – was tun?

Es kommt immer wieder vor, dass ein Miteigentümer seine Beiträge nicht bezahlt – sei es für den ordentlichen Unterhalt oder für ausserordentliche, einmalige Ausgaben, die von der Versammlung gültig beschlossen wurden. Ihn nur deswegen zur Strafe aus der Gemeinschaft auszuschliessen, ist nicht möglich (siehe Kapitel 9).

Das bedeutet zunächst: Die Gemeinschaft muss ihre gemeinschaftlichen Verpflichtungen gegenüber Aussenstehenden trotzdem vollständig erfüllen. Sie kann also bei der Rechnung beispielsweise des Öllieferanten nicht einen Abzug machen mit dem Argument, einer der Stockwerkeigentümer zahle seinen Anteil nicht.

Die Gemeinschaft kann einen Verlust erleiden

Wichtig ist in diesem Zusammenhang auch: Unter den Stockwerkeigentümern gibt es keine Solidarhaftung. Bezahlt einer seine Beiträge nicht wie abgemacht, so können die anderen dafür nicht direkt belangt werden. Jeder Eigentümer haftet formell gegenüber der Gemeinschaft nur bis zu seiner eigenen Wertquote.

Allerdings: Falls der säumige Eigentümer erfolglos betrieben wurde, weil bei ihm nichts zu holen war, erleidet die Gemeinschaft dadurch einen gemeinschaftlichen Schaden – und den wiederum müssen letztlich die restlichen Stockwerkeigentümer gemäss ihrer Wertquote tragen.

Die Betreibung: Vom Zahlungsbefehl bis zur Pfändung

So ist der Ablauf, wenn die Stockwerkeigentümergemeinschaft beziehungsweise der berechtigte Verwalter eine Betreibung gegen einen säumigen Miteigentümer einleiten will:

■ Mit einem Betreibungsbegehren fordert der Gläubiger das Betreibungsamt auf, gegen den Schuldner einen Zahlungsbefehl zu erlassen. Die Forderung ist in Franken zu beziffern, als Forderungsgrund können «Offene Beiträge an die Stockwerkeigentümergemeinschaft» genannt werden.

■ Reagiert der Empfänger überhaupt nicht, kann der Gläubiger nach 20 Tagen das Fortsetzungsbegehren stellen.

■ Erhebt der Schuldner innert 10 Tagen Rechtsvorschlag (den er nicht begründen muss), muss der Gläubiger anschliessend vor Gericht die Rechtsöffnung verlangen, das heisst die Beseitigung des Rechtsvorschlags.

Dazu muss der Gläubiger dem Gericht nachweisen können, dass der Schuldner die entsprechenden Beträge schuldet. Im Stockwerkeigentum kommen dafür in Frage: der Kaufvertrag, das Reglement oder ein protokollierter Versammlungsbeschluss, in dem die Beitragsforderung beschlossen wurde.

■ Gewährt das Gericht die Rechtsöffnung (was bei offenen Beiträgen an die Gemeinschaft in der Regel kein Problem sein sollte, wenn die schriftlichen Beweise vorliegen), muss der Gläubiger wiederum beim Betreibungsamt das Fortsetzungsbegehren stellen. Das Amt wird dann beim Schuldner vorstellig und macht eine Pfändung: Es schaut, welche Wertgegenstände gepfändet werden können.

■ Dann erfolgt die «Versilberung» der gepfändeten Wertgegenstände – und jetzt erhält die Stockwerkeigentümergemeinschaft Geld, falls beim Schuldner etwas zu holen war.

■ Sind keine pfändbaren Wertgegenstände vorhanden, kann das Betreibungsamt den Lohn des Schuldners pfänden. Auch so kann die Gemeinschaft zu Geld kommen. Der Lohn des Schuldners darf nur bis zum Existenzminimum gepfändet werden.

■ Mehr zum Thema Pfandverwertung steht auf Seite 116 f.

■ Alle Details zum Betreibungsverfahren, zur Lohnpfändung und zur Pfändung von Vermögenswerten stehen im Saldo-Ratgeber «Betreibung, Pfändung, Privatkonkurs». Sie können das Buch telefonisch bestellen (044 253 90 70) oder unter www.saldo.ch.

Wenn einer nicht zahlt: So ist das korrekte Vorgehen

Ist der Zahlungstermin verstrichen und hat das Gespräch mit dem säumigen Eigentümer nichts gebracht, so sollte er gemahnt werden.

Lässt der säumige Eigentümer den Fälligkeitstermin für seine Zahlung verstreichen, schuldet er zusätzlich ab dem Verfalltag einen Verzugszins. Dieser beträgt von Gesetzes wegen fünf Prozent, falls dazu nichts im Reglement steht.

Es gibt Reglemente, die einen höheren Verzugszins festlegen.

Zuständig für das Inkasso ist der Verwalter. Ist kein Verwalter eingestellt worden, muss die Gemeinschaft bzw. eine bevollmächtigte Person das Inkasso machen.

Nützen Mahnungen nichts, stehen folgende Möglichkeiten offen:

■ Die Eigentümergemeinschaft kann den Schuldner ganz normal betreiben (siehe Kasten oben).

■ Sie kann das Retentionsrecht an den beweglichen Sachen des

Stockwerkeigentümers geltend machen (siehe unten) und anschliessend auf dem Betreibungsweg die Pfandverwertung verlangen.

■ Sie kann das gesetzliche Grundpfandrecht geltend machen (siehe Seite rechts).

Daneben arbeiten viele Verwaltungen auch mit dem sozialen Druck. Sie geben spätestens nach Einleitung der Betreibung allen Eigentümern bekannt, wer seine Beiträge nicht gezahlt hat – und hoffen damit, dass der Säumige einlenkt, um in der Gemeinschaft wieder «sauber» dazustehen.

Retentionsrecht und Betreibung auf Pfandverwertung

Um einen säumigen Zahler unter Druck zu setzen, hat der Verwalter (nebst der normalen Betreibung) ein Sicherungsmittel zur Verfügung: Er kann via Betreibungsamt bewegliche Sachen des säumigen Stockwerkeigentümers zurückhalten lassen. Das Gesetz spricht hier vom Retentionsrecht. Es ist eine Art Faustpfandrecht.

Das gilt für Einrichtungsgegenstände, die einen Wert haben, wie zum Beispiel wertvolle Möbel, Teppiche, Bilder, Kunstgegenstände, Fernsehgerät usw.

Das Retentionsrecht wird so geltend gemacht: Der Verwalter reicht beim Betreibungsamt ein Begehren um Aufnahme der verwertbaren Gegenstände im Retentionsverzeichnis ein. Im Gegensatz zum Grundpfandrecht (siehe rechts) kann das Retentionsrecht auch gegen den Willen des säumigen Stockwerkeigentümers verlangt werden. Es braucht also keine vorherige Zustimmung und kein vorgängiges gerichtliches Verfahren.

Anschliessend geht ein Betreibungsbeamter beim Schuldner vorbei – ohne dass er seinen Besuch vorher ankündigt. So wird verhindert, dass der Schuldner Wertsachen vor dem Eintreffen des Betreibungsbeamten fortschafft.

Dann erstellt der Betreibungsbeamte ein Verzeichnis (Inventar) mit dem jeweiligen Wert jedes aufgenommenen Gegenstandes. Er kann die Hilfe der Polizei anfordern, falls der betreffende Stockwerkeigentümer nicht kooperiert.

Die Sachen bleiben aber vorderhand im Besitz des Schuldners.

Nach der Betreibung erfolgt gleich die Pfandverwertung

Das Retentionsverzeichnis gilt als Beweis, welche Gegenstände in der Wohnung vorhanden waren. Sind dann im Rahmen des anschliessenden Betreibungsverfahrens gewisse Gegenstände nicht mehr auffindbar, muss der Schuldner sie wieder herbeischaffen.

Nach Aufnahme des Retentionsverzeichnisses setzt das Betreibungsamt der Stockwerkeigentümergemeinschaft eine Frist, innert der sie die Betreibung auf Pfandverwertung der retinierten (verzeichneten) Gegenstände einleiten kann.

Jetzt ist die Stockwerkeigentümergemeinschaft wieder auf dem normalen Betreibungsweg: Sie muss einen Zahlungsbefehl schicken lassen und allenfalls den Rechtsvorschlag vor Gericht beseitigen lassen – wie im Kasten auf Seite 115 beschrieben.

Ein Unterschied besteht aber: Während das Betreibungsamt im normalen Betreibungsverfahren zuerst zum Schuldner gehen und pfändbare Gegenstände bestimmen (einpfänden) muss, kann hier gleich die Verwertung der bereits bestimmten Pfänder verlangt werden, weil ja die Liste der pfändbaren Gegenstände bereits vorliegt.

Resultiert aus der Pfandverwertung ein Erlös, gehört er der Gemeinschaft.

Der Weg über das Retentionsrecht hat einen Vorteil (falls überhaupt Wertgegenstände mit einem gewissen Verkaufserlös vorhanden sind): Wenn noch andere Gläubiger Forderungen gegen den säumigen Stockwerkeigentümer auf dem Betreibungsweg eingereicht haben, so werden Pfandgläubiger jeweils zuerst bedient.

Das gesetzliche Grundpfandrecht

Um ausstehende Beiträge zu sichern, hat die Gemeinschaft gegenüber einem säumigen Stock-werkeigentümer auch noch das Recht auf Errichtung eines Grundpfandes auf seine Stockwerkeinheit (wie es zum Beispiel in der Abbildung unten zu sehen ist).

Ein solches Grundpfandrecht bedeutet hier in der Folge konkret: Wird die ursprüngliche Forderung nicht bezahlt, kann die Gemeinschaft der Stockwerkeigentümer letzten Endes die Verwertung des Pfandgegenstandes verlangen, also den Verkauf des betreffenden Stockwerkanteils. So kann sie allenfalls doch noch zu ihrem Geld kommen.

In der Regel beantragt der Verwalter die Eintragung beim Grundbuchamt. Die Stockwerkeigentümer können sie aber auch gemeinsam selber beantragen, oder sie können einen einzelnen Eigentümer dazu ermächtigen.

Das Grundpfand entsteht erst mit der Eintragung im Grundbuch.

Ohne Zustimmung braucht es den Umweg über das Gericht

Besteht die Forderung zu Recht, ist es am einfachsten und günstigsten, wenn der säumige Stockwerkeigentümer dem Eintrag des Pfandrechts zustimmt. Die Gemeinschaft kann so das Pfandrecht ohne Umwege beim Grund-

Blatt	2839		Grundpfandrechte						Grundbuch Hirslanden	
Lit.	Art	Gläubiger zur Zeit der Errichtung	Pfandsumme Fr.	Zins %	Pfand-stelle	Eintrag	Beleg	Zf.	Bemerkungen zu den Grundpfandeinträgen	
A	SchB	Inhaber Bem. 1	650'000.--	M 10	1.	10.01.2004	9		1. Zu A: Umwandlung in Register-Schuldbrief, eingetragene Gläubigerin: Zürcher Kantonal-bank, Zürich, CHE-105.278.365, dat. 15.04.2012, Bel. 230	
B	GPV	Stockwerkeigentümergemeinschaft Gupfstrasse 416, Zürich Bem. 2	24'600.--	5		26.03.2013	96		2. Zu B: Gesetzliches Pfandrecht für Beitrags-forderungen der StWE-Gemeinschaft gemäss Art. 712i ZGB	

Grundpfandeinträge auf einem Grundbuchblatt

buchamt anmelden, und es wird definitiv eingetragen. Der Schuldner halst sich so keine unnötigen Gerichtskosten auf.

Widersetzt sich hingegen ein säumiger Stockwerkeigentümer dem Eintrag ins Grundbuch, muss die Gemeinschaft den Eintrag über das zuständige Gericht erwirken.

Der Verwertungserlös wird nach den Rängen verteilt

Bei der Verwertung des betreffenden Stockwerkanteils (normalerweise Verkauf an einer Versteigerung) wird der Erlös nach den Rängen verteilt. Das heisst: Wenn eine Hypothek bei einer Bank besteht, so wird die Bank auch zuerst vollständig bedient, weil sie auf dem ersten Rang steht (siehe Abbildung auf der vorhergehenden Seite).

Übrigens: Gehören zu einer Eigentumswohnung auch Aussenparkplätze, die dieser Wohnung zur alleinigen Benützung zugeordnet wurden, so fallen diese Plätze ebenfalls unter das Pfandrecht an der betreffenden Wohnung. Solche Parkplätze werden also mitgepfändet und ebenfalls mitversteigert. (Bundesgerichtsentscheid 5C.39/2006)

Achtung: Sowohl beim Pfand- wie auch beim Retentionsrecht besteht die Möglichkeit nur für bereits verfallene Forderungen bis drei Jahre zurück. Laufende aktuelle Beitragsforderungen können so nicht eingefordert bzw. gesichert werden.

Tipp: Vor Eintragung eines Grundpfandrechts sollte im Grundbuch überprüft werden, ob die betreffende Stockwerkeinheit bereits stark belastet ist – zum Beispiel mit einer hohen Hypothek der Bank. Sonst lohnt sich die Errichtung eines weiteren Grundpfandes nicht.

5 Die Versammlung der Stockwerkeigentümer
So werden gültige Beschlüsse gefasst

Wer eine Eigentumswohnung kauft, wird automatisch Mitglied der Stockwerkeigentümergemeinschaft. Der Einzelne muss sich nun den demokratischen Entscheiden der Gemeinschaft fügen. Doch welche Kompetenzen hat die Gemeinschaft und wie ist sie organisiert? Wie werden Versammlungen abgehalten und bindende Beschlüsse gefasst? Die Details dazu stehen in diesem Kapitel.

Jeder Käufer einer Stockwerkeinheit wird automatisch Teil der Gemeinschaft. Alle Stockwerkeigentümer zusammen bilden die Stockwerkeigentümergemeinschaft. Diese Gemeinschaft entsteht automatisch bei der Begründung von Stockwerkeigentum beziehungsweise mit der Eintragung ins Grundbuch.

Die Handlungsfähigkeit der Eigentümergemeinschaft

Die Stockwerkeigentümergemeinschaft hat zwar keine eigene Rechtspersönlichkeit wie zum Beispiel eine Aktiengesellschaft oder ein Verein.

Im Gesetz steht aber, was die Eigentümergemeinschaft dennoch tun kann: Sie kann Wartungs- und Unterhaltsverträge abschliessen und haftet auch für deren Bezahlung, sie kann ihre eigenen Anliegen vor Behörden und Dritten vertreten, sie kann die Eigentümer vor Gericht vertreten, falls der Streitfall einen gemeinschaftlichen Teil betrifft, und sie kann

säumige Stockwerkeigentümer betreiben, falls diese ihre Gemeinschaftsbeiträge nicht zahlen. Sie selber kann ebenfalls vor Gericht gezogen und betrieben werden.

Zudem verfügt die Stockwerkeigentümergemeinschaft über ihr eigenes Vermögen. Das braucht sie auch, denn ohne eigenes Geld wäre sie nicht handlungsfähig und könnte zum Beispiel kein Heizöl kaufen.

Das Verwaltungsvermögen besteht aus den Beiträgen der Stockwerkeigentümer, den Zinserträgen und den Geldern im Erneuerungsfonds.

Die Organisation der Eigentümergemeinschaft

In grösseren Gemeinschaften ist eine Organisation notwendig, damit die Gemeinschaft funktionieren und die Eigentümer sinnvoll vertreten werden können. Vorgeschrieben ist das aber nicht, denn grundsätzlich besteht hier Organisationsfreiheit. Einzig die Versammlung der Stockwerkeigentümer ist vom Gesetz zwingend vorgesehen.

Die Versammlung kann die Einsetzung eines Verwalters beschliessen. Wird kein Verwalter eingesetzt, hat jeder Stockwerkeigentümer das Recht, vor Gericht die Einsetzung eines Verwalters zu verlangen (siehe Kapitel 6).

Die Versammlung kann auch weitere Organe einsetzen wie zum Beispiel einen Ausschuss, einen Delegierten oder eine Revisionsstelle. Die Stockwerkeigentümer können auch Untergemeinschaften bilden, die ein eigenes spezifisches Interesse an gewissen gemeinschaftlichen Teilen haben (siehe Seite 69 f.).

Die Versammlung der Stockwerkeigentümer und ihre Befugnisse

Die Versammlung der Stockwerkeigentümer ist die oberste Instanz der Eigentümergemeinschaft. Sie ist gesetzlich vorgeschrieben und kann nicht durch eine Delegiertenversammlung ersetzt werden, bei der nicht alle Eigentümer anwesend sein könnten.

Die Versammlung der Stockwerkeigentümer muss mindestens einmal jährlich tagen.

Die Versammlung ist für alle Aufgaben zuständig, die nicht durch das Gesetz, das Reglement, den Begründungsakt oder durch eine andere Vereinbarung einem anderen Organ zugewiesen wurden.

Die Stockwerkeigentümerversammlung hat im Wesentlichen die folgenden Aufgaben und Befugnisse:

■ Sie fällt Entscheide in allen Verwaltungsangelegenheiten, die nicht dem Verwalter zustehen.

■ Sie wählt den Verwalter, legt dessen Pflichtenheft fest und beaufsichtigt seine Tätigkeit. Sie kann ihn auch abwählen.

■ Sie kann einen Ausschuss, eine Revisorin oder einen Delegierten wählen, dem sie Verwaltungsangelegenheiten überträgt (siehe Kasten auf der nächsten Seite). Dieses Organ stellt das Bindeglied dar zwischen den Eigentümern und der Verwaltung).

5
So werden Beschlüsse gefasst

■ Die Stockwerkeigentümerversammlung genehmigt den Kostenvoranschlag, die Jahresrechnung und die Verteilung der Kosten auf die einzelnen Eigentümer.

■ Sie kann die Äufnung eines Erneuerungsfonds für Unterhalts- und Erneuerungsarbeiten beschliessen.

■ Sie entlastet den Verwalter (siehe Kapitel 6).

- Sie kann das Gebäude gegen Feuer und andere Gefahren versichern und die üblichen Policen abschliessen lassen (siehe das Kapitel 7). Das besorgt in der Regel der Verwalter.
- Sie kann das Reglement oder die Hausordnung erstellen oder abändern.

STICHWORT

Ausschuss

Bei grösseren Stockwerkeigentümergemeinschaften lohnt es sich, einen Ausschuss zu wählen, der aus mehreren Mitgliedern besteht. Wird bei einer bereits bestehenden Gemeinschaft neu ein Ausschuss eingerichtet, braucht es für diesen Beschluss das qualifizierte Mehr, weil dies eine Reglementsänderung darstellt.

Die Grösse des Ausschusses ist frei bestimmbar. Wahlen von Personen in den Ausschuss erfolgen mit einfachem Mehr.

Die Aufgaben des Ausschusses können vielfältig sein und sind im Reglement festzuhalten. In der Regel berät der Ausschuss die Verwaltung und kontrolliert sie auch. Das Organ kann auch gewisse finanzielle Kompetenzen haben. Für wichtige Geschäfte muss aber auch der Ausschuss die Genehmigung der Versammlung einholen.

Das können reglementarisch festgehaltene Aufgaben des Ausschusses sein:
- Kontakt zur Verwaltung halten und die Verwaltung beraten.
- Überprüfung der Geschäftsführung der Verwaltung und Berichterstattung an die Versammlung.
- Prüfung von Budget und Abrechnung zuhanden der Stockwerkeigentümerversammlung (Revision).
- Vorbereiten der Geschäfte zusammen mit der Verwaltung, zum Beispiel Renovations- oder Umbauvorhaben.
- Anträge an die Versammlung stellen.
- Besorgung von Geschäften, die ihm von der Versammlung aufgetragen werden.
- Mediation bei Streitigkeiten unter Eigentümern.

- Sie kann die Nutzung der gemeinschaftlichen Teile regeln, Parkplätze oder Bastelräume vermieten usw.
- Sie kann einem Eigentümer ein alleiniges Benützungsrecht einräumen und es ihm auch wieder entziehen (aber nur mit Zustimmung des Berechtigten, siehe Seite 66).
- Sie kann über die Verwaltung und Verwendung der Mittel im Erneuerungsfonds entscheiden sowie die Höhe der Beiträge in den Erneuerungsfonds festlegen.
- Sie kann über die baulichen Massnahmen (Renovationen/Umbauten) sowie den Unterhalt der gemeinschaftlich genutzten Teile bestimmen (Reinigung, Gartenpflege, Aufgaben des Hauswarts usw).
- Sie kann grössere Ausgaben beschliessen.
- Sie kann entscheiden, ob ein Prozess geführt werden soll, welche Anträge dabei gestellt werden sollen, ob ein Rechtsmittel ergriffen werden soll usw. Dazu kann sie den Verwalter zur Führung des Prozesses ermächtigen.
- Sie kann vor Gericht beantragen, dass ein Stockwerkeigentümer ausgeschlossen werden soll.

Diese Aufzählung ist nicht abschliessend, die Stockwerkeigentümerversammlung kann also auch Beschlüsse in weiteren Angelegenheiten fassen.

Tipp: Die Zuständigkeiten, Kompetenzen, Funktionen und Aufgaben der Stockwerkeigentümerversammlung sollten im Reglement detailliert aufgeführt sein. So kann man auch sicherstellen, dass keine wichtigen Geschäfte vergessen werden.

Zusätzlich macht eine solche Aufzählung jeweils klar, was der Verwalter darf und was nicht. Das heisst: Geschäfte, für die gemäss Reglement die Versammlung zuständig ist, darf der Verwalter nicht eigenmächtig vornehmen, sondern nur mit Genehmigung der Eigentümerversammlung.

Das Teilnahmerecht an der Versammlung

Jeder Stockwerkeigentümer hat das Recht, an der Versammlung teilzunehmen (aber nicht die Pflicht). Dieses Recht kann keinem Eigentümer entzogen werden.

Gehört eine Wohnung mehreren Personen gemeinsam, können alle Personen an der Versammlung teilnehmen, jedoch nur ein Stimmrecht ausüben.

Dritte wie beispielsweise Mieter einer Stockwerkeinheit haben nach Gesetz kein Teilnahme- und Stimmrecht. Es kann allerdings sein, dass das Reglement dies ausdrücklich erlaubt. In diesem Fall muss der Stockwerkeigentümer den Mieter bevollmächtigen.

Die Teilnahme durch einen Stellvertreter

Wer nicht persönlich an der Versammlung teilnehmen kann, darf sich von einem anderen Eigentümer vertreten lassen. Der Vertretene sollte dem Vertreter eine schriftliche Vollmacht mitgeben, mit der er sich ausweisen kann (siehe Muster oben). Der Vertreter

Muster für eine Vollmacht

Vollmacht

Der/die unterzeichnende Stockwerkeigentümer/-in

Name/Vorname: _____

Wohnung/Objekt: _____

Wertquote: _____

bevollmächtigt hiermit

Name/Vorname: _____

Strasse/Haus-Nr.: _____

sie/ihn an der ordentlichen Miteigentümer- und Stockwerkeigentümerversammlung von der Überbauung *(Name und Ort einsetzen),* vom *(Datum einsetzen)* zu vertreten und insbesondere in ihrem/seinem Namen das Stimmrecht auszuüben.

Ort/Datum: _____

Unterschrift: _____

Diese Vollmacht ist an der Versammlung der Verwaltung zu übergeben.

gibt dann auch die Stimme für den Vertretenen ab. Der Vollmachtgeber kann dabei auch festlegen, wie sein Vertreter bei bestimmten Geschäften abstimmen soll.

Manchmal lassen sich abwesende Eigentümer durch den Verwalter vertreten; gerade bei Zweitwohnungen in den Bergen ist das häufig der Fall (siehe auch Kasten auf Seite 141).

Doch das kann zu Problemen führen. Denn: Bevollmächtigen gleich mehrere Eigentümer gleichzeitig den Verwalter als Vertreter, erhält dieser einen sehr grossen Stimmenanteil.

Das Reglement sollte bestimmen, ob Nichteigentümer wie Wohnpartner oder Anwälte und Baufachpersonen an der Versammlung teilnehmen dürfen. Steht im Reglement nichts dazu, so kann die Eigentümerversammlung mit einfachem Mehr über dieses Teilnahmerecht entscheiden.

Eine mögliche Reglementsbestimmung lautet also: «Ein Stockwerkeigentümer kann sich durch eine Drittperson vertreten lassen, die nicht der Gemeinschaft anzugehören braucht.»

Grundsätzlich gilt: Das Vertretungsrecht kann eingeschränkt, aber nicht vollständig verboten werden. Einschränkungen müssen einstimmig beschlossen werden.

Die Einberufung der Versammlung

Für die Einberufung der Stockwerkeigentümerversammlung ist der von der Versammlung gewählte Verwalter zuständig. Ist kein Verwalter ernannt worden, kann jeder einzelne Stockwerkeigentümer eine ordentliche Versammlung einberufen.

Wann und wie oft die Versammlung stattfindet, kann die Stockwerkeigentümergemeinschaft frei entscheiden. Mindestens einmal im Jahr muss aber eine Versammlung gesetzlich zwingend stattfinden, um das Geschäftsjahr abzuschliessen.

Normalerweise findet die ordentliche jährliche Versammlung innerhalb der ersten vier bis fünf Monate nach Ablauf des Geschäftsjahres statt. Wann das Geschäftsjahr beginnt und abläuft, ist gesetzlich nicht geregelt. Es muss nicht mit dem Kalenderjahr übereinstimmen.

Ein Fünftel der Eigentümer kann Versammlung erzwingen

Neben der ordentlichen Versammlung können weitere, ausserordentliche Versammlungen stattfinden. Beruft der Verwalter keine ausserordentliche Versammlung ein, obwohl ein dringendes Ge-

---

FRAGE

Thema war nicht traktandiert: Gilt der Beschluss trotzdem?

An unserer letzten Stockwerkeigentümerversammlung haben wir über ein Geschäft abgestimmt, das nicht auf der Traktandenliste aufgeführt war. Müssen wir diesen Entscheid akzeptieren?

Nein. Die Eigentümer dürfen zwar an der Versammlung auch über eine Angelegenheit diskutieren, die nicht auf der Traktandenliste stand. Fassen sie allerdings zu diesem Geschäft einen Beschluss, verstösst dieser gegen das Traktandierungsgebot.

Ein solcher Beschluss ist aber nicht automatisch ungültig: Wer ihn bekämpfen will, muss ihn vielmehr innert einem Monat seit Kenntnisnahme beim Gericht anfechten (siehe Seite 133 ff.). Der Richter kann dann den Beschluss aufheben und verfügen, dass die Eigentümerversammlung über das Geschäft nochmals abstimmen muss – nach korrekter Ankündigung.

Wer bei der Abstimmung dabei war und zugestimmt hat, kann den Beschluss nicht anfechten.

Unterbleibt eine Anfechtung, wird der Beschluss rechtskräftig, auch wenn er mangelhaft ist.

Beschlüsse über nicht ordentlich angekündigte Geschäfte ordentlich zu fassen ist nur möglich, falls sämtliche Eigentümer ausnahmslos anwesend und damit einverstanden sind.

schäft ansteht (etwa eine dringende Renovation), so kann mindestens ein Fünftel der Eigentümer die Einberufung beim Verwalter verlangen. Weigert sich dieser, müssen die Eigentümer vor Gericht auf Einberufung klagen.

Dieses Einberufungsrecht ist gesetzlich zwingend, und die Mindestzahl von einem Fünftel kann nicht reglementarisch erschwert, sondern höchstens erleichtert werden.

Das Reglement kann also festhalten, dass ein Sechstel der Eigentümer eine ausserordentliche Versammlung einberufen können. Es darf aber beispielsweise nicht erschwerend verlangen, dass es für die Einberufung ein Drittel der Eigentümer braucht.

Im Musterreglement im Anhang auf Seite 180 ff. heisst es beispielsweise: «Ausserordentliche Versammlungen finden statt, so oft es der Verwalter als notwendig erachtet oder wenn es zwei oder mehr Stockwerkeigentümer verlangen, die zusammen mindestens einen Fünftel der Wertquoten vertreten.»

In einem konkreten Gerichtsfall konnten die Eigentümer beim Gericht durchsetzen, dass die Verwaltung eine ausserordentliche Versammlung abhalten musste. Die Verwaltung hatte sich darum gedrückt, weil die Eigentümer an dieser Zusammenkunft über die Abwahl der Verwaltung abstimmen wollten. Das Gericht wies dann die Verwaltung an, innert 5 Tagen eine ausserordentliche Versammlung einzuberufen, die innert 30 Tagen stattzufinden hatte. Und zwar mit dem Traktandum «Abwahl der Verwaltung». (Urteil des Zürcher Obergerichts LF110123-O/U)

Die Einladung muss früh genug verschickt werden

Das Gesetz äussert sich nicht über Form, Frist und Inhalt der Einladung. Zwingend sind natürlich die Zeit, der Ort der Versammlung und die Traktanden anzugeben.

Am besten ist es, wenn auch die Modalitäten der Einladung im Reglement genau geregelt sind – wie etwa der Zeitpunkt, an dem die Einladung spätestens bei den Eigentümern eingetroffen sein muss. Oder bis zu welchem Zeitpunkt sie der Verwalter der Post übergeben haben muss.

Grund: Die Eigentümer müssen genügend Zeit zur Verfügung haben, um sich eine Meinung über die angekündigten Traktanden zu bilden und allenfalls eine Vertretung zu organisieren. Es sollten also mindestens 20 bis 30 Tage sein.

So kommen Themen auf die Traktandenliste

Alle Geschäfte, über die beschlossen werden soll, müssen in der Einladung als einzelne Traktanden aufgelistet sein. Jeder Stockwerkeigentümer muss wissen, was besprochen wird, worüber genau abgestimmt wird und wie viel neue Vorhaben kosten werden.

Wichtig: Die Eigentümerversammlung darf nur über Geschäfte abstimmen, die vorher traktandiert wurden. Es ist also nicht möglich, ein Anliegen überraschend aufs Tapet zu bringen, um die Versammlung auf diese Weise quasi zu überrumpeln.

Natürlich können die Eigentümer an der Versammlung auch über nicht traktandierte Themen diskutieren. Aber eine Beschlussfassung über neue Angelegenheiten ist nicht zulässig. Neue Themen müssen vielmehr für die nächste Versammlung ordentlich traktandiert werden. Erst dann ist eine Beschlussfassung möglich (siehe dazu auch den Kasten auf Seite 124).

Selbst unter der Rubrik «Varia» kann die Versammlung keine Beschlüsse zu Themen fassen, die nicht traktandiert waren. Das wäre nur möglich, wenn ausnahmslos alle Stockwerkeigentümer anwesend und mit der spontanen Beschlussfassung einverstanden wären.

In der Regel legt die Verwaltung die Traktanden fest; sie hat das Traktandierungsrecht. Sie fragt vorher den Ausschuss, ob dieser noch Traktanden hat.

Spielplatz-Projekt: Genügt eine schriftliche Abstimmung?

Der Verwalter unserer Stockwerkeigentümergemeinschaft wohnt zuoberst im Block. Neulich sammelte er Unterschriften für den Bau eines Spielplatzes vor dem Haus. Sechs Eigentümer waren dafür, ich als einziger dagegen. Der Verwalter meint nun, der Spielplatz sei per Zirkularbeschluss von der Mehrheit der Eigentümer genehmigt worden. Im Reglement ist die schriftliche Abstimmung aber nicht vorgesehen. Muss ich mir das gefallen lassen?

Nein. Weil Sie nicht unterschrieben haben, ist das Projekt vorläufig blockiert. Zwar können Stockwerkeigentümer über ein Traktandum auch schriftlich abstimmen, selbst wenn diese Möglichkeit nicht ausdrücklich im Reglement vorgesehen ist. So kommt ein sogenannter Zirkularbeschluss zustande.

Aber: Bei einem solchen schriftlichen Verfahren müssen sämtliche Stockwerkeigentümer zustimmen. Sonst ist der Beschluss anfechtbar (siehe Seite 128 f.). Da Sie als einziger Wohnungsbesitzer dagegen waren, kann der Spielplatz vorläufig nicht gebaut werden.

Das kann sich jedoch ändern, falls der Spielplatz bei einer späteren Eigentümerversammlung auf der Traktandenliste steht und darüber abgestimmt wird. Dann gelten andere Regeln: Anders als beim Zirkularbeschluss genügt in der Versammlung in diesem Fall das qualifizierte Mehr. Das bedeutet: Der Spielplatz ist genehmigt, wenn die Mehrheit nach Köpfen und Wertquote zustimmt.

Ein Fünftel der Eigentümer kann ein Traktandum erzwingen

Auch einzelne Eigentümer können Anträge formulieren und sie der Verwaltung schicken; diese setzt dann den Antrag auf die Traktandenliste. Voraussetzung ist aber, dass das Anliegen eindeutig formuliert ist und mit einer Abstimmung (Ja oder Nein) erledigt werden kann.

Dazu kann es im Reglement beispielsweise heissen, dass Anträge spätestens 14 Tage vor dem Versammlungstermin einzureichen sind.

Wer die Traktandierung bestimmter Geschäfte verlangen darf, falls die Verwaltung sich weigert – dazu äussert sich das Gesetz nicht. In der Praxis geht man davon aus, dass ein Fünftel der

Eigentümer notwendig ist, um ein Traktandum gegen den Willen der Verwaltung an die Versammlung zu bringen (wie bei der Einberufung der ausserordentlichen Versammlung, siehe Seite 124 f.).

Tipp: Diese Bemerkung sollte auch noch in der Einladung stehen: «Sollten Sie an der Teilnahme verhindert sein, bitten wir Sie, eine Person Ihres Vertrauens mit der Ausübung Ihres Stimmrechts mittels beiliegender Vollmacht zu beauftragen. Die Vertretung ist sehr wichtig, damit die Versammlung beschlussfähig ist.»

Wann ist die Versammlung beschlussfähig?

Das Gesetz verlangt, dass die Hälfte aller Eigentümer anwesend oder vertreten sind, die zugleich über die Hälfte von sämtlichen Stockwerkanteilen verfügen. Mindestens zwei Eigentümer müssen anwesend oder vertreten sein (Art. 712p ZGB).

Erst wenn diese Voraussetzungen erfüllt sind, kann die Versammlung über die traktandierten Geschäfte gültig beschliessen.

Beispiel: Bei einer Stockwerkeigentümergemeinschaft von 30 Personen mit einer Wertquotenaufteilung in Tausendstel müssen mindestens 15 stimmberechtigte Eigentümer anwesend oder vertreten sein und zusammen über mehr als 500 Tausendstel an Wertquoten verfügen.

Sind nicht genügend Eigentümer anwesend oder vertreten, bleibt nichts anderes übrig, als eine neue Versammlung einzuberufen.

FRAGE

Sind Tonbandaufnahmen an einer Versammlung erlaubt?

An der letzten Stockwerkeigentümerversammlung wurde ohne mein Wissen eine Tonbandaufnahme gemacht. Ist das zulässig?

Nein. Das Aufnehmen von privaten Gesprächen ist grundsätzlich verboten. Steht nichts im Reglement der Gemeinschaft, brauchte es im Voraus die Zustimmung aller Beteiligten.

Ist hingegen im Reglement die Aufnahme der Versammlung auf Tonband ausdrücklich vorgesehen, so gilt dies als Einwilligung der Stockwerkeigentümer. Jeder Eigentümer hat jedoch die Möglichkeit, seine Zustimmung vor einer Versammlung zurückzuziehen.

Hat niemand Einwände und dient die Tonbandaufnahme zur Unterstützung der Protokollführung, muss das Tonband nach der Genehmigung des Protokolls gelöscht werden – es sei denn, das Reglement erlaube eine Aufbewahrung der Aufnahme.

Bei dieser zweiten Versammlung ist die Mindestquote der Teilnehmer gelockert: Für die Beschlussfassung genügt es nun, dass ein Drittel der Eigentümer, mindestens aber zwei anwesend oder vertreten sind.

Eine typische Reglementsklausel lautet deshalb so: «Bei ungenügender Beteiligung ist eine zweite Versammlung einzuberufen, die nicht vor Ablauf von 10 Tagen seit der ersten stattfinden darf. Die zweite Versammlung ist beschlussfähig, wenn ein Drittel aller Stockwerkeigentümer, mindestens aber zwei, anwesend oder vertreten sind.»

Das Reglement kann «schärfere» Bestimmungen zur Beschlussfähigkeit der ordentlichen Versammlung enthalten, beispielsweise dass zwei Drittel der Eigentümer anwesend oder vertreten sein müssen. Eine Bestimmung hingegen, wonach schon ein Drittel für die Beschlussfassung genügt, wäre gegen das Gesetz.

Tipp: Ist die Versammlung nicht beschlussfähig, kann der Beginn beispielsweise um eine halbe Stunde hinausgezögert werden. In dieser Zeit gelingt es vielleicht, telefonisch weitere Eigentümer an die Versammlung aufzubieten.

So werden gültige Beschlüsse gefasst

Auch die Beschlussfassung ist im Gesetz nicht näher erläutert; es gibt also keine besonderen Formvorschriften. In der Regel werden die Beschlüsse an der Versammlung durch Handerheben gefasst. Die Stimmen werden von gewählten Stimmenzählern gezählt. Leiter der Versammlung ist in der Regel der Verwalter (ausser das Reglement sieht eine andere Person vor).

Bei den «Anwesenden» sind die Vertretenen mitgemeint

In vielen Reglementen heisst es beispielsweise, Beschlüsse würden in der Regel mit der Stimmenmehrheit der «Anwesenden» gefasst.

Enthält aber das Reglement auch Bestimmungen darüber, dass sich Stockwerkeigentümer an der Versammlung vertreten lassen dürfen (siehe Seite 123 f.), so bedeutet dies, dass die vertretenen Stockwerkeigentümer ebenfalls als anwesend gelten und als Stimme zu zählen sind.

Bei grösseren Gemeinschaften müssen sich die Teilnehmer in eine Anwesenheitsliste eintragen und erhalten dann eine Stimmkarte. So wird beim Handaufheben sichergestellt, dass nur Berechtigte abstimmen. Oder dass ein Ehepaar, das zusammen eine Wohnung besitzt und gemeinsam die Versammlung besucht, nur eine Stimme abgibt.

Bei grösseren Gemeinschaften erhalten die Teilnehmer für wichtige Geschäfte persönliche Stimmkarten mit aufgedruckter Wertquote, die für Abstimmungen schriftlich ausgefüllt und abgegeben werden müssen (weil ja beim qualifizierten Mehr auch die Wertquoten massgebend sind).

Zirkularbeschlüsse: Abstimmungen auf dem schriftlichen Weg

Beschlüsse können auch ausserhalb der Versammlung gefasst werden – mit dem sogenannten Zirkularbeschluss. Dabei erhalten alle Mitglieder einen Brief mit der Schilderung des Geschäfts und der Aufforderung, ein «Ja» oder ein «Nein» zurückzuschicken.

Zirkularbeschlüsse sind nur gültig, wenn ihnen ausnahmslos sämtliche im Grundbuch eingetragenen Eigentümer zustimmen. Bleibt ein Eigentümer die Antwort schuldig, kommt ein Beschluss ebenfalls nicht zustande, weil sonst das Einstimmigkeitsprinzip verletzt wäre.

Zirkularbeschlüsse sind grundsätzlich erlaubt, auch wenn diese Möglichkeit gar nicht im Reglement steht.

Achtung: Es gibt viele Reglemente, die bei Zirkularbeschlüssen auch das einfache Mehr oder das qualifizierte Mehr zulassen (je nach Geschäft).

Von einer solchen Bestimmung ist aber abzuraten. Zwar gibt es dazu keine wegleitende Gerichtspraxis, doch viele Experten sind der Meinung, dass so gefasste schriftliche Beschlüsse (also nicht einstimmig) anfechtbar wären (was «anfechtbar» bedeutet, steht auf Seite 133 ff.).

Die formlose Beschlussfassung ist nicht gestattet

Nach der Rechtsprechung des Bundesgerichts ist im Stockwerkeigentum eine nur mündliche und formlose (also nicht protokollierte) Beschlussfassung ausserhalb der Eigentümerversammlung ungültig.

Dass nicht protokollierte Beschlüsse nicht zählen, musste auch ein Stockwerkeigentümer erfahren, der die alleinige Benützung eines Dachgartens aufgeben musste.

Sein Argument, die Gemeinschaft habe ihm die Benützung mündlich zugesagt, zog vor Bundesgericht nicht: «Ein mündlicher Beschluss ausserhalb einer Stockwerkeigentümerversammlung vermag einen schriftlichen Zirkulationsbeschluss oder einen protokollierten und aufzubewahrenden Versammlungsbeschluss nicht zu ersetzen.» (Bundesgerichtsurteil 127 III 506)

Die Protokollierung der Versammlung

Die Versammlungen der Eigentümer müssen protokolliert werden. Denn die gefassten Beschlüsse gelten nicht nur für sämtliche Stockwerkeigentümer, sondern wie gesagt auch für spätere Käufer und auch für Erben.

Deshalb muss das Protokoll auch aufbewahrt werden. Das Protokoll sollte den Eigentümern innerhalb eines Monats zugestellt werden.

Gemäss Gesetz muss das Protokoll nur gerade «die Beschlüsse» enthalten. Sinnvoll ist es allerdings, bei wichtigen Entscheidungen auch das Abstimmungsergebnis festzuhalten.

Ist das Protokoll unvollständig oder falsch, können die Eigentümer beim Protokollführer oder bei der Verwaltung verlangen, dass es berichtigt wird. Notfalls kann dieses Recht gerichtlich durchgesetzt werden.

Die Berichtigung des Protokolls kann bis zur nächsten Stockwerkeigentümerversammlung verlangt werden. Obwohl man also in der Regel ein Jahr Zeit hat, empfiehlt es sich, dies möglichst schnell zu tun.

Stimmrecht und notwendige Mehrheiten bei den Abstimmungen

Laut Gesetz hat jeder Eigentümer eine Stimme – und das gilt auch, wenn ein Stockwerkeigentümer mehrere Eigentumseinheiten be-

Fortsetzung auf Seite 131

Welche Mehrheiten für welche Beschlüsse? *

Einfaches Mehr: Mehrheit der an der Versammlung anwesenden und vertretenen Eigentümer

- Anordnung notwendiger Unterhaltsarbeiten (z.B. Auftrag an Gärtner)
- Wahl und Abberufung des Verwalters und eines allfälligen Ausschusses
- Genehmigung der Jahresrechnung
- Erlass der Hausordnung
- Schaffung eines Erneuerungsfonds
- Abschluss der notwendigen Versicherungen
- Zustimmung zu einer Wertquotenänderung, falls die Betroffenen einverstanden sind
- Anordnung gewöhnlicher Verwaltungshandlungen
- Ermächtigung des Verwalters zur Prozessführung
- Einleitung einer Ausschlussklage gegen einen Eigentümer.

Qualifiziertes Mehr: Mehrheit der an der Versammlung anwesenden und vertretenen Eigentümer, die auch die Mehrheit aller Wertquoten vertreten

- Einmaliges Abweichen von der reglementarischen Kostenverteilung
- Generelle Einführung einer neuen Kostenverteilung
- Feststellung der Beschlussfähigkeit
- Erlass und Änderung des Reglements, ausser bei Änderung der Zuständigkeit für Verwaltungshandlungen und bauliche Massnahmen (dazu braucht es Einstimmigkeit)
- Nützliche Erneuerungsarbeiten bzw. Sanierungen
- Wichtigere Verwaltungshandlungen (Abschluss von Miet- und Pachtverträgen, Festanstellung des Hauswarts, Anschaffung teurer Maschinen)
- Gewährung und Entzug des alleinigen Benützungsrechts eines Eigentümers am gemeinschaftlichen Eigentum (Gartensitzplatz, Dachterrasse).

Einstimmigkeit: Zustimmung sämtlicher Stockwerkeigentümer

- Luxuriöse bauliche Massnahmen (qualifiziertes Mehr genügt, wenn die übrigen Eigentümer den Kostenanteil des nicht zustimmenden Eigentümers übernehmen und dessen Nutzungs- und Gebrauchsrecht durch die bauliche Veränderung nicht dauernd eingeschränkt wird. Für die vorübergehende Beeinträchtigung muss Ersatz geleistet werden).
- Änderung aller Wertquoten
- Räumliche Ausscheidung von gemeinschaftlichen Teilen zu Sonderrecht
- Änderung des Sonderrechts
- Verfügungen über das gemeinschaftliche Grundstück (Errichtung von Dienstbarkeiten)
- Begründung und Aufhebung des Vorkaufsrechts
- Änderung der Zweckbestimmung der Liegenschaft (Gewerberäume)
- Abänderung der Sonderrechtsbereiche bzw. Begründung von gemeinschaftlichen Teilen
- Änderung des Einspracherechts sowie Abänderung des Benutzungszwecks eines gemeinschaftlichen Teils (Partyraum wird Bastelraum).

* Falls im Reglement nichts anderes bestimmt ist

Fortsetzung von Seite 129

sitzt. Das ist das sogenannte Kopfstimmprinzip. Gehört eine Einheit mehreren Personen, so dürfen zwar alle an der Versammlung teilnehmen, aber sie haben zusammen nur eine Stimme.

Würde dieses Kopfstimmprinzip nicht gelten, so könnte zum Beispiel eine Generalunternehmung, die mehrere Wohnungen besitzt, die Gemeinschaft dominieren.

Das Kopfstimmprinzip kann aber durch einstimmigen Beschluss so geändert werden, dass beispielsweise jede Stockwerkeinheit eine Stimme hat. Der Passus lautet dann beispielsweise: «Steht einem Stockwerkeigentümer mehr als eine Stockwerkeigentumseinheit zu, so kann er die Rechte für jede Stockwerkeigentumseinheit gesondert geltend machen.»

Das Reglement darf jedoch keine Bestimmungen enthalten, die einzelne Eigentümer vom Stimmrecht ausschliessen.

Ausschluss vom Stimmrecht bei Interessenkollision

Aber: Ist bei einem bestimmten Rechtsgeschäft ein Eigentümer befangen, kann er von der betreffenden Abstimmung ausgeschlossen werden.

Das ist etwa der Fall, wenn ein Eigentümer gleichzeitig Verwalter ist und es bei einer Abstimmung darum geht, über sein Honorar oder seine Absetzung zu entscheiden. Für eine solche Abstimmung kann sich der betreffende Eigentümer auch nicht vertreten lassen.

Das Gleiche gilt, wenn über den Ausschluss eines Mitgliedes entschieden wird oder wenn einem Mitglied, das auch ein Unternehmen führt, ein Auftrag erteilt werden soll.

Die Mehrheiten bei den Abstimmungen

■ Das einfache Mehr

Besteht keine anderweitige Regelung, werden die Beschlüsse mit der einfachen Mehrheit der Stimmen gefasst. Ein Beschluss kommt also zustande, wenn an der Versammlung mehr als die Hälfte der anwesenden und vertretenen Eigentümer zustimmen.

Beispiel: Besteht eine Gemeinschaft im Ganzen aus zehn Eigentümern und sind fünf anwesend oder vertreten, die auch die Hälfte der Wertquoten innehaben, so reichen drei als Mehrheit.

Dies hat auch zur Folge, dass sich Stimmenthaltungen faktisch wie Neinstimmen auswirken. Sind zum Beispiel 30 Stockwerkeigentümer an der Versammlung anwesend und enthalten sich 4 ihrer Stimme, so braucht es trotzdem 16 Stimmen für das einfache Mehr.

Ein Reglement kann vorsehen, dass für das einfache Mehr nicht die Mehrheit der Köpfe zählt, sondern die Mehrheit der Wertquoten. Solche Abänderungen von der Regel sind aber sehr selten.

■ Das qualifizierte Mehr

Wird über wichtigere Angelegenheiten von besonderer Bedeutung oder grösserer finanzieller Tragweite entschieden, so ist das qualifizierte Mehr erforderlich.

Dazu ist die Zustimmung durch die Mehrheit der anwesenden und vertretenen Eigentümer notwendig, die zugleich über den grösseren Wertanteil verfügen (Mehrheit nach Köpfen und nach Wertquoten).

Um das Wertquotenmehr zu ermitteln, wird entweder auf sämtliche Anteile des Grundstücks (zum Beispiel 1000 Tausendstel) abgestellt – oder nur nur auf das Total der Wertquoten der anwesenden und vertretenen Eigentümer. Dies sollte im Reglement geregelt sein.

Sind an einer Versammlung 30 Stockwerkeigentümer anwesend und vertreten, müssen also 16 Eigentümer zustimmen, die zusammen Anteile von mindestens 501 Tausendsteln repräsentieren.

Auch bei der Berechnung des qualifizierten Mehrs sind leicht abgeänderte Regeln denkbar – doch das spielt in der Praxis kaum eine Rolle.

■ Die Einstimmigkeit

Für ganz wichtige Beschlüsse, die besonders stark in die Rechtsstellung des Einzelnen eingreifen, verlangt das Gesetz Einstimmigkeit. Dann darf es keine Stimmenthaltungen geben.

In den meisten Reglementen ergibt sich aus der Auslegung der entsprechenden Bestimmungen, dass sich die Einstimmigkeit auf die an der Versammlung anwesenden und vertretenen Eigentümer bezieht. Es braucht also in der Regel nicht die Zustimmung sämtlicher im Grundbuch eingetragenen Eigentümer wie beim Zirkularbeschluss.

Die Minderheit muss sich wohl oder übel fügen

Wer in einer Abstimmung unterliegt, muss sich dem Entscheid der Mehrheit anschliessen.

Und was gilt bei Stimmengleichheit?

Was passiert, wenn gleich viele Stimmen für und gegen ein Anliegen abgegeben werden? Kommt das erforderliche Mehr nicht zustande, so ist der Beschluss nicht zustande gekommen. Bei Gemeinschaften mit nur zwei Eigentümern kann diese Beschlussunfähigkeit ein regelmässiges Problem sein.

Pattsituationen können Stockwerkeigentümer verhindern, indem

Braucht es für den Satellitenempfang das qualifizierte Mehr?

Einige Eigentümer unserer Stockwerkgemeinschaft möchten den Kabelfernsehempfang der Cablecom durch eine gemeinschaftliche Satellitenempfangsanlage ersetzen. An der nächsten Eigentümerversammlung stimmen wir darüber ab. Genügt für die Beschlussfassung das qualifizierte Mehr?

Ja. Beim Aufstellen einer gemeinschaftlichen Satellitenempfangsanlage handelt es sich – wie beim Anschluss ans Kabelfernsehnetz – um eine nützliche bauliche Massnahme (mehr dazu auf Seite 96 ff.).

Nützliche Massnahmen erfordern die Zustimmung der Mehrheit der anwesenden oder vertretenen Stockwerkeigentümer, die zugleich über mehr als die Hälfte aller Wertquoten verfügen.

sie im Reglement ein Vorgehen bei Stimmengleichheit vorsehen. Es gibt dazu mehrere Möglichkeiten:

- Das Reglement kann vorsehen, dass ein Vorsitzender gewählt wird, der den Stichentscheid fällt. Bei der Wahl eines Vorsitzenden ist aber zu beachten, dass es sich um einen Eigentümer handelt, weil der Stichentscheid ein Stimmrecht voraussetzt.

- Das Reglement kann festhalten, dass der Verwalter den Stichentscheid hat – egal ob er gleichzeitig Eigentümer ist oder nicht.

- Das Reglement kann vorsehen, dass bei Stimmengleichheit das Wertquotenmehr zählt. Bei kleinen Eigentümergemeinschaften kann das aber zur Folge haben, dass immer die gleichen Eigentümer mit der höheren Wertquote «gewinnen». Bei bloss zwei Eigentümern entscheidet so faktisch immer nur einer.

Anfechtbare und nichtige Beschlüsse

Was die Eigentümerversammlung beschliesst, ist nicht immer korrekt im Sinne des Gesetzes oder des Reglements. Je nach der «Schwere» des Verstosses wird zwischen anfechtbaren und nichtigen Beschlüssen unterschieden.

Gegen anfechtbare Beschlüsse muss geklagt werden

Grundsätzlich kann jeder Stockwerkeigentümer einen Beschluss der Versammlung anfechten, falls er bei der Abstimmung unterlegen ist. Dies gilt inbesondere für Beschlüsse, die gegen das Regle-

ment verstossen oder Anordnungen des Gesetzes zuwiderlaufen.

Ein Beschluss ist auch anfechtbar, wenn er nicht formrichtig zustande gekommen ist oder inhaltliche Mängel aufweist. Dies ist zum Beispiel der Fall, wenn die Versammlung gar nicht beschlussfähig war, wenn das Geschäft nicht traktandiert war oder wenn über ein Geschäft, bei dem Einstimmigkeit verlangt ist (siehe Kasten auf Seite 130), mit einfachem Mehr entschieden wurde.

Solche Beschlüsse sind aber nicht automatisch ungültig; sie müssen angefochten werden, sonst werden sie dennoch für alle Eigentümer wirksam und verbindlich.

Anders ausgedrückt: Wird ein mangelhafter und anfechtbarer Beschluss, der das Gesetz oder die Statuten verletzt, nicht innert Monatsfrist vor Gericht bekämpft, so ist sein Mangel «geheilt».

Das wurde zwei Stockwerkeigentümern zum Verhängnis, die mit einem Beschluss der Gemeinschaft nicht einverstanden waren. Die Versammlung hatte zwei anderen Eigentümern erlaubt, das Dach der Liegenschaft allein zu benützen und darauf ein Gartenzimmer zu erstellen. Der Beschluss erfolgte mit qualifiziertem Mehr, gemäss Reglement wäre aber für die Einräumung eines alleinigen Benützungsrechts Einstimmigkeit erforderlich gewesen.

Weil die Gegner den Beschluss nicht anfochten, konnten sie später nichts mehr machen. Sie argumentierten zwar, sie hätten bei der

Anfechtbare Beschlüsse

- Abstimmung über nicht angekündigte Traktanden
- Missachtung der im Reglement oder im Gesetz festgehaltenen Stimmquorumsvorschriften
- Beschlüsse einer eigentlich nicht beschlussfähigen Versammlung
- Versammlungsentscheid über den Ausschluss eines Eigentümers
- Wahl oder Abberufung des Verwalters
- Ein Stockwerkeigentümer erhielt keine Einladung; alle danach gefassten Beschlüsse sind anfechtbar
- Verweigerung von Informationen, die für die Willensbildung vor dem Beschluss wichtig gewesen wären; ein so gefasster Beschluss ist anfechtbar
- Gemeinschaftliche Kosten und Lasten wurden falsch verteilt.

Nichtige Beschlüsse

- Einberufung der Versammlung ohne Traktandenliste
- Nicht protokollierter Beschluss
- Einräumung eines Sonderrechts an zwingend gemeinschaftlichem Eigentum (zum Beispiel Dach, Treppenhaus usw.)
- Änderung der Wertquote eines Eigentümers ohne dessen Zustimmung
- Ausschluss eines Eigentümers vom Stimmrecht oder von der Versammlung (Nichteinladung)
- Willkürliche Zuteilung der Gemeinschaftskosten
- Versammlung wurde durch eine nicht zuständige Person einberufen
- Im Reglement wird ein allgemeines Verbot des Verkaufs der Stockwerkanteile eingeführt
- Ein Stockwerkeigentümer verpflichtet sich im Voraus, keine Beschlüsse anzufechten und auf sein Wahlrecht für die Wahl des Verwalters zu verzichten.

Gemeinde eine Baueinsprache gemacht, und das sei einer Anfechtung gleichzusetzen – doch die Baueinsprache ist der falsche Weg, um einen Versammlungsbeschluss anzufechten. (Bundesgerichtsurteil 5A_118/2011)

Wer zugestimmt hat, kann später nicht mehr anfechten

Zur Anfechtung berechtigt ist jeder einzelne Eigentümer, der dem Beschluss nicht zugestimmt hat und dessen Rechte eingeschränkt sind oder sein könnten.

Es spielt dabei keine Rolle, ob der Eigentümer an der Versammlung anwesend war oder nicht. Wer dem Beschluss jedoch zugestimmt hat, kann ihn im Nachhinein selber nicht mehr anfechten.

Der mangelhafte Beschluss muss innert eines Monats seit Kenntnisnahme beim örtlichen zuständigen Gericht angefochten werden.

War der Eigentümer an der Versammlung anwesend, so beginnt die Monatsfrist am Tag der Versammlung. War er nicht dabei, beginnt die Anfechtungsfrist am Tag, an dem er vom Beschluss Kenntnis erhält, in der Regel ist das beim Empfang des Protokolls.

Nach Ablauf der Monatsfrist kann der Beschluss nicht mehr angefochten werden. Ein nicht angefochtener Beschluss ist von Anfang an gültig und verbindlich. Mit der Anfechtungsklage überprüft der Richter nicht den Sinn und Zweck des Beschlusses, sondern seine Widerrechtlichkeit. Die Anfechtungsklage hat nur Chancen, wenn der Beschluss gegen das Gesetz oder die Gemeinschaftordnung (Begründungsakt, Reglement, Hausordnung, vorherige Versammlungsbeschlüsse usw.) verstösst.

Heisst der Richter die Klage gut, wird der Beschluss durch das Urteil aufgehoben. Der Richter kann also den Beschluss nicht verbessern oder ersetzen.

Übrigens: Für die gerichtliche Anfechtung eines Versammlungsbeschlusses verlangt das Gesetz (Zivilprozessordnung) als ersten Schritt den Gang zur Schlichtungsbehörde.

■ Nichtige Beschlüsse sind unwirksam

Beschlüsse, die gegen zwingende Gesetzesnormen oder die Struktur des Stockwerkeigentums verstossen, sind nichtig (siehe Beispiele im Kasten links und im Kasten auf Seite 97).

Die Nichtigkeit hat die Ungültigkeit des Beschlusses zur Folge: Er ist wirkungslos und muss nicht einmal angefochten werden. Jeder Eigentümer kann sich jederzeit darauf berufen, dass der Beschluss nichtig ist, und er kann dies notfalls auch jederzeit vom Richter feststellen lassen.

Nichtig ist ein Beschluss jeweils, wenn er

■ besonders wichtige Formvorschriften missachtet,
■ gegen die guten Sitten und persönliche Rechte verstösst,
■ unverzichtbare Rechte der Stockwerkeigentümer (sowie Nutzniesser oder Wohnberechtigte) beschneidet,
■ gegen Strukturelemente des Stockwerkeigentums verstösst oder
■ zwingenden Bestimmungen des öffentlichen Rechts zuwiderläuft.

Weil die Unterscheidung zwischen nichtigen und bloss anfechtbaren Beschlüssen auch für Juristinnen und Juristen nicht immer einfach ist, sollten Betroffene sicherheitshalber den Beschluss, der ihnen nicht passt, stets innert einem Monat anfechten.

Anders gesagt: Spekulieren Sie nicht darauf, dass der Beschluss nichtig ist, sondern gehen Sie davon aus, dass er innert 30 Tagen angefochten werden muss.

135

Die Aufgaben des Verwalters
Wahl, Abwahl, Pflichtenheft und Honorar

Der Verwalter ist ausführendes Organ der Gemeinschaft. Seine Aufgaben sind vielfältig, und er hat eine grosse Verantwortung. Die Eigentümer können einen Verwalter aus ihren eigenen Reihen wählen – oder die Verwaltung einer externen Person oder Firma übertragen.

Für seine Eigentumswohnung ist jeder Besitzer allein verantwortlich. Juristisch ausgedrückt heisst das: Für alle Räume, die im Sonderrecht stehen, ist der jeweilige Eigentümer sein eigener Verwalter. Ist ein Küchengerät defekt, muss sich der Stockwerkeigentümer selber darum kümmern. Nur er ist für seine Stockwerkeinheit zuständig.

Stockwerkeigentümer sind aber auch Miteigentümer an den gemeinschaftlichen Teilen des Gebäudes (siehe Kapitel 2). Damit ist jeder Eigentümer auch an deren Verwaltung beteiligt. Die Eigentümergemeinschaft muss sich also um das gemeinsame Grundstück kümmern.

Weil die diesbezüglichen Aufgaben zahlreich sind, wählt die Gemeinschaft mit Vorteil einen Verwalter; er ist dann für die Betreuung und den Unterhalt der gemeinschaftlichen Teile und Anlagen zuständig, er macht das Inkasso der Beiträge, er verwaltet das Vermögen und verteilt die gemeinschaftlichen Kosten auf die einzelnen Eigentümer.

Wäre es nicht so, müssten sich die Stockwerkeigentümer irgendwie anders sinnvoll koordinieren und sich jeweils mit jeder einzelnen Verwaltungsaufgabe herumschlagen.

Wie findet man einen guten Verwalter?

«Verwalter» ist kein geschützter Titel, jeder kann sich Verwalter nennen. Es braucht für diesen Job auch keinen beruflichen Fähigkeitsausweis. Weil aber der Verwalter einen sehr wichtigen Job hat, ist die sorgfältige Auswahl das A und O.

Als Verwalter kommen in Frage:
- einer der Eigentümer,
- eine externe Person, zum Beispiel ein Immobilientreuhänder,
- ein externes Unternehmen, zum Beispiel eine Immobilienverwaltungsgesellschaft oder Treuhandgesellschaft.

Auf jeden Fall sollte es sich um eine Person beziehungsweise Firma mit ausreichend Verwaltungserfahrung und solidem Wissen in Buchführung handeln. Holen Sie immer verschiedene Offerten ein und verlangen Sie Referenzen.

Sie können sich auch bei anderen Stockwerkgemeinschaften nach deren Erfahrungen mit ihrem Verwalter erkundigen.

Denken Sie daran, dass der Verwalter nicht nur fachlich versiert sein muss; er muss auch die Versammlungen leiten – und dazu braucht es neben Verhandlungsgeschick auch eine starke Persönlichkeit. Denn es kommt oft vor, dass es an der Versammlung emotional hoch zu und her geht.

Achten Sie bei der Auswahl des Verwalters darauf, dass er eine

Haftpflichtversicherung für Berufs- und Vermögensschäden hat. Machen Sie die Vergabe des Mandates davon abhängig, ob eine solche Versicherung vorhanden ist. Diese Haftpflichtversicherung ist nicht obligatorisch.

Tipp: Eine gewisse Qualitätsgarantie haben Sie, wenn Sie einen Verwalter wählen, der Mitglied ist beim Schweizerischen Verband der Immobilienwirtschaft (SVIT). Sie finden die Mitglieder – nach Regionen unterteilt – auf der Homepage des SVIT (www.svit.ch).

Um seine Mitglieder vor den möglichen Rechtsfolgen bei Haftpflichtfällen besser zu schützen, hat der SVIT Schweiz in seinen Statuten festgelegt, dass der Abschluss einer Berufshaftpflichtversicherung Voraussetzung für die Verbandsmitgliedschaft ist.

Wenn einer der Eigentümer Verwalter ist...

Vor allem in kleineren Stockwerkgemeinschaften kommt es häufig vor, dass einer der Stockwerkeigentümer die Verwaltung übernimmt. Das hat Vor-, aber auch Nachteile.

Vorteilhaft ist, dass sich ein Bewohner vielleicht mehr mit der Liegenschaft identifiziert als ein Aussenstehender. Er kennt die Mitbewohner gut, die Liegenschaft ist ihm vertraut.

Die Nähe zu den Miteigentümern macht es aber schwierig, immer 100-prozentig neutral zu bleiben. Dazu kommt, dass der Verwalter eine gewisse Macht hat, was ihn dazu verleiten könnte, Auf-

gaben mehr im eigenen Interesse als zum Nutzen der Gemeinschaft auszuführen.

Als Eigentümer hat der Verwalter in Abstimmungen selber auch ein Stimmrecht – und vielleicht sogar den Stichentscheid in Pattsituationen, falls dies so im Reglement vorgesehen ist. Somit ist der Verwalter Mitglied der Eigentümerversammlung und gleichzeitig gewählte «Regierung». Das kann zu Interessenkonflikten führen.

Wohnt beispielsweise der Verwalter in der Parterrewohnung, hat er wenig Interesse am Einbau eines Lifts im Treppenhaus – und noch viel weniger Lust, sich an diesen Kosten zu beteiligen. Als Verwalter der Gemeinschaft muss er aber das Bedürfnis aller Eigentümer berücksichtigen.

6

Die Aufgaben des Verwalters

Ein anderes Beispiel zu dieser Problematik: Oft neigen Besitzer der Parterrewohnung dazu, den Gartensitzplatz, an dem sie ein alleiniges Benützungsrecht haben, vorschriftswidrig auf gemeinschaftlichen Boden hinaus zu erweitern (siehe Kasten Seite 61). Macht der Verwalter das selber, hat er wenig Interesse, diesbezüglich für Ordnung zu sorgen – obwohl im Gesetz ausdrücklich steht, der Verwalter müsse darüber «wachen», dass die gemeinschaftlichen Teile gemäss Reglement benutzt werden.

Oft übernimmt ein Eigentümer die Verwaltung als ehrenamtliche Aufgabe und wird daher nicht oder nur minim entschädigt. Diese Einsparung sollte aber keinesfalls der Hauptgrund für die Wahl eines Eigentümers als Verwalter sein.

Übrigens: Wird ein Mitglied der Gemeinschaft zum Verwalter gewählt, könnte im Reglement ein Passus nützlich sein, wonach der Verwalter kein Stimmrecht hat bei Geschäften, die ihn selber unmittelbar betreffen bzw. bei denen ein Interessenkonflikt besteht. Das Reglement kann auch bestimmen, dass ein solcher Kandidat bei seiner Wahl kein Stimmrecht zur eigenen Unterstützung hat.

Ein Aussenstehender als Verwalter

Wird eine aussenstehende Person oder Firma als Verwalter eingesetzt, so ist ihr die Liegenschaft fremd. Diese Distanz kann die nötige Neutralität bringen – erhöht aber die Gefahr, dass sich der «Fremde» nicht mit demselben Engagement um die Anliegen der Bewohner kümmert.

Ein Aussenstehender hat kein Stimmrecht und ist auch sonst nicht in die Gemeinschaft eingebunden. Dafür ist er in der Regel besser qualifiziert als ein «Hobby-Verwalter» aus den eigenen Reihen. Und er wird sich bemühen, seine Arbeit gut zu machen, denn er ist für sein Amt bezahlt. Sonst riskiert er, den Auftrag zu verlieren.

So wird der Verwalter gewählt

Einen Verwalter einzusetzen ist nicht vorgeschrieben, jedoch zu empfehlen.

Oft wird schon bei der Gründung von Stockwerkeigentum eine Verwaltung eingesetzt. War das nicht der Fall, kann die Eigentümerversammlung jederzeit jemanden wählen – und zwar mit einfachem Mehr. Denkbar ist, dass das Reglement für die Wahl ein anderes Quorum verlangt.

Kommt bei der Wahl die nötige Mehrheit nicht zustande (kann also niemand gewählt werden), hat jeder Eigentümer das Recht, vom Gericht die Einsetzung eines Verwalters zu verlangen.

Allerdings kann das Gericht niemanden aus der Stockwerkeigentümergemeinschaft zwingen, die Verwaltung zu übernehmen. Es muss einen Aussenstehenden einsetzen.

Übrigens: Auch Aussenstehende können die Einsetzung eines Verwalters verlangen – etwa Pfandgläubiger (Banken) oder die Gebäudeversicherung. Verlottert nämlich das Gebäude, weil die Eigentümer mit der Verwaltung überfordert sind, so mindert das den Wert der Liegenschaft, und darüber sind zum Beispiel die Geldgeber nicht begeistert.

Auch die Gemeindebehörde kann eine Verwaltung einsetzen lassen, wenn sie zum Beispiel unter den Stockwerkeigentümern keine Ansprechperson mehr findet.

Die richterliche Einsetzung eines Verwalters

Die Klage auf Einsetzung eines Verwalters ist gegen die Gemeinschaft zu richten. Das Gesetz enthält dazu keine Frist. Dennoch sollte man die Klage nach einem negativen Beschluss (Nichtwahl) schnellstmöglich bei der zuständigen Gerichtsinstanz einreichen (es braucht dazu keinen vorherigen Gang zur Schlichtungsbehörde).

Macht der Kläger einen Vorschlag, wen das Gericht als Verwalter einsetzen soll, kann das Gericht diese Person als Verwalter bestellen. Voraussetzung ist, dass diese Person einverstanden ist.

Das Gericht ist aber nicht an den Antrag gebunden; es kann auch jemand anders für das Amt einsetzen.

Im Urteil können die Aufgaben des Verwalters umschrieben und die Amtsdauer festgelegt werden.

Wichtig: Hat ein Richter einen Verwalter für eine bestimmte Amtsdauer bestellt, kann ihn die Eigentümerschaft nicht vor Ablauf dieser Dauer absetzen.

Dass die richterliche Einsetzung in der Praxis durchaus eine Rolle spielen kann, zeigt ein Fall aus dem Wallis: 35 Stockwerkeigentümer waren über die Notwendigkeit von Sanierungen so zerstritten, dass der Verwalter entnervt von seinem Amt zurücktrat. Der neu gewählte Verwalter zog seine Bewerbung gleich wieder zurück. 28 Eigentümer verlangten darauf die richterliche Einsetzung eines neuen Verwalters.

Vor Bundesgericht stellte sich dann noch die Frage: Darf das Gericht einen Treuhänder einsetzen, der mit einer der zerstrittenen Parteien verschwägert ist? Ja, sagt das Bundesgericht, hier gelte keine so strenge Befangenheitsregelung wie bei den Gerichten. (Bundesgerichtsurteil 5A_795/2012)

Tipp: Gemäss Zivilprozessordnung muss die gerichtliche Klage auf Einsetzung eines Verwalters zuerst bei der Schlichtungsbehörde (Friedensrichter) eingereicht werden.

Es ist auch schon vorgekommen, dass die Beteiligten den Friedensrichter einvernehmlich gebeten haben, für sie einen Verwalter auszuwählen.

Der Verwalter ist im Auftragsrecht tätig

In der Regel gilt beim Verwalter das Auftragsrecht: Die Gemeinschaft erteilt dem Verwalter einen Auftrag. Der Verwaltungsvertrag muss nicht zwingend schriftlich erfolgen, ist aber wegen der Tragweite dringend zu empfehlen.

139

Folgende Punkte sollten im Vertrag erwähnt werden:

■ Rechte und Pflichten (insbesondere Vertretung nach aussen, Einberufung und Leitung der Eigentümerversammlung, Kontrolle der Gemeinschaftsordnung, Ausführung baulicher Massnahmen).

■ Finanzbefugnisse (Kompetenzsumme für kleinere Aufträge, Verteilung der Kosten auf die einzelnen Eigentümer, Inkasso der Beiträge).

■ Pauschalhonorar und Entschädigung für Sonderaufgaben und Zusatzdienstleistungen.

Tipp: Im Internet können Sie auf www.druckformulare.ch für 15 Franken einen Mustervertrag für die Bewirtschaftung von Liegenschaften im Stockwerkeigentum herunterladen. Er enthält ein Pflichtenheft mit insgesamt 78 einzeln aufgeführten Tätigkeiten des Verwalters, die man wahlweise ankreuzen kann: entweder als fixe Basisleistung, die im vereinbarten Grundhonorar inbegriffen ist, oder als separat zu entschädigende Zusatzleistung.

Auch der Hauseigentümerverband Schweiz (HEV) bietet hier Hilfestellung – zum Beispiel mit der «Checkliste Ausschreibung von Verwaltungsmandaten für Stockwerkeigentum» (Fr. 7.– für Mitglieder, Fr. 9.– für Nichtmitglieder) und mit einem «Mustervertrag Liegenschaftsverwaltung für Stockwerkeigentum» (Fr. 9.– für Mitglieder, Fr. 11.– für Nichtmitglieder). Zu beziehen unter: www.hev-shop.ch oder Tel. 044 254 90 20.

Die Aufgaben und Pflichten des Verwalters

Der Aufgabenbereich des Verwalters ist sehr weit gefasst: Innerhalb der Gemeinschaft ist er das ausführende Organ der Gemeinschaft, also die Exekutive der Eigentümerversammlung. Nach aussen betrachtet vertritt er die Gemeinschaft gegenüber Dritten, Behörden und Gerichten.

Die Stockwerkeigentümergemeinschaft kann die Aufgaben des Verwalters erweitern oder einschränken. Am besten ist es, wenn das Reglement oder der Verwaltungsvertrag eine klare Aufzählung der Pflichten des Verwalters enthält.

Die internen Aufgaben des Verwalters

Der Verwalter muss dafür sorgen, dass die Bewohner die Vorschriften gemäss Gesetz, Reglement und Hausordnung beachten. Halten sich einzelne Bewohner nicht an die Vorschriften, ist der Verwalter verpflichtet, sich um eine Lösung zu kümmern. In diesem Sinne ist die Verwaltung auch Ansprechperson bei Problemen unter den Stockwerkeigentümern.

Der Verwalter muss auch die Hauswartung und den Gartenunterhalt organisieren und überwachen. Dazu gehört eine regelmässige Zustandskontrolle der Liegenschaft.

Kleinere Reparaturen und Instandstellungen darf der Verwalter selbständig ausführen beziehungsweise in Auftrag geben (siehe Kasten auf Seite 94). Entdeckt er grössere Mängel an der Liegenschaft, muss er die Eigentümerversammlung rechtzeitig über den erforderlichen Unterhaltsbedarf informieren.

Umfangreiche Sanierungen und Unterhaltsarbeiten müssen von der Eigentümerversammlung abgesegnet werden. Der Verwalter muss die entsprechenden Offerten einholen und der Versammlung vorschlagen. Nachdem die Versammlung über die Massnahmen beschlossen hat, ist wiederum der Verwalter für die Ausführung zuständig.

Nur in dringenden Fällen darf beziehungsweise muss die Verwaltung selbständig Massnahmen zur Abwehr oder Beseitigung von Schäden ergreifen.

Eine solche Notsituation liegt zum Beispiel vor, wenn nach massiven Regenfluten der Keller ausgepumpt werden muss, wenn ein umgestürzter Baum den Zugang zur Liegenschaft versperrt oder wenn eingeschlossene Personen aus dem Lift gerettet werden müssen. Kann der Verwalter nicht innert nützlicher Frist Abhilfe schaffen, hat jeder Stockwerkeigentümer das Recht einzuschreiten (siehe Kasten auf Seite 95).

Der Verwalter ist auch «Finanzminister»

Ein äusserst wichtiger Bereich des Verwalters sind die Finanzen. Die Verwaltung ermittelt die gemeinschaftlichen Kosten und verteilt diese (meist gemäss den Wertquoten) auf die einzelnen Stockwerkeigentümer.

Sie besorgt dann auch das Inkasso der Beitragsforderungen und muss notfalls die Betreibung gegen säumige Eigentümer einleiten.

Ausserdem muss die Verwaltung die finanziellen Mittel bestimmungsgemäss einsetzen und dafür sorgen, dass die Rechnungen der Gemeinschaft rechtzeitig bezahlt werden (Heizöllieferung, Versicherungsprämien usw.).

Der Verwalter muss über die Einnahmen und Ausgaben Buch führen und jeweils darauf gestützt das Budget für das kommende Jahr aufstellen.

Bei der jährlichen Eigentümerversammlung werden die Bilanz,

FRAGE

Ich kann nicht an die Versammlung: Darf mich der Verwalter vertreten?

Ich wohne in einer Eigentumswohnung und habe die Einladung zur nächsten Eigentümerversammlung erhalten. Ich bin dann in den Ferien. Deshalb möchte ich mich von unserem Verwalter vertreten lassen, mit dem ich gut befreundet bin. Ist das möglich?

Ja, sofern das Reglement eine solche Vertretung nicht ausschliesst. Es gibt Reglemente, die festhalten, dass eine Vertretung durch den Verwalter unzulässig ist.

Das Gesetz kennt keine Beschränkung der Vertretungsbefugnis.

Es kann durchaus sinnvoll sein, das Vertretungsrecht zu beschränken – beispielsweise auf bestimmte Personen oder auf eine maximale Stimmenzahl pro Versammlungsteilnehmer. So können Stockwerkeigentümer verhindern, dass eine Partei zu viele Stimmen und dadurch zu viel Macht erhält.

die Jahresrechnung und die Kostenverteilung den Eigentümern zur Genehmigung vorgelegt. Die Jahresrechnung enthält unter anderem die früheren Akontozahlungen der Eigentümer und deren Saldierung.

Zudem muss der Verwalter für das kommende Jahr der Versammlung die Beitragshöhe für Zahlungen in den Erneuerungsfonds vorschlagen. Diese finanziellen Aufgaben erfordern ein ausreichendes Wissen über Buchhaltung.

Schliesslich ist der Verwalter in administrativer Form tätig, indem er die Eigentümerversammlungen einberuft und leitet, Protokoll führt und wichtige Belege und Pläne mit den Akten aufbewahrt.

Ausserdem ist er für den Informationsfluss zuständig, er muss also jederzeit für Auskünfte zur Verfügung stehen und die Eigentümer über Wichtiges informieren.

Die Eigentümerversammlung hat ein umfassendes Akteneinsichtsrecht, die einzelnen Eigentümer hingegen nur in allgemeine Unterlagen wie Reglement, Protokolle und nachträgliche Vereinbarungen.

Die externen Aufgaben des Verwalters

Der Verwalter ist Zustelldomizil für Korrespondenzen von Versicherungen, Behörden und weiteren Aussenstehenden. Das steht sogar ausdrücklich im Gesetz: «An die Stockwerkeigentümer insgesamt gerichtete Erklärungen, Aufforderungen, Urteile und Verfügungen können durch Zustellung an den Verwalter an seinem Wohnsitz oder am Ort der gelegenen Sache wirksam mitgeteilt werden.»

Zudem vertritt der Verwalter die Stockwerkeigentümer nach aussen. Er darf die Gemeinschaft in allen Belangen, die in seinen Zuständigkeitsbereich fallen, vertreten. Er schliesst Verträge mit Reinigungspersonal, Gärtnern, Handwerkern usw. (bis zu seiner Kompetenzsumme) ab.

Der Verwalter leitet auch die Betreibung gegen säumige Zahler ein und macht wenn nötig das Pfandrecht geltend.

Wichtig: In prozessrechtlichen Verfahren darf er die Gemeinschaft nur in zivilrechtlichen Summarverfahren vertreten. Das sind kurze Verfahren, die meist vor einem Einzelrichter stattfinden.

Für die ordentlichen Verfahren hingegen benötigt der Verwalter die Genehmigung der Eigentümerversammlung. Das gilt auch für das Schlichtungsverfahren vor dem Friedensrichter.

Das Honorar des Verwalters

Die Entschädigung wird zwischen Gemeinschaft und Verwalter vereinbart – normalerweise in Form einer Pauschale. Damit sind alle üblichen Aufgaben abgegolten.

Gewisse Zusatzleistungen sind jedoch üblicherweise im Pauschalhonorar nicht inbegriffen und müssen separat gemäss Abmachung im Stundenaufwand bezahlt werden.

Ein Preisbeispiel aus der aktuellen Praxis, wie es von grösseren städtischen Verwaltungen ange-wendet wird: Das Grundhonorar beträgt je nach Objekt zwischen 1500 und 2500 Franken.

Dazu kommen pro Wohnung in der Regel 400 bis 600 Franken und pro Parkplatz zudem 80 bis 100 Franken.

Das heisst konkret: Bei einem Mehrfamilienhaus mit 20 Wohnun-gen und 30 Parkplätzen kann die Verwaltung im Schnitt ein Honorar von rund 15 000 Franken kosten (plus Mehrwertsteuer).

Die Haftung des Verwalters

Der Verwalter muss seinen Auftrag sorgfältig und nach bestem Gewis-sen ausführen. Doch was gilt, wenn er der Gemeinschaft durch einen Fehler einen Schaden zu-fügt?

Etwa bei Bauarbeiten: Versäumt der Verwalter bei Handwerker-pfusch die rechtzeitige Mängel-rüge gegenüber einem Bauunter-nehmer, so müssen nun die Eigen-tümer die Behebung des Mangels übernehmen, falls es sich um einen gemeinschaftlichen Teil han-delte.

Oder: Der Verwalter vergibt Re-paraturaufträge zu spät, wodurch sich der Schaden noch vergrös-sert.

Denkbar ist auch, dass der Ver-walter schlichtweg überfordert ist und trotzdem keine Teilaufgaben an Dritte delegiert.

In solchen Fällen kann der Ver-walter schadenersatzpflichtig wer-den, falls effektiv ein Schaden ent-standen ist und man ihm einen Fehler vorwerfen kann.

Die Entlastung des Verwalters erfolgt jährlich

Jedes Jahr entscheidet die Ver-sammlung über die Entlastung des Verwalters für seine Geschäftsfüh-rung des vergangenen Jahres. Ein einfacher Mehrheitsbeschluss ge-nügt dafür.

Mit der Entlastung verzichtet die Gemeinschaft auf einen Rückgriff auf den Verwalter. Die erteilte Ent-lastung bezieht sich immer nur auf Geschäfte, die der Versammlung zum Zeitpunkt der Abstimmung be-kannt waren. Treten später pflicht-widrige unbekannte Machenschaf-ten auf, muss der Verwalter dafür geradestehen.

Die Abberufung des Verwalters

Der Verwaltungsvertrag untersteht dem Auftragsrecht. Deshalb kann dem Verwalter sein Mandat jeder-zeit entzogen werden – also auch ohne Einhaltung der im Vertrag festgehaltenen Kündigungsfrist und ohne Vorliegen wichtiger Grün-de.

Feste Vertragsdauern sind also nicht einzuhalten! Insbesondere bei neuen Wohnungen sehen sich Käufer oft mit der Tatsache kon-frontiert, dass der Generalunter-nehmer bereits einen langjährigen Vertrag mit einer Verwaltung abge-schlossen hat; oft ist diese Verwal-tungsfirma mit der Baufirma ge-schäftlich verbunden.

Solche Abmachungen sind nicht bindend, das jederzeitige Abberu-fungsrecht gemäss Auftragsrecht besteht trotzdem. Dieses jederzei-tige Widerrufsrecht ist zwingend, es kann also nicht vertraglich abgeändert und auch nicht aufgehoben werden.

Die Eigentümerversammlung beschliesst die Abberufung mit dem einfachen Mehr, wobei aber die Abberufung formell traktandiert sein muss. Der Verwalter kann diesen Beschluss nicht gerichtlich anfechten, ausser er ist selber Eigentümer. Eine gerichtliche Anfechtung wäre in diesem Fall nur durch die unterlegenen Eigentümer möglich.

Selbstverständlich kann die Eigentümerversammlung den Verwaltungsvertrag auch ordentlich

kündigen bzw. den Verwalter nicht wieder wählen.

Anders sieht es nur aus, wenn der Verwalter mit einem Arbeitsvertrag angestellt ist; dann gelten die Regeln des Arbeitsrechts.

Verwalter muss Akten, Schlüssel usw. herausgeben

Als Folge einer Abberufung muss der Verwalter alles herausgeben, was er im Rahmen seines Mandates an sich genommen hat: Alle Vermögenswerte wie Konten und Erneuerungsfonds, Akten wie Reglement, Versammlungsprotokolle, Verträge, Belege und Korrespondenzen und natürlich Arbeitsgeräte, Büroschlüssel usw.

Alle Forderungen des Verwalters werden im Zeitpunkt der Abberufung fällig. Hauptsächlich sind hier das Honorar, die Spesen und sonstige Entschädigungen zu erwähnen.

Der Schadenersatz bei einer Kündigung «zur Unzeit»

Erfolgt die Kündigung durch die Gemeinschaft zu einem Zeitpunkt, der für den Verwalter so ungünstig ist, dass er dadurch zu Schaden kommt, kann der entlassene Verwalter von den Stockwerkeigentümern Schadenersatz verlangen. Allerdings müsste der Verwalter einen Schaden auch belegen können.

Mehr als einen allfälligen Schaden erhält der Verwalter aber in keinem Fall ersetzt. Insbesondere endet sein Honoraranspruch sofort, er hat also keinen Anspruch auf Geld für den Rest einer allfällig

---

FRAGE

Kann ich die Abberufung des Verwalters verlangen?

Ich bin Stockwerkeigentümer und mit dem Verwalter unserer Gemeinschaft nicht zufrieden. Obwohl er ein gutes Honorar erhält, verwaltet er die anvertrauten Gelder unsorgfältig und weigert sich, die Versammlungsbeschlüsse auszuführen. Ist es möglich, den Verwalter abzuberufen?

Ja. Enthält das Stockwerkeigentümerreglement keine anderslautende Regelung, kann der Verwalter jederzeit durch einen einfachen Mehrheitsbeschluss von der Stockwerkeigentümerversammlung abberufen werden.

Lehnt die Versammlung die Abberufung des Verwalters ab, obwohl wichtige Gründe vorliegen, kann jeder Stockwerkeigentümer innert eines Monats beim Gericht die Abberufung verlangen. Wichtige Gründe für eine Abberufung liegen vor, wenn die Zusammenarbeit mit dem Verwalter nicht mehr zumutbar ist – etwa, wenn der Verwalter die Stockwerkeigentümer schikaniert, Gelder unsorgfältig verwaltet oder Belege trotz Beschluss nicht herausgibt. In Ihrem Fall dürften wichtige Gründe vorliegen.

ursprünglich vereinbarten Vertragsdauer.

Bedingung für Schadenersatz ist übrigens auch, dass der Verwalter selber keinen berechtigten Anlass für den «Rausschmiss» gegeben hat. Anders ausgedrückt: Hat er den Grund für die Vertragsauflösung selber verursacht, hat er keinen Anspruch auf Schadenersatz.

Die richterliche Abberufung des Verwalters

Lehnt die Eigentümerversammlung die Abwahl des Verwalters ab, kann jeder Stockwerkeigentümer, der für die Abwahl gestimmt hatte, innert Monatsfrist seit dem Beschluss beim Richter auf Abberufung klagen.

Für den Gang zum Gericht braucht es also zuerst einen negativen Entscheid der Versammlung, und das entsprechende Abwahlgeschäft muss formgerecht traktandiert gewesen sein. (Bundesgerichtsurteil 131 III 297)

Daher sind auch keine Aussenstehenden klageberechtigt, sondern nur Eigentümer. Die Klage ist gegen die Stockwerkeigentümergemeinschaft zu richten.

Für die gerichtliche Abberufung des Verwalters empfiehlt es sich, eine Anwältin oder einen Anwalt zu nehmen. Ein vorheriger Gang zur Schlichtungsbehörde ist nicht vorgeschrieben.

Für eine Absetzung braucht es wichtige Gründe...

Im Unterschied zur Abberufung durch die Versammlung müssen bei der richterlichen Abberufung wichtige Gründe vorliegen. Gemäss Bundesgericht ist das der Fall, wenn den Stockwerkeigentümern «die Fortsetzung des Verwaltungsverhältnisses nach Treu und Glauben nicht mehr zugemutet werden kann, weil das Vertrauensverhältnis fehlt bzw. zerstört worden ist».

Wichtige Gründe liegen gemäss Bundesgericht vor, «wenn der Verwalter seinen Aufgaben nicht nachkommt, die ihm anvertrauten Gelder unsorgfältig verwaltet, sich eigenmächtig über Beschlüsse der Eigentümerversammlung hinwegsetzt, die Stockwerkeigentümer schikaniert oder beschimpft, unerlaubterweise Hilfspersonen beizieht oder sich eines unehrenhaften Verhaltens schuldig macht».

Aber, so das Bundgericht weiter: «Leichte Verstösse gegen die Verpflichtungen des Verwalters stellen keine wichtigen Gründe für die Abberufung dar, ausser sie erfolgen wiederholt.» (Bundesgerichtsurteil 5A_795/2012)

...und einmalige Ausrutscher genügen nicht

Dabei muss der Grund aus objektiver Sicht und nicht nur aus derjenigen des Klägers schwerwiegend sein. Einmalige «Ausrutscher» genügen nicht, ausser es würde sich um schwerwiegende Fälle handeln, wie beispielsweise Veruntreuung.

Zudem gilt: Ist der Verwalter schlichtweg unfähig und passieren ihm dauernd Fehler, so rechtfertigt dies die Abberufung auch.

Hier einige Beispiele aus der Gerichtspraxis, die als wichtige Gründe betrachtet wurden:

- Erstellung wahrheitswidriger Protokolle oder falscher Abrechnungen.
- Gravierende Interessenkonflikte (der Verwalter muss grundsätzlich die Interessen der Gemeinschaft vertreten und nicht die eigenen).
- Kumulierung kleiner Fehler: Jahresrechnung enthält immer wieder Fehler, Versammlungen werden ungenügend protokolliert, Traktanden werden nicht in die Traktandenliste aufgenommen.
- Schikanöses Verhalten: Widerhandlung gegen Beschlüsse, übertrieben strenge Hausordnung oder Ausspionierung der Eigentümer.
- Verletzung des Verwaltungsvertrages (Weigerung, eine Versammlung einzuberufen, Überschreitung der Kompetenzsumme usw).
- Veruntreuung des Verwaltungsvermögens.

Sind solche wichtigen Gründe vorhanden, so heisst der Richter die Klage gut. Das Urteil ersetzt den Versammlungsbeschluss, und der Verwalter ist mit sofortiger Wirkung entlassen.

Da wichtige Gründe Anlass zur Klage gegeben haben, hat der Verwalter auch keinen Anspruch auf den Rest seines Honorars gemäss Vertrag. Der Verwalter kann das Urteil nicht anfechten, weil er nicht Partei ist.

Dass das Gericht wie erwähnt nur bei ernsthaften Gründen einschreitet, mussten drei Miteigentümer erfahren, die den Verwalter vom Gericht abberufen lassen wollten. Die Versammlung hatte beschlossen, die Heizkosten nicht mehr wie bisher individuell gemäss Verbrauch zu verteilen. Trotzdem bestellte der Verwalter neue Wärmezähler. Das – und ein paar weitere Unstimmigkeiten – genügte nicht für die richterliche Absetzung. (Bundesgerichtsurteil 5A_616/2009)

Die Kündigung durch den Verwalter

Der Verwalter kann sein Amt auch dadurch beenden, dass er den Verwaltungsvertrag kündigt oder seine Wiederwahl ablehnt.

Wie die Eigentümer kann auch der Verwalter sein Amt jederzeit niederlegen. Doch dann gilt auch hier: Kommt die Stockwerkeigentümergemeinschaft durch den Rücktritt zur Unzeit zu Schaden, muss der Verwalter diesen ersetzen.

Das könnte zum Beispiel der Fall sein, wenn die Gemeinschaft sofort einen teuren Stellvertreter beauftragen muss, der ein höheres Honorar verlangt als der bisherige Amtsinhaber.

Oder wenn die Gemeinschaft dem Verwalter gerade erst einen Teil der Kurskosten bezahlt hat. Oder wenn sich der Verwalter um Reparaturaufträge hätte kümmern müssen, er nun aber nichts mehr macht, wodurch der Schaden grösser wird.

Versicherungen für Stockwerkeigentümer
Diese Policen sind sinnvoll und nützlich

Eigentümer von Liegenschaften haften für Schäden, die Dritten entstehen. Das gilt auch beim Stockwerkeigentum – und deswegen ist eine Haftpflichtversicherung ein absolutes Muss. Was Stockwerkeigentümer zum Thema Versicherungen sonst noch wissen sollten – in diesem Kapitel steht es.

Das sind die einzelnen Versicherungssparten, die hier zur Sprache kommen:
- Bauherrenhaftpflicht- und Bauwesenversicherung (Seite 150 f.)
- Kantonale Gebäudeversicherung (Seite 151 f.)
- Gebäudehaftpflicht-Versicherung (Seite 152 ff.)
- Versicherung bei Umbauten (Seite 155)
- Gebäudewasser-Versicherung (Seite 155 ff.)
- Sachversicherungen für Stockwerkeigentümer (Seite 157 f.)
- Rechtsschutz für Stockwerkeigentümer (Seite 158 ff.).

Die Haftung der Stockwerkeigentümergemeinschaft

Auf einem Grundstück lauern etliche Gefahren, die einen Schaden nach sich ziehen können: Bäume können auf das Auto von Nachbarn stürzen, undichte Terrassen können lecken, morsche Balken auf dem Spielplatz können brechen usw.

Fällt jemandem ein Ziegel oder eine Dachlawine auf den Kopf, stolpert ein Gast auf der schadhaften Treppe, rutscht ein Besucher auf dem vereisten Vorplatz aus, ertrinkt ein Kind im Gartenteich, kann ein Kleinkind durch ein ungeeignetes Balkongitter schlüpfen und fällt es dann hinunter, verletzt ein defektes Tor der Gemeinschaftsgarage einen Benutzer – in solchen Fällen haftet grundsätzlich der Hauseigentümer für den Schaden.

Die Gemeinschaft haftet für gemeinschaftliche Verpflichtungen

Für gemeinschaftliche Verpflichtungen haftet die Stockwerkeigentümergemeinschaft mit ihrem Vermögen, welches die Eigentümer mit ihren Beiträgen speisen.

Solche Forderungen können sich beispielsweise ergeben, wenn ein herabfallender Dachziegel einen Passanten verletzt. Oder wenn ein Handwerker noch offene Rechnungen hat.

Betroffene Geschädigte oder Gläubiger können ihre Ansprüche, die sie gegenüber der Gemeinschaft haben, nicht direkt bei den einzelnen Stockwerkeigentümern geltend machen. Sie müssen sich an die Gemeinschaft halten.

Für das, was in den vier Wänden des einzelnen Stockwerkeigentümers geschieht, haftet dieser selber. Läuft beispielsweise die defekte Waschmaschine in der eigenen Wohnung über und werden dadurch gemeinschaftliche Teile oder Räume anderer Eigentümer beschädigt, so haftet dafür der jeweilige Verursacher. Dieser Schaden wäre aber über die – hoffentlich bestehende – gemeinschaftliche Gebäudehaftpflicht-Versicherung gedeckt (siehe Seite 152 ff.).

Das ist die sogenannte Werkeigentümerhaftung; sie gilt selbst dann, wenn man dem Eigentümer gar kein Verschulden nachweisen kann.

Die Details der Werkeigentümerhaftung

Forderungen gegen die Gemeinschaft können sich aus Verträgen oder aus Schäden ergeben (siehe auch Kasten unten links):

■ Bei der vertraglichen Haftung besteht ein Vertrag zwischen der Eigentümergemeinschaft und einem Aussenstehenden. Bezahlt zum Beispiel die Gemeinschaft das Heizöl nicht, haftet sie aus Vertrag. Der Lieferant kann deshalb nicht direkt auf die einzelnen Stockwerkeigentümer losgehen, sondern muss die Gemeinschaft gesamthaft betreiben (siehe auch Seite 114).

■ Besteht zwischen Geschädigtem und Schädiger kein Vertrag, handelt es sich um eine ausservertragliche Haftung. Am häufigsten ist wohl die Werkeigentümerhaftung. Als Werkeigentümerin im Sinne von Art. 58 des Obligationenrechtes ist die Stockwerkeigentümergemeinschaft verpflichtet, das Gebäude und das Grundstück so zu unterhalten, dass das Gefahrenrisiko möglichst klein gehalten wird.

Kommt jemand wegen mangelhaften Unterhaltes zu Schaden (zum Beispiel Ausrutschen auf dem vereisten Zugangsweg zur Liegenschaft), haftet die Gemeinschaft dafür. Ein eigentliches Verschulden des Werkeigentümers ist

nicht vorausgesetzt (siehe Kasten auf der nächsten Seite).

Anders ausgedrückt: Verletzt eine Dachlawine einen Lieferanten, der einem Stockwerkeigentümer etwas überbringen will, so haftet dafür nicht der Besitzer der Dachwohnung, sondern die Gemeinschaft.

Die Gemeinschaft ist auch für Mängel am Lift verantwortlich

Weil die Gemeinschaft insbesondere für gemeinschaftliche Teile haftet, ist sie beispielsweise auch für Mängel am Lift zuständig, wie dieser Gerichtsfall zeigt:

Ein Mann wollte in einem Wohnhaus vom 4. Stock mit dem Lift ins Parterre fahren. Doch der entsprechende Magnetschalter machte einen Zählfehler, worauf der Liftbenutzer ungebremst im Lift-

7

Richtig versichert

149

schacht auf den Auffahrpuffer prallte und sich dabei verletzte.

Gemäss Bundesgericht muss der Besitzer für die Folgen aufgrund seiner Werkeigentümerhaftung einstehen, denn das «Werk» (der Lift) war mangelhaft.

Eine regelmässige Wartung befreit nicht von der Haftung

Grund: Es war bekannt, dass das Aussetzen des Zähl-Magnetschalters und damit das Überfahren der Endhaltestelle beim betreffenden Lift gelegentlich vorkam und praktisch nicht zu vermeiden war. Dann wäre es aber gemäss Bundesgericht angebracht gewesen, wenigstens einen wirksamen Überfahr-

schutz vorzusehen, der ein Aufprallen am Schachtboden hätte verhindern können.

Doch im konkreten Fall versagte auch dieser Überfahrschutz. Dass die Eigentümergemeinschaft den Lift regelmässig warten liess, nützte ihr ebenfalls nichts. (Bundesgerichtsurteil 4C.386/2004)

Weitere Details zur Werkeigentümerhaftung sehen Sie im Kasten links unten.

Der Versicherungsschutz für Stockwerkeigentümer

Die meisten Risiken eines Eigentümers können mit einer Versicherung abgedeckt werden. Für die gemeinschaftlichen Teile entscheidet die Eigentümerversammlung, welche Versicherungen sie abschliessen will. Den konkreten Abschluss erledigt dann der Verwalter.

Grundsätzlich gilt: Wer mit einer Generalunternehmung (GU) baut, hat es leichter. Solche Wohnungskäufer müssen sich erst ab der Schlüsselübergabe um vorgeschriebene und sinnvolle Versicherungen kümmern.

Wer hingegen selber Bauherr «spielt», muss vom ersten Tag an nicht nur die Handwerker im Auge behalten, sondern auch die Policen – konkret die **Bauherrenhaftpflicht-Versicherung** sowie die **Bauwesenversicherung** für Beschädigungen während des Baus.

Weil Stockwerkeinheiten meistens von einem Generalunternehmer erstellt und ab Plan verkauft werden, müssen sich (künftige) Stockwerkeigentümer in der Regel

---

STICHWORT

Werkeigentümerhaftung

Bei der Werkeigentümerhaftung muss der Eigentümer für jeden Schaden, der aufgrund eines Mangels am Werk entsteht, einstehen. Als Werk gilt jede künstlich geschaffene mit dem Erdboden verbundene Baute oder andere Einrichtung. Das sind beispielsweise Häuser, Schwimmbäder, Baracken, Baugerüste, Leitungen, Strassen und Wege.

Dabei spielt keine Rolle, ob den Eigentümer ein Verschulden trifft; deshalb spricht man von Kausalhaftung. Der Geschädigte muss lediglich nachweisen, dass der Schaden durch das fehlerhaft erstellte oder mangelhaft unterhaltene Gebäude verursacht wurde.

Gelingt dieser Nachweis, muss der Eigentümer den Schaden ersetzen.

Beim Stockwerkeigentum hat die Stockwerkeigentümergemeinschaft die Rolle der Werkeigentümerin und nicht die einzelnen Stockwerkeigentümer.

Allerdings gilt auch: Besteht der Mangel an Räumen, an denen Sonderrecht besteht, so haftet der jeweilige Stockwerkeigentümer.

nicht um diese zwei Versicherungen für die Bauzeit kümmern.

Alle Details dazu – und zu allen anderen Versicherungen für Eigenheimbesitzer – stehen im K-Tipp-Ratgeber «So sind Sie richtig versichert». Sie können das 377-seitige Buch im Internet bestellen unter www.ktipp.ch oder telefonisch unter 044 253 90 70.

■ Die kantonale Gebäudeversicherung

Weil Brände und Unwetterschäden zu enormem Vermögensverlust führen können, sind die Gebäudeversicherungen (oftmals auch Feuer- und Elementarschaden-Versicherung genannt) in den meisten Kantonen obligatorisch – ausser in GE, TI und VS sowie im inneren Landesteil von Appenzell Innerrhoden (also mit Ausnahme des Bezirks Oberegg).

Diese Police ist sehr empfehlenswert. In den allermeisten Kantonen mit Obligatorium besteht eine staatliche Monopolanstalt. In den anderen müssen sich Gebäudebesitzer an einen privaten Versicherer wenden.

Stockwerkeigentümer schliessen die Gebäudeversicherung als Gemeinschaft ab. Das erledigt die Verwaltung.

Im Einzelnen deckt die Gebäudeversicherung Schäden am Gebäude durch Feuer (Brand, Rauch,

Die Haftung für den vereisten Parkplatz

Im Jahr 2003 musste das Bundesgericht die Haftung eines Aparthotels (im Stockwerkeigentum) gegenüber einer dort arbeitenden Masseurin prüfen. Diese rutschte auf dem vereisten Parkplatz des Hotels aus, als sie nach der Arbeit nach Hause fahren wollte. Sie verletzte sich an Hand und Daumen und war längere Zeit krankgeschrieben. Darauf verlangte sie vom Hotel Schadenersatz und Genugtuung.

Das Bundesgericht hat die Haftung des Hotels bejaht – aus folgenden Gründen:

Die Werkeigentümerhaftung setzt voraus, dass ein Werk mangelhaft ist und wegen des Mangels ein Schaden entsteht. Ein Werk ist dann mangelhaft, wenn es keine genügende Sicherheit bietet für den Zweck, dem es dienen soll.

Diese Unterhaltspflicht des Eigentümers ist umso strenger, je höher das Risiko ist und je mehr Möglichkeiten bestehen, einen Schaden zu verhindern. Die Kosten für die Schadensbegrenzung müssen immer in einem vernünftigen Verhältnis zu den Benutzerinteressen und zum Zweck des Werkes stehen.

Der betreffende Parkplatz befand sich auf 1600 Metern Höhe. Auf dieser Höhe sind Schnee und Frost in der Wintersaison häufig. Da der Weg vom Hotelausgang zum Auto beziehungsweise zur öffentlichen Strasse führte, mussten die Eigentümer eine besondere Sorgfalt bezüglich Sicherheit der Wegbenutzer aufwenden.

Die Vereisung war zudem aufgrund der Wetternachrichten vorhersehbar.

Doch das Hotel hatte an diesem Tag den Schnee nur unvollständig weggeräumt, kein Salz oder Sand gestreut und auch kein Warnsignal (Sturzgefahr!) aufgestellt. Das Bundesgericht sah darin einen Unterhaltsmangel im Sinne von Art. 58 des Obligationenrechts. Und das Hotel musste deshalb die Schadenersatzforderung der Masseurin bezahlen. (Bundesgerichtsurteil 4C.150/2003)

Blitzschlag und Explosionen) sowie durch Elementarereignisse bzw. Naturereignisse (Hochwasser, Hagel, Lawinen, Sturm, Schneedruck, Überschwemmungen, Erdrutsch, Felssturz und Steinschlag).

Nicht abgedeckt sind bei den Monopolanstalten in der Regel Mietzinsausfälle oder die eigenen Zusatzkosten für eine Ersatzwohnung oder auswärtige Verpflegung und längere Fahrwege, beispielsweise nach einem Brand.

Solche Auslagen kann man bei einigen privaten Versicherungsgesellschaften über eine Zusatzversicherung abdecken. Das ist auch empfehlenswert – ausser man kann in solchen Situationen mit nachbarschaftlicher und familiärer Hilfe rechnen.

Übrigens: Wenn Wasser durch ein undichtes Dach eindringt, fällt das nicht in die Zuständigkeit der kantonalen Gebäudeversicherung, sondern der privaten freiwilligen Gebäudewasser-Versicherung (siehe die Ausführungen auf Seite 155 ff.).

Tipps für die klassische Gebäudeversicherung

■ Grundlage für die Feuerversicherung ist die Versicherungssumme, die dem ortsüblichen Wiederherstellungswert des Gebäudes entspricht.

Die Prämie für ein massiv gebautes Haus mit einem Wiederherstellungswert von 700 000 Franken schwankt bei den öffentlichen Gebäudeversicherungen zwischen 220 und 460 Franken pro Jahr, bei den privaten Versicherungsgesellschaften zwischen 460 und 710 Franken (inklusive beschränkt versicherter Aufräumungskosten).

■ Die Gebäudeversicherung ist schon ab Grundsteinlegung obligatorisch und heisst während der Bauphase Bauzeitversicherung.

■ In zwei Kantonen ist der Hausrat bei der Monopolanstalt obligatorisch gegen Feuer- und Elementarschäden versichert (NW und VD). Betroffene können also in ihrer privaten Hausratversicherung diese Deckung streichen, weil ihr Hausrat sonst doppelt gegen Feuer versichert wäre.

■ Tipp für Kantonsangehörige ohne Monopolanstalt bzw. Versicherungszwang: Wie bei allen Versicherungen gibt es auch bei der Gebäudeversicherung Prämienunterschiede; es lohnt sich also, mehrere Offerten einzuholen.

■ Die Gebäudehaftpflicht-Versicherung für Eigentümer

Auf Seite 148 f. ist beschrieben, in welchen Fällen Hauseigentümer beziehungsweise Stockwerkeigentümer aufgrund ihrer Werkeigentümerhaftung für Schäden geradestehen müssen.

Gegen Forderungen von Geschädigten kann man sich versichern – mit einer entsprechenden Gebäudehaftpflicht-Versicherung.

Für Einfamilienhausbesitzer genügt dafür die «normale» Privathaftpflicht-Versicherung. Eigentümergemeinschaften hingegen sollten eine gemeinsame Gebäudehaftpflicht-Versicherung haben. Auch hier kommt diese Police für berechtigte Schadenersatzforderungen auf.

Abgedeckt sind beim gemeinsamen Grund- und Hauseigentum insbesondere:

■ Personen- und Warenaufzüge
■ Abstellplätze und Einstellhallen für Motorfahrzeuge
■ Kinderspielplätze
■ gemeinsame Schwimmbassins
■ Nebengebäude (Geräteschuppen, Treibhäuser und so weiter).

Prämienbeispiel: Die gemeinsame Gebäudehaftpflicht-Versicherung für Stockwerkeigentümer kostet für einen durchschnittlichen Wohnblock mit sechs Wohnungen rund 50 bis 120 Franken pro Jahr.

Übrigens: Die gemeinsame Gebäudehaftpflicht-Versicherung der Stockwerkeigentümer zahlt nicht nur, wenn Aussenstehende zu Schaden kommen: Sie springt freiwillig auch ein, wenn ein Eigentümer für einen Schaden bei einem anderen Eigentümer haftbar ist.

Das Prinzip dahinter: Egal ob ein einzelner Stockwerkeigentümer oder die Gemeinschaft einen Schaden verursacht – die Folgekosten sind immer über die gemeinsame Gebäudehaftpflicht-Versicherung gedeckt.

Das lässt sich am Beispiel der defekten Waschmaschine erläutern, die einen Wasserschaden verursacht:

■ Erleidet der darunter wohnende Eigentümer in seinen Sonderrechtsräumen einen Wasserschaden, so zahlt das die gemeinsame

Übersicht: Versicherungen für Stockwerkeigentümer

Versicherung	Beschreibung	Beispiel	Tipp
Gebäudeversicherung	Schäden am Gebäude durch Feuer und Elementarereignisse	Hausbrand, Hagel, Sturmschäden, Hochwasser, Erdrutsche, Lawinen, Blitzschlag usw.	Meist obligatorisch, unbedingt abschliessen
Bauwesen- und Bauherrenhaftpflicht-Versicherung bei einem Umbau	Schäden am Bauobjekt selber oder an benachbarten Bauten von Dritten	Die Abdeckung der neuen Küche ist beschädigt und man weiss nicht, wer schuld ist. Oder die Wand der Nachbarswohnung weist grobe Risse auf.	Sehr empfehlenswert
Haftpflichtversicherung	Schäden, die Dritten durch das Gebäude zugefügt werden	Unfall durch defektes Treppengeländer	Unbedingt gemeinsam abschliessen (ergänzend zur Privathaftpflicht)
Gebäudewasser-Versicherung	Schäden am Gebäude durch Wasser aus Hausleitungen	Rohrbruch, Öl läuft aus einem Tank aus	Unbedingt gemeinsam abschliessen
Gebäudebeschädigung (Einbruch und Glasbruch)	Schäden an Gebäudehülle	Beschädigung der Hauseingangstüre bei Einbruchversuch	Eventuell gemeinsam abschliessen

Gebäudehaftpflicht-Versicherung zu 100 Prozent (abzüglich Wertverminderung, wenn zum Beispiel die Tapeten schon älter waren).

■ Wohnt der Eigentümer in der Parterrewohnung und beschädigt seine auslaufende Waschmaschine den gemeinschaftlich genutzten Veloabstellraum), so ersetzt die gemeinsame Gebäudehaft-

TIPP

Hinweise für Besitzer von Solaranlagen

Jedes Jahr werden in der Schweiz rund 14 000 neue Solaranlagen auf Dächern oder an Fassaden von Wohn- und anderen Häusern montiert. Entweder handelt es sich um Sonnenkollektoren zur Erwärmung von Wasser oder um Solarzellen zur Stromproduktion.

■ Solaranlagen auf dem Dach oder an der Fassade sind bei der Gebäudeversicherung (Feuer- und Elementarschaden-Deckung) mitversichert. Sie sollten aber neu erstellte Anlagen melden, denn die Anlage erhöht den Versicherungswert und damit die Prämie. Die Mehrprämie für eine Anlage im Wert von 20 000 Franken erhöht die Prämie der Gebäudeversicherung um 5 bis 33 Franken (je nach Versicherungsgesellschaft).

■ Solaranlagen haben teils ungeschützte Gummileitungen, die gerne von Mardern zerbissen werden – auch auf dem scheinbar unerreichbaren Dach. Dieses Risiko ist in der Grunddeckung der Gebäudeversicherung nicht gedeckt (allenfalls in einer Zusatzdeckung, wie sie etwa von der Gebäudeversicherung des Kantons Bern angeboten wird).

Achten Sie also bei der Montage darauf, dass keine Gummileitungen offen geführt werden. Andernfalls können Sie das Marderrisiko bei den Privatversicherungen eigens versichern. Es gibt dazu spezielle Angebote unter den Titeln Maschinen-Versicherung, Versicherung für haustechnische Anlagen, Tierschäden-Versicherung oder mit anderen Bezeichnungen.

pflicht-Versicherung auch hier den Zeitwert, sie zieht aber die Wertquote des schadenverursachenden Eigentümers ab (weil ja ein Teil des Kellers dem verursachenden Eigentümer selber gehört).

Andere Beispiele dazu:

■ Beschädigt ein Stockwerkeigentümer das gemeinsame Treppenhaus, so ist das ebenso über die gemeinsame Gebäudehaftpflicht-Versicherung gedeckt – jedoch auch hier unter Abzug der Eigentumsquote des betreffenden Stockwerkeigentümers.

■ Verletzt ein mangelhaftes Garagentor einen Stockwerkeigentümer, ist das ebenfalls über die gemeinsame Gebäudehaftpflicht-Versicherung versichert. Nicht gedeckt ist hier aber wiederum die Eigentumsquote des betreffenden Stockwerkeigentümers.

Tipps für die Gebäudehaftpflicht-Versicherung

■ Sie ist für die Stockwerkeigentümergemeinschaft ein absolutes Muss.

■ Der einzelne Eigentümer sollte aber auch eine persönliche Privathaftpflicht-Versicherung haben. Denn sie zahlt über die sogenannte Subsidiärdeckung zusätzlich jenen Teil der Entschädigung, der allenfalls die Versicherungssumme der gemeinsamen Gebäudehaftpflicht-Police übersteigt.

Wenn hingegen die Eigentümergemeinschaft keine solche gemeinsame Police abgeschlossen hat, entfällt auch diese ergänzende Deckung aus der persönlichen Privathaftpflicht.

■ Die Versicherung bei Umbauten

Falls Stockwerkeigentümer ihre Wohnung umbauen, genügt die gemeinsame Haftpflicht-Police nicht, um sich gegen Schäden am benachbarten Stockwerkeigentum abzusichern.

Der Grund: Die Haftpflichtversicherung gilt für Schäden, die mit dem Zustand oder dem Unterhalt der versicherten Gebäude oder der Ausübung der damit verbundenen Eigentumsrechte in Zusammenhang stehen. Umbauarbeiten fallen nicht darunter.

Tipp: Es kann sein, dass hier bei kleineren Umbauvorhaben die Privathaftpflicht-Versicherung zuständig ist. Denn einige Versicherer schliessen die Bauwesen- und Bauherrenhaftpflicht-Versicherung für Umbauten bis zu einer gewissen Summe (z.B. 100 000 Franken) in der Privathaftpflicht-Versicherung ein.

Für grössere Umbauten drängt sich hingegen eine eigene Bauwesen- und Bauherrenhaftpflicht–Versicherung auf, um beispielsweise Wasserschäden oder grobe Risse im Mauerwerk des Nachbarn abzusichern.

■ Die Gebäudewasser-Versicherung

Wenn in einem Wohngebäude Wasser aus einer Wasserleitung ausläuft, kann das Mobiliar Schaden nehmen – das ist ein Fall für die Hausratversicherung. Was aber, wenn auslaufendes Wasser den Parkettboden und die Tapeten zerstört oder einen anderen Scha-

den anrichtet, der nicht den Hausrat betrifft, sondern das Gebäude selbst?

Ist ein Sturm oder eine Überschwemmung schuld, zahlt diesen Schaden am Gebäude die meist obligatorische kantonale Gebäudefeuer-Versicherung (Feuer- und Elementarschaden-Versicherung, siehe Seite 151 f.).

Ist hingegen ein Rohrleitungsbruch im Haus selber die Ursache für das Wasserauslaufen, sind die Folgeschäden am Gebäude nicht versichert – ausser man hat die freiwillige Gebäudewasser-Versicherung; man nennt sie deshalb oft auch Leitungswasser-Versicherung. Sie ist durch die Eigentümergemeinschaft abzuschliessen.

Der konkrete Deckungsumfang ergibt sich aus den allgemeinen Versicherungsbedingungen (AVB).

Versichert sind in der Regel (unter anderem):

■ Schäden aus gebäudeeigenen Wasserleitungen und daran angeschlossenen Anlagen. In der Regel ist auch die Fehlersuche versichert.

■ Bricht ein Rohr ausserhalb des Hauses, werden Folgeschäden ebenfalls übernommen – falls es sich um eine Zuleitung zum Haus handelt.

■ Schäden durch Regen-, Schnee- und Schmelzwasser, das zum Beispiel durch ein undichtes Hausdach ins Innere des Gebäudes eindringt, sind versichert; lässt die Gemeinschaft aber ein Fenster oder eine Dachluke offen, zahlt die Gebäudewasser-Versicherung hingegen nicht.

Die Reparatur der Leitung ist nicht immer versichert

In der Regel mitversichert sind:

- Rückstau von Abwasserkanalisation oder Grundwasser.
- Bei den meisten Gesellschaften die Fehlersuche, also das Orten der geborstenen oder schadhaften Wasserleitungen. Achtung: Hier sind oft nur 5000 Franken versichert, es könnte sich also lohnen, diese Summe zu erhöhen.
- Im Zusammenhang mit der Reparatur das Freilegen, Zudecken und Zumauern von Wasserleitungen bis zum Betrag von meistens 5000 Franken; die eigentliche Reparatur der Wasserleitung ist nur bei wenigen Gesellschaften versichert.
- Bei einigen Gesellschaften Aufräumungs- und Entsorgungskosten, also Ausgaben für das Aufräumen von Überresten versicherter Sachen und deren Abführung und Entsorgung.
- Bei einigen wenigen Gesellschaften der Wasserverlust, der durch das Auslaufen wegen eines Leitungslecks entsteht.
- Frostschäden (Auftauen und Reparatur der Wasserleitungen).
- Schäden durch das Ausfliessen von Heizöl aus Heizungsanlagen oder Tanks oder durch Flüssigkeiten aus Wärmetauschern oder aus Wärmepumpen-Kreislaufsystemen.
- Nach einem Wasserschaden im Keller deckt die Gebäudewasser-Police auch die Kosten für das Austrocknen der Mauern und die Reparatur beziehungsweise den Ersatz der Waschmaschine, falls sie im Keller stand.

Für Baufehler haftet der «Hersteller»

- Nicht versichert sind die Kosten hingegen, falls der Wasserschaden als Folge fehlerhafter baulicher Konstruktion entstanden ist. In diesem Fall müsste die Versicherung des Generalunternehmens, des Architekten oder des Ingenieurs für den Schaden aufkommen.

Für einen Wohnblock mit sechs Wohnungen und einer Versicherungssumme von zwei Millionen Franken kostet die Gebäudewasser-Versicherung pro Jahr 600 bis 1000 Franken.

Tipps für die freiwillige Gebäudewasser-Versicherung

- Stockwerkeigentümer sollten eine gemeinsame Police abschliessen.
- Flachdächer, Bodenheizungen und alternative Wärmegewinnungs-Anlagen (zum Beispiel Erdsonden) können das Risiko erhöhen, was eine höhere Prämie bedeutet. Prüfen Sie auf jeden Fall Ihren Versicherungsschutz, falls Ihr Haus ungewöhnliche Eigenheiten aufweist.
- In den Kantonen Aargau, Basel-Landschaft sowie Glarus kann man die Gebäudewasser-Versicherung bei der kantonalen Gebäudeversicherung abschliessen. Es lohnt sich, die Prämien zu vergleichen.
- Die Versicherungssumme der Gebäudewasser-Versicherung richtet sich nach dem Gebäudewert, den die kantonale Gebäudeversicherung festgelegt hat. Falls also

die kantonale Gebäudeversicherung den Wert des Hauses plötzlich markant höher einschätzt, müssen sich Betroffene auch bei der eigenen Gebäudewasser-Versicherung melden – sonst droht Unterversicherung, und dann kann die Gesellschaft ihre Zahlung kürzen.

■ Achten Sie auf die Verjährungsfrist. Diese Versicherungen unterstehen dem Privatversicherungsrecht, und das kennt eine Verjährungsfrist von zwei Jahren.

Oft werden Wasserschäden durch Leitungslecks erst spät entdeckt, also mehrere Monate oder gar Jahre nach Eintritt der Schadenursache – und dann kann es zu spät sein. Es lohnt sich also, den Fall schon beim ersten Verdachtsmoment der Versicherung zu melden.

■ Wird ein Haus verkauft, so läuft die freiwillige Gebäudewasser-Versicherung weiter und geht an den neuen Besitzer über. Dieser kann sie innert 30 Tagen kündigen.

Das Gleiche gilt für die Gebäudeversicherung (Feuerversicherung) in denjenigen Kantonen, in denen diese freiwillig ist.

■ **Sachversicherungen für Stockwerkeigentümer**

In diesem Punkt stellt sich für Stockwerkeigentümer ein spezielles Problem: Beschädigt ein Einbrecher die Eingangstüre zu ihrer eigenen Wohnung oder ein Fenster in ihrer eigenen Wohnung, so ist die Reparatur über die Hausratversicherung gedeckt – und zwar unter dem Titel **Einbruchdiebstahl**.

Das erinnert daran, dass jeder Stockwerkeigentümer seinen Hausrat selber versichern sollte.

Für die Eingangstüre des Mehrfamilienhauses hingegen und für die gemeinsam benutzten Räume braucht es eine separate Versicherung, die bei Bedarf auch allfällige Schlossänderungskosten übernimmt.

Solche Schäden an massiven Eingangstüren oder Rollläden können enorm ins Geld gehen.

Eine separate Versicherungslösung für solche Schäden könnte dort empfehlenswert sein, wo das Einbruchrisiko besonders gross ist. Sie kostet eine bescheidene Jahresprämie von bis 150 Franken (bei einem 6-Wohnungen-Mehrfamilienhaus und einer Erstrisikodeckung von 5000 Franken).

Ergänzend dazu kann die Gemeinschaft allenfalls auch Spielplätze oder Gartenanlagen gegen Elementarschäden versichern – gemeinsame Einrichtungen also, die nicht direkt mit dem Gebäude in Zusammenhang stehen und deshalb von der Grunddeckung der Gebäudeversicherung nicht versichert sind.

Auch das **Glasbruchrisiko** gilt es im Auge zu behalten. Bei Mehrfamilienhäusern mit verglasten Eingangstüren oder mit Oberlichtern im Treppenhaus oder mit Fenstern in gemeinsam benutzten Räumen ist eine entsprechende Versicherung ratsam.

Diese deckt Bruchschäden an Glas, welches Teil des Gebäudes ist, Schäden an Lichtkuppeln aus Plexiglas oder Ähnlichem sowie allfällige Kosten für die Notverglasung.

Tipps für die Glasversicherung:

■ Die Gebäudeglas-Versicherung sollten Stockwerkeigentümer für die gemeinsam benützten Räume gemeinsam abschliessen. Für einen durchschnittlichen 6-Wohnungen-Block kostet sie pro Jahr rund 130 Franken (mit Erstrisikodeckung 5000 Franken).

■ Glasbruch für die eigenen vier Wände sollte jeder Eigentümer in seine Hausratpolice einschliessen; das ist meist günstiger.

■ **Rechtsschutz für Stockwerkeigentümer**

Wer als Stockwerkeigentümer in einen teuren Rechtsstreit verwickelt ist, ist froh, wenn er dazu auf die Hilfe einer Rechtsschutz-Versicherung zählen kann, die für ihn die Kosten übernimmt.

Gemäss Aussagen der Rechtsschutz-Versicherer sind Streitigkeiten in den folgenden Punkten häufig: interne Verteilung der Kosten (insbesondere bei Renovationen), Zwist um Lärm oder Rauch sowie fehlerhafte Beschlussfassung an der Versammlung.

Rechtsschutz für Stockwerkeigentümer: Nur drei Gesellschaften haben ein gute

Anbieter	Protekta	Axa-Arag	Dextra	Beobachter
Interne Kostenverteilung	Ja	Ja	Ja [1]	Nur 5000.–
Übermässige Nutzung A	Ja	Ja	Ja [1]	Nur 5000.–
Übermässige Nutzung B	Ja	Ja	Ja [1]	Nur 5000.–
Absetzung der Verwaltung	Ja	Ja	Nein	Nur 5000.–
Falsches Quorum bei Umbauten/Renovationen	Ja	Ja	Ja [1]	Nur 5000.–
Handwerkerpfusch	Ja	Ja	Ja [1]	Ja
Baueinsprache	Nein [4]	Nein	Ja [1]	Nur 5000.–
Ausschluss eines Mitgliedes	Ja	Ja	Nein	Nur 5000.–
Geltendmachen von Schadenersatz	Ja	Ja	Ja	Ja
Wertung	**Gut**	**Gut**	**Gut**	**Befriedigend**

Anbieter	Smile direct	CAP	
		Standardprodukt	**Immo-Zusatz**
Interne Kostenverteilung	Nur 500.– [3]	Nein	Ja
Übermässige Nutzung A	Nur 500.– [3]	Nein	Ja
Übermässige Nutzung B	Nur 500.– [3]	Nein	Nein
Absetzung der Verwaltung	Nur 500.– [3]	Nein	Ja
Falsches Quorum bei Umbauten/Renovationen	Nur 500.– [3]	Nein	Ja
Handwerkerpfusch	Ja	Ja	–
Baueinsprache	Nein [3]	Nein	Bis 60 000.–
Ausschluss eines Mitgliedes	Nur 500.– [3]	Nein	Nein
Geltendmachen von Schadenersatz	Ja	Ja	–
Wertung	**Unbefriedigend**	**Unbefriedigend**	**Befriedigend**

1 Maximal 100 000.–;   **2** Beim Produkt Premium bis 1 Million Fr.;   **3** Gilt für das Produkt Basic, im Produkt Premi

Doch welche Gesellschaft hat ein gutes Angebot im Bereich Privatrechtsschutz? Die Übersicht unten zeigt, welche Standardprodukte für Stockwerkeigentümer besonders geeignet sind.

Steht in der Tabelle unten ein «Ja» ohne Einschränkung, so ist der betreffende Streit bis zur vollen üblichen Versicherungssumme (zwischen 250000 und einer halben Million Franken) gedeckt.

Beachten Sie: Voraussetzung ist immer, dass der jeweilige Eigentümer selber in seiner Wohnung wohnt.

Für den Vergleich wurden sieben häufige Streitigkeiten definiert, und in der Tabelle ist jeweils zu sehen, ob die betreffende Gesellschaft diesen Streit übernehmen würde, ob also das jeweilige Rechtsgebiet gedeckt ist oder nicht.

Das sind die definierten Streitigkeiten für den Test

■ **Interne Kostenverteilung:** Ein Eigentümer im Parterre will für den gemeinsamen Lift nichts mehr zahlen und auch keinen Beitrag an die Erneuerung des Lifts ein-

ngebot

Coop Rechtsschutz	Visana	Orion	Zurich Connect	Fortuna Standardprodukt	Immo-Zusatz
Nur 3000.–	Ja	Nein	Nein	Nein	Bis 50000.–
Nur 3000.–	Ja	Bis 10000.–[2]	Nur 5000.–	Ja	–
Nur 3000.–	Nein	Nein	Nein	Nein	Bis 50000.–
Nur 3000.–	Nein	Nein	Nein	Nein	Bis 50000.–
Nur 3000.–	Ja	Nein	Nein	Nein	Bis 50000.–
Ja	Ja	Ja	Nur 5000.–	Ja	–
Nur 300.–	Nein	Bis 10000.–[2]	Nur 5000.–	Nein	Nein
Nur 3000.–	Nein	Nein	Nein	Nein	Bis 50000.–
Ja	Ja	Bis 10000.–[2]	Ja	Ja	–
Befriedigend	**Befriedigend**	**Befriedigend**	**Befriedigend**	**Unbefriedigend**	**Befriedigend**

DAS Standardprodukt	Immo-Zusatz	Basler Standardprodukt	Immo-Zusatz	Assista Standardprodukt	Immo-Zusatz
Nein	Ja	Nein	Nein	Nein	Nein
Ja	–	Nein	Bis 25000.–	Nein	Ja
Nein	Nein	Nein	Nein	Nein	Nein
Nein	Nein	Nein	Nein	Nein	Nein
Nein	Nein	Nein	Nein	Nein	Nein
Nein	Ja	Nein	Bis 25000.–	Nein	Ja
Nein	Nein	Nein	Bis 25000.–	Nein	Ja
Nein	Nein	Nein	Nein	Nein	Nein
Nein	Ja	Nein	Bis 25000.–	Nein	Ja
Schlecht	**Schlecht**	**Schlecht**	**Schlecht**	**Schlecht**	**Schlecht**

ckungssumme 3000.–;   4 Bis 5000 Franken mit dem Zusatz «Privat-Rechtsschutz Plus»

QUELLE: «K-TIPP»-UMFRAGE, STAND SOMMER 2013

7
Richtig versichert

schiessen, sein Antrag wird aber von der Versammlung abgelehnt. Dagegen will er sich vor Gericht wehren. Oder: Ein Eigentümer will an den Ersatz der alten Waschmaschine im Gemeinschaftsraum nichts mehr zahlen, weil er in seiner Eigentumswohnung eine eigene Waschmaschine hat. Sein Antrag wird aber von der Versammlung abgelehnt. Dagegen will er sich vor Gericht wehren.

■ **Übermässige Nutzung A:** Ein Eigentümer will sich vor Gericht dagegen wehren, dass der andere immer grosse Grillfeste veranstaltet, und will das wegen der Rauchbelästigung verbieten lassen.

■ **Übermässige Nutzung B:** Ein Eigentümer missbraucht den gemäss Reglement gemeinschaftlichen Veloraum als Abstellplatz für seinen Sperrmüll, und ein anderer Eigentümer will mit einer Klage dagegen vorgehen.

■ **Absetzung der Verwaltung:** Lehnt die Eigentümerversammlung die Abwahl des Verwalters ab, kann jeder Stockwerkeigentümer, der für die Abwahl gestimmt hatte, innert Monatsfrist seit dem Beschluss beim Richter auf Abberufung klagen (siehe Seite 145 f.).

■ **Fehlende Stimmenmehrheit bei Umbauten/Renovationen:** Die Gemeinschaft beschliesst mit qualitativem Mehr eine teure Erdsonde (nützliche Massnahme). Ein Unterlegener will dagegen klagen, weil er die Massnahme als luxuriös empfindet, wofür Einstimmigkeit vorausgesetzt ist.

■ **Handwerkerpfusch:** Ein Eigentümer lässt in seinem Sonderrechts-

teil etwas Kleineres für 3000 Franken machen, wofür er keine Baubewilligung braucht. Anschliessend klagt er, weil der Handwerker gepfuscht hat.

■ **Baueinsprache:** Ein einzelner Eigentümer will sich gegen ein Baugesuch wehren, das in der direkten Nachbarschaft (ausserhalb seiner Gemeinschaft) eingereicht wurde.

■ **Ausschluss eines Mitgliedes:** Ist die Ermächtigung der Eigentümerversammlung eingeholt, muss ein einzelner oder eine Gruppe von Eigentümern beim Richter den Antrag auf Ausschluss des Störenfrieds einreichen.

■ **Geltendmachen von Schadenersatz:** Ein Kind aus der Attikawohnung lässt einen schweren Gegenstand auf die Terrasse der Parterrewohnung im alleinigen Benützungsrecht fallen. Eine Steinplatte geht zu Bruch. Der Eigentümer im Parterre will gegen die Eltern in der Attikawohnung auf Schadenersatz klagen.

Nur drei Standarddeckungn sind brauchbar

Die Tabelle zeigt:

■ Nur die Privatrechtsschutz-Standardprodukte von Protekta, Axa-Arag und Dextra sind für Stockwerkeigentümer gut geeignet. Sie decken die meisten der beschriebenen Rechtsstreitigkeiten ab. Bei Basler und Assista hingegen wäre in der Grunddeckung keine einzige der skizzierten Streitigkeiten versichert.

■ Beobachter und Coop Rechtsschutz helfen zwar ebenfalls auf fast allen Gebieten – jedoch nur bis zum Betrag von bescheidenen 5000 beziehungsweise 3000 Franken. Das reicht zwar für eine ausführliche Beratung, für einen Prozess durch mehrere Instanzen ist es hingegen ungenügend.

■ In der Tabelle sind fünf Versicherer aufgeführt, die beim Privatrechtsschutz nicht nur ein Standardprodukt haben, sondern auch einen Zusatzbaustein für Eigenheimbesitzer – etwa unter dem Namen Immobilien-Rechtsschutz oder Gebäuderechtsschutz.

In der Tabelle sind diese Angebote unter «Immo-Zusatz» aufgeführt – und es fällt auf, dass sie die Erwartungen von Stockwerkeigentümern nur befriedigend oder schlecht erfüllen.

Rechtsschutz für die Gemeinschaft? Das gibt es

Das sind noch ein paar Tipps zum Thema Rechtsschutz für Stockwerkeigentümer:

■ Das bisher Gesagte gilt nur für Eigentümer, die ihre Stockwerkeinheit selber bewohnen. Wer die Wohnung vermietet und auch das Vermieterrisiko abdecken will, sollte sich genau erkundigen, ob dieses Teil-Rechtsgebiet abgedeckt ist. Die Assista zum Beispiel hat es 2011 aus ihrem Gebäuderechtsschutz gestrichen.

■ Einige Versicherer haben Produkte im Bereich Immobilien-Rechtsschutz, die speziell für Immobilienkäufer und Bauherren gedacht sind. Erkundigen Sie sich.

■ Es kann vorkommen, dass die Eigentümergemeinschaft als Gan-

zes einen Rechtsstreit mit einem Aussenstehenden hat – zum Beispiel mit einem Handwerker, der an einem gemeinschaftlichen Teil schlecht gearbeitet hat.

In einem solchen Fall zahlen die jeweiligen Privatrechtsschutz-Versicherungen der einzelnen Eigentümer im Prinzip ebenfalls, falls der Streit überhaupt gedeckt ist – aber der einzelne Eigentümer erhält nur denjenigen Kostenanteil ersetzt, der seiner Wertquote entspricht.

Tipp: Bei einigen Versicherern können sich Stockwerkeigentümergemeinschaften als Ganzes versichern.

Der Verkauf der Eigentumswohnung
Die Tücken des Vorkaufsrechts

Wohneigentum bleibt heute nicht mehr über Generationen in der gleichen Familie. Gründe für einen Verkauf gibt es viele: Plötzlich gefällt die Wohnung nicht mehr, die Scheidung steht bevor, die Arbeitsstelle wird ins Ausland verlegt, oder die Wohnung wird wegen Kindern zu klein. Doch es gibt Alternativen zu einem Verkauf.

Wer nicht mehr selber in seiner Eigentumswohnung leben will, kann sie entweder verkaufen, an die Kinder verschenken, vererben oder vermieten. Die richtige Wahl zwischen diesen Möglichkeiten ergibt sich aus den konkreten Umständen.

Das sind ein paar Überlegungen, die man sich dazu machen kann:
- Ist ein Verkauf zum jetzigen Zeitpunkt sinnvoll?
- Kann ich meine Wohnung momentan zu einem guten Preis verkaufen?
- Habe ich nur gerade jetzt keinen Bedarf mehr an meiner Wohnung, aber vielleicht später wieder?
- Habe ich Zeit und Nerven, um mich mit Mietern herumzuschlagen?

Die Vermietung ist mit Aufwand verbunden

Grundsätzlich gilt: Der Stockwerkeigentümer darf seine Wohnung an Aussenstehende vermieten. Die Gemeinschaft kann das höchstens mit einem reglementarischen Einspracherecht verhindern (siehe Seite 173). In der Praxis ist aber ein solches Einspracherecht praktisch nie zu sehen.

Viele Reglemente verlangen jedoch, dass die Vermietung der Verwaltung gemeldet wird.

Zu bedenken ist freilich, dass die Vermietung mit Aufwand verbunden ist:
- Der Vermieter muss selber einen Mieter suchen, die Bewerbungsunterlagen der Interessenten prüfen, die Mietkaution verlangen, den Mietzins festlegen, bei Mietzinsänderungen die gesetzlichen Rahmenbedingungen beachten, den Eingang der Mietzinse kontrollieren und bei deren Ausbleiben die richtigen Schritte unternehmen.
- Bei einem Mieterwechsel muss er die Wohnung abnehmen, sich vielleicht mit Reparaturen herumschlagen und einen neuen Mieter suchen bzw. aus einer Fülle von Bewerbungen aussuchen.

Der Stockwerkeigentümer ist für seinen Mieter verantwortlich

- Der Vermieter muss die Wohnung dauernd in Schuss halten. Der Mieter hat ein Recht darauf, dass gröbere Schäden so schnell wie möglich behoben werden.
- Der Vermieter muss abschätzen, ob er mit der Vermietung überhaupt eine Rendite erzielt. Auf der Einnahmenseite steht zwar der Mietzins, doch die Fixkosten für Hypothekarzinsen, Unterhalts- und Nebenkosten sowie Rückstellungen für Renovationen bleiben.

Je älter die Wohnung ist, desto grösser ist der Unterhalts- und Renovationsbedarf. Zudem kann der

Wohnungseigentümer nicht alle Nebenkosten auf den Mieter überwälzen. Nicht immer bleibt also unter dem Strich eine positive Rendite.

Es könnte sich deshalb lohnen, vor einer Vermietung bei einem Immobilienfachmann eine Rentabilitätsrechnung zu verlangen.

■ Zudem besteht immer das Risiko, dass der Mieter seine Miete nicht zahlt oder dass kein Geld hereinkommt, weil sich gar kein Mieter findet.

■ Natürlich kann der Eigentümer die Vermietung wiederum an eine Immobilienfirma delegieren. Doch das kostet und schmälert die Rendite noch mehr.

■ Der Vermieter ist in einem gewissen Sinne verantwortlich für das Handeln des Mieters. Hat der Mieter schwerwiegende Probleme mit der Eigentümergemeinschaft, muss der Vermieter als Eigentümer eine Lösung finden.

So ist es denn auch nicht erstaunlich, dass sich in Reglementen beispielsweise der folgende Passus findet: «Von einem Stockwerkeigentümer, dessen Mieter die Gemeinschaftsordnung trotz wiederholter Ermahnung missachtet, kann durch einfachen Mehrheitsbeschluss verlangt werden, dass er den Mietvertrag durch Kündigung oder allenfalls durch ausserordentliche Kündigung aus wichtigem Grund auflöse.»

Verkaufen ohne Verlust: So gelingt es

Falls Sie Ihr Wohneigentum auf eigene Faust verkaufen, brauchen

Sie Verhandlungsgeschick und Zeit. Denn Sie müssen das Verkaufsobjekt inserieren, eine Verkaufsdokumentation zusammenstellen, Besichtigungen organisieren, Vertragsverhandlungen führen und sich vom Notar einen Vertrag ausarbeiten lassen.

Angaben und Tipps zu solchen Kaufverträgen finden Sie im Internet unter www.notariate.zh.ch (→ Grundbuch → Kaufvertrag etc. → Kaufsangaben-Formular).

Die Wiederverkaufschancen im Auge behalten!

Ziel beim Verkauf ist es, mindestens denselben Preis oder gar einen höheren zu erzielen als denjenigen, den man beim Kauf selber gezahlt hat. Doch das gelingt nicht immer.

Wer seine Eigentumswohnung allzu bunt gestaltet und innen nach ungewöhnlichen Vorlieben

8
Verkauf der Eigentumswohnung

ausgebaut hat, wird Schwierigkeiten haben, die Immobilie zum selben Preis zu verkaufen. Denn nicht alle Käufer lieben extravagante Farben, Schnörkel und Rundbogen oder eine kunterbunte Mischung aus verschiedenartigen Materialien.

Deshalb sollte man schon beim Kauf und erst recht später beim Innenausbau stets auch die Wiederverkaufschancen im Hinterkopf behalten.

So bestimmen Sie den Wert der Liegenschaft

Als Erstes müssen Sie wissen, wie viel Ihr Stockwerkeigentum eigentlich wert ist. Setzen Sie den Preis zu hoch an, schrecken Sie potenzielle Käufer ab. Ist er zu tief, könnte der Verdacht entstehen, an der Eigentumswohnung sei etwas faul. Je nach Alter, Lage und Zustand der Wohnung ist der Preis höher oder tiefer.

Für eine angemessene Preisvorstellung lohnt es sich, die Schätzung einem ausgewiesenen Fachmann zu überlassen (Kostenpunkt 1000 bis 2000 Franken, siehe Kasten unten).

Wie viel Ihre Eigentumswohnung tatsächlich wert ist, entscheidet aber letztlich der Markt beziehungsweise der Käufer.

Der Anteil im Erneuerungsfonds wird mitverkauft

Vertragsgegenstand ist der Stockwerkanteil mit allem, was dazugehört. Der neue Eigentümer übernimmt also auch das dazugehörende Sonderrecht, allfällige im Grundbuch eingetragene Dienstbarkeiten sowie Pfandrechtsbelastungen.

Mit dem Verkauf geht auch der Anteil im Erneuerungsfonds automatisch auf den Erwerber über (siehe Kasten auf Seite 109).

Käufer suchen: Im Internet geht es am günstigsten

Käufer können Sie auf verschiedene Weise finden. Die einfachste und meist günstigste Möglichkeit ist ein Inserat im Internet: Dank Online-Plattformen wie Immoscout24, Homegate und Immostreet findet man für fast jede Liegenschaft einen potenziellen Käufer – und das zu bezahlbaren Preisen (siehe auch Seite 23).

Verkauf über einen Treuhänder oder Makler

Wenn Sie sich nicht selber um den Verkauf bemühen wollen oder als Verkäuferin zu wenig versiert sind, sollten Sie den Verkauf einem Treuhänder oder Makler in Auftrag geben. Dieser kostet rund 1 bis 3 Prozent der erzielten Verkaufssumme. Bei einem Verkaufspreis von einer Million kassiert ein Makler somit bis zu 30 000 Franken.

Ein Vermittler kostet aber nicht nur Geld, sondern bringt dem Verkäufer allenfalls auch finanzielle Vorteile. Denn ein Makler mit viel Erfahrung und Fachwissen kann den Marktpreis einer Immobilie oft realistischer einschätzen als ein Laie.

Deshalb generiert der Makler meist mehr Angebote – und im Idealfall einen höheren Verkaufspreis.

Weitere Vorteile: Dank Erfahrung und gezielten Werbemassnahmen verkauft der Makler eine Wohnung möglicherweise rascher zu einem angemessenen Preis.

Zudem verschont der Makler den Auftraggeber vor unliebsamen Telefonanrufen und E-Mails, wählt die wirklich ernsthaften Interessenten aus, führt diese durch das Objekt und erledigt den ganzen Papierkram. Der Hausbesitzer braucht am Schluss nur beim Notar zu unterschreiben und das Geld zu empfangen.

Unter Umständen wird ein versierter Makler dem Verkäufer auch raten, zuerst noch gewisse Renovationen machen zu lassen, um so die Verkaufschancen zu erhöhen.

So finden Sie einen geeigneten Makler

Leider ist es nicht immer einfach, einen seriösen Immobilientreuhänder zu finden. In der Branche tummeln sich auch schwarze Schafe. Denn jedermann darf sich Immobilienmakler nennen.

Ein Anhaltspunkt für Seriosität ist eine Mitgliedschaft des Vermittlers bei der Schweizerischen Maklerkammer SMK in Zürich (Brunaustrasse 39, 8002 Zürich, Tel. 043 817 63 23). Im Internet finden Sie das Verzeichnis dieser

Makler unter www.smk.ch (→ Mitglieder).

Oder Sie fragen bei Freunden und Bekannten nach, die schon Erfahrungen mit einem Treuhänder beziehungsweise Makler gemacht haben.

Auch die Sektionen des Hauseigentümerverbandes können für Maklerempfehlungen oder einen Immobilienverkauf angefragt werden. Auf der Website des HEV Schweiz finden Sie die regionalen HEV-Sektionen unter www.hev-schweiz.ch (→ Über uns→ Sektionen).

Vertragsverhandlungen mit einem Makler sind jedoch keine einfache Sache. Wenn Sie nicht aufpassen, machen Sie schnell einen Fehler, der Sie viel Geld kosten kann.

Kriterien für die Bewertung einer Liegenschaft

Wichtigstes und letztlich allein entscheidendes Kriterium für den Wert einer Liegenschaft ist der Preis, den der Käufer zu zahlen bereit ist. Hier sind die wichtigsten Punkte aufgezählt, die den Kaufpreis mehr oder weniger stark beeinflussen können. Die Übersicht gilt ganz allgemein für Liegenschaften, sie ist also nicht speziell auf Eigentumswohnungen zugeschnitten.

1. Lage
■ Hanglage, Grundwasserspiegel
■ Himmelsrichtung, Sonneneinstrahlung, Lichtverhältnisse
■ Aussicht
■ Grösse der Parzelle
■ Strassen, Zufahrt
■ Öffentliche Verkehrsmittel
■ Arbeitsweg (Zeitaufwand, Verkehrsmittel)

2. Standort und Erschliessungsgrad
■ Politische Gemeinde (Steuerfuss)
■ Immissionen, Lärm, Luft
■ Mobilfunkantennen
■ Belastung des Bodens mit gefährlichen Stoffen
■ Umgebung (Zukunftsaussichten?)
■ Wasser, Kanalisation, Elektrizität, Kabelanschluss, Telefon

3. Öffentliche Einrichtungen
■ Gemeindeverwaltung
■ Bank und Post
■ Kindergarten, Schulen, höhere Schulen
■ Einkaufsmöglichkeiten

4. Freizeitangebot
■ Sportanlagen
■ Kulturelles Leben (Kino, Theater usw.)
■ Vereine

5. Bauvorschriften/Dienstbarkeiten
■ Bauzone
■ Hausabstände
■ Bauart
■ Grundbuchauszug
■ Rechte
■ Lasten

6. Eigenheim und Bauqualität
■ Anzahl Zimmer, Toiletten, Duschen, Bäder
■ Grösse und Einteilung der Zimmer und Nebenräume
■ Einrichtungs- und Ausbaumöglichkeiten
■ Verwendete Materialien
■ Energieverbrauch
■ Wärmeisolation
■ Schalldämmung
■ Heizung
■ Elektrische Installationen
■ Gas

Dafür hat ein guter Makler unbestritten seine Vorteile: Er weiss, ob der Verkaufspreis angemessen ist, wie er den Vertrag aufsetzen muss und wie er Interessenten findet und auch behalten kann.

Das sollten Sie in einem Maklervertrag regeln

Wer für den Verkauf seiner Immobilie einen Makler engagieren will, sollte mehrere Offerten einholen, Referenzen verlangen und die Konditionen im Vertrag studieren und allenfalls verhandeln.

Wichtig zu wissen: Eine Provision ist von Gesetzes wegen nur dann geschuldet, wenn ein Zusammenhang zwischen den Verkaufsbemühungen des Maklers und dem Zustandekommen des Geschäfts belegt ist.

Anderslautende vertragliche Abmachungen sind rechtlich zwar zulässig. Der Auftraggeber sollte sich aber vor Vertragsabschluss gut überlegen, welche Bestimmungen er akzeptieren will und welche nicht. Grundsätzlich ist Vorsicht angezeigt.

Im schriftlichen Vertrag sind mit Vorteil nebst dem angestrebten Verkaufs- und Mindestpreis auch die Leistungen des Vermittlers exakt festzuhalten. Mit den meisten Maklern lässt sich über diese Punkte verhandeln. Bleibt dieser stur, sucht man sich besser jemand anderen.

Ein Maklervertrag ist auch mündlich gültig, aus Beweisgründen ist aber ein schriftlicher Vertrag zu empfehlen. Folgende Punkte sollte er enthalten:

FRAGE

Kann ich mehrere Makler beauftragen?

Ich möchte mein Haus verkaufen. Da ich keine Zeit habe, mich um alles Nötige zu kümmern, möchte ich einen Makler einsetzen. Ist es zulässig, gleichzeitig mehrere Makler zu beauftragen?

Ja. Achten Sie aber beim Abschluss der Verträge darauf, dass nur dann ein Honorar geschuldet ist, wenn es dank Makler zum Abschluss eines Kaufvertrags kommt. So können Sie unter den Interessenten, die Ihnen vermittelt werden, den Käufer wählen, müssen jedoch nur einen Makler zahlen.

■ **Verkaufsobjekt:** Es sollte klar definiert sein mit Objektart, Projektnamen, Parzellen- oder Katasternummer, Strasse und Ortschaft.

■ **Verkaufspreis:** Der (Mindest-) Verkaufspreis sollte festgehalten werden. Falls nötig wird das Ergebnis der Schätzung nachträglich eingefügt.

■ **Höhe und Fälligkeit der Provision:** Die Provision wird in Prozent des Verkaufspreises vereinbart. In der Regel liegt sie zwischen 1 und 3 Prozent des erzielten Verkaufspreises. Der Vertrag sollte so formuliert sein, dass die Provision nur geschuldet ist, wenn der Verkauf nachweislich aufgrund der Tätigkeit des Maklers zustande kam. Unterzeichnen Sie keinen Vertrag, der dem Makler exklusiv das Recht gibt, die Liegenschaft zu verkaufen.

■ **Honorar:** Zur Zahlung fällig werden sollte das Honorar erst nach Unterzeichnung des Verkaufsvertrags beim Notariat.

- **Leistungsauftrag:** Die Parteien müssen genau vereinbaren, welche Leistungen der Makler im Rahmen der Provision zu erbringen hat. Meist sind dies: Besichtigung des Verkaufsobjektes organisieren, Festlegen des Verkaufspreises, Marketingmassnahmen, Erstellen einer professionellen Verkaufsdokumentation, Käufersuche, Organisation und Durchführen von Besichtigungen, Verhandlungen mit den Kaufinteressenten, Ausarbeiten des Kaufvertrags (Unterstützung des Notars) und Organisation der öffentlichen Beurkundung des Kaufvertrags mit dem Notar. Falls nötig organisiert der Makler auch die – separat zu bezahlende – Schätzung.
- **Spesen:** Was wird als Spesenbetrag separat abgerechnet? Zum Beispiel Werbekosten, Reisespesen, Parzellierung, grundbuchrechtliche Bereinigungen. Wichtig: Werden die Spesen auch vergütet, wenn der Makler das Objekt nicht verkaufen kann? Tipp: Entweder dafür einen Fixpreis oder ein Kostendach festlegen. Und vereinbaren, dass weitere Auslagen (z.B. Zeitungsinserate) nur nach vorheriger Rücksprache mit dem Auftraggeber getätigt werden.
- **Gültigkeit des Vertrags:** Ein Maklervertrag ist nach Gesetz jederzeit per sofort kündbar. Feste Laufzeiten oder Kündigungsfristen im Vertrag sind deshalb rechtlich unwirksam.
- **Exklusivität:** Der Eigentümer sollte weiterhin selbst nach einem Käufer suchen dürfen oder allenfalls einen zusätzlichen Makler beauftragen können. Streichen Sie eine Formulierung wie: «Verkauft der Auftraggeber während der Vertragsdauer die Liegenschaft selbst, so ist die Provision gleichwohl geschuldet.»

Tipp: Einen Makler-Mustervertrag finden Sie auf der Homepage des «K-Tipp» (www.ktipp.ch → Service).

FRAGE

Schulde ich dem Makler das Honorar?

Vor einiger Zeit haben wir einen Immobilienmakler mit dem Verkauf unseres Hauses beauftragt. Nun fanden wir aber selbst einen Interessenten und werden ihm das Haus verkaufen. Hat der Makler sein Honorar trotzdem zugut?

Nein. Gelingt dem Makler der Nachweis nicht, dass er den Kontakt zum Käufer hergestellt hat, ist gemäss Gesetz keine Provision geschuldet.

Aber Achtung: Schauen Sie in Ihrem Vertrag genau nach. Es wäre durchaus möglich, dass Sie dort eine andere Regelung vereinbart haben, als im Gesetz steht. In diesem Fall geht der Vertrag vor.

Viele Maklerverträge enthalten eine Klausel, die vorsieht, dass das Honorar auch dann geschuldet ist, wenn der Verkäufer das Haus während der Vertragsdauer selber verkauft.

Der Abschluss des Vertrages

Haben Sie einen Käufer gefunden, beginnen die Vertragsverhandlungen. Was im Kaufvertrag nicht fehlen darf, steht im Kapitel 1.

Sind sich die beiden Parteien einig geworden, muss der Vertrag unter Beisein eines Notars unterschrieben werden und öffentlich beurkundet werden. Wer die Notariatskosten bezahlt, wird in der Regel im Vertrag vereinbart; meistens werden diese Kosten hälftig geteilt.

Fehlt die notarielle Beurkundung, ist der Vertrag unwirksam.

Haben Käufer und Verkäufer den Kaufvertrag unterschrieben und ist er notariell beurkundet worden, so ist er gültig zustande gekommen. Ab diesem Zeitpunkt können die Parteien nicht mehr vom Vertrag zurücktreten, er ist verbindlich.

Von der Vertragsbeurkundung ist die Eigentumsübertragung zu unterscheiden. Die Eigentumsübertragung erfolgt durch Abgabe der Grundbuchanmeldung beim zuständigen Grundbuchamt. Die Grundbuchanmeldung muss der Verkäufer abgeben.

Erst mit Abgabe dieser Grundbuchanmeldung (und nicht schon bei der notariellen Beurkundung des Kaufvertrages) wird der Käufer Eigentümer des Grundstückes und kann rechtlich darüber verfügen (etwa Grundpfandrechte errichten oder das Grundstück weiterverkaufen).

Die Eigentumsübertragung kann später erfolgen

Die Eigentumsübertragung kann unmittelbar im Anschluss an die Vertragsbeurkundung oder zu einem späteren Zeitpunkt erfolgen. In der Regel findet unmittelbar nach der Eigentumsübertragung auch die Schlüsselübergabe statt.

Tipp: Erfolgt die Eigentumsübertragung später als die Vertragsbeurkundung, sollte der Vertrag folgenden Passus enthalten: «Der Übergang von Nutzen und Gefahr findet mit der Eigentumsübertragung statt.»

Das bedeutet unter anderem, dass der Käufer ab Eigentumsübertragung das Risiko beispielsweise eines Schadens trägt, er muss sich also ab diesem Datum um die Versicherungen kümmern.

Sobald die Eigentumsübertragung stattgefunden hat, wird der neue Eigentümer zwingend auch Mitglied der Stockwerkeigentümergemeinschaft mit allen Rechten und Pflichten, die daraus folgen. Ab diesem Zeitpunkt muss also der Käufer für anfallende Gemeinschaftskosten aufkommen (siehe Kasten auf der nächsten Seite) und sich an die Gemeinschaftsordnung halten.

Tipp: Melden Sie sich beim örtlichen Elektrizitäts- und Wasserwerk und vereinbaren Sie einen Termin für das Ablesen der Zähler.

Die Grundstückgewinnsteuer beim Verkauf

Sollte der Verkäufer aus dem Verkauf einen Gewinn erzielen, muss er eine Grundstückgewinnsteuer zahlen.

Beispiel: Beim Verkauf einer Liegenschaft, die 20 Jahre im eigenen Besitz war und einen Gewinn von 100 000 Franken brachte, ist in der Stadt Bern eine Grundstückgewinnsteuer in der Höhe von 15 408 Franken fällig.

Alle Kantone erheben diese Steuer, der Bund hingegen nicht.

Die Grundstückgewinnsteuer ist aber in fast allen Kantonen nicht nur von der Höhe des Gewinns abhängig, sondern auch von der Besitzdauer der Liegenschaft: Je länger sie im Besitz des Verkäufers war, desto tiefer ist die Steuer.

Um den steuerbaren Gewinn zu bestimmen, ist zudem nicht einfach der Kauf- vom Verkaufspreis der Liegenschaft abzuziehen. Vielmehr kann der Verkäufer alle wertvermehrenden Investitionen abziehen, die er seit dem Kauf getätigt hat. Besitzer von Eigentumswoh-

nungen sollten deshalb unbedingt sämtliche Kaufbelege und Rechnungen für die nachträglichen wertvermehrenden Investitionen aufbewahren. Denn sie müssen die wertvermehrenden Erneuerungen nachweisen können, damit diese abgezogen werden.

Tipp: Beim Kauf einer Stockwerkeinheit sollte die Höhe des angesparten Anteils am Unterhalts- und Erneuerungsfonds im Kaufvertrag aufgeführt werden.

TIPP

Wohnungsverkauf: So werden Gemeinschaftskosten aufgeteilt

Wird eine Eigentumswohnung verkauft – beispielsweise auf den 1. November –, so stellt sich auch die Frage der anteilsmässigen Aufteilung der Gemeinschaftskosten zwischen Käufer und Verkäufer. In der Regel werden die Kosten per Datum der Eigentumsübertragung abgerechnet.

Vielfach hat ja der Verkäufer seine vierteljährlichen Akontobeiträge schon vorausbezahlt, in diesem Fall bis Ende Jahr, und er hat einen Anspruch auf eine entsprechende Vergütung für die zwei letzten Monate des Jahres.

Eine simple Lösung könnte so aussehen, dass der Käufer dem Verkäufer einfach zwei Drittel des vierteljährlichen Akontobetrages zahlt (also die Monate November und Dezember des letzten Quartals). Dies in der Annahme, dass die Akontobeträge in etwa den effektiven Kosten entsprechen, weil sie auch entsprechend budgetiert wurden.

Denkbar ist aber auch, dass die Verwaltung eine (unter Umständen kostenpflichtige) präzise Abrechnung bzw. Aufteilung erstellt, was allerdings erst im Folgejahr möglich ist, sobald das Rechnungsjahr abgeschlossen und die Abrechnung von der Versammlung genehmigt wurde.

In diesem Fall wird die Verwaltung vom neuen Eigentümer diejenigen Kosten eintreiben, die er in den Monaten November und Dezember des Vorjahres effektiv verursacht hat. Und der Verkäufer erhält dann von der Verwaltung nachträglich eine entsprechende Vergütung ausbezahlt.

Hat der Verkäufer seinen Quartals-Akontobeitrag im Hinblick auf den Verkauf am 1. November nicht mehr vorausbezahlt, erhält er in diesem Fall für den Monat Oktober noch eine Nachbelastung.

Tipp: Melden Sie als Verkäufer der Verwaltung unbedingt, wenn Sie die Wohnung verkauft haben.

Genauer: Melden Sie es, sobald der Verkaufsvertrag beurkundet ist. Weil in der Regel dann noch eine gewisse Zeit vergeht, bis die Eigentumsübertragung effektiv stattfindet, bis also die Restsumme zu zahlen ist und die Schlüssel effektiv übergeben werden, kann die Verwaltung Ihre zu zahlenden Akontobeiträge entsprechend anpassen, sodass Sie nur noch bis zum Datum der Eigentumsübertragung vorauszahlen müssen. Allerdings findet auch dann noch eine nachträgliche anteilsmässige Aufteilung der effektiv geschuldeten Nebenkosten statt.

Zudem ist anzugeben, ob dieser im Kaufpreis inbegriffen ist oder nicht.

Diese Aufteilung des Kaufpreises ist für die Bemessung der Grundstückgewinnsteuer notwendig. Das heisst: Wer die Grundstückgewinnsteuer aufgrund des effektiven Kaufpreises bezahlt, zahlt zu viel, falls der Stand des Erneuerungsfonds im Kaufpreis inbegriffen war. Aus Sicht der Grundstückgewinnsteuer gehört der Erneuerungsfonds nicht zum Hauspreis.

Alle detaillierten Angaben zu den Steuern auf Wohneigentum finden Sie im K-Tipp-Ratgeber «So sparen Sie Steuern». Sie können das Buch telefonisch bestellen (044 253 90 70) oder im Internet unter www.ktipp.ch.

Das Vorkaufsrecht

In der Muster-Abbildung auf Seite 43 ist unter «Vormerkungen» zu sehen, dass bei der betreffenden Eigentumswohnung ein «Vorkaufsrecht der Stockwerkeigentümer» im Grundbuch eingetragen ist.

Vorkaufsrecht heisst: Will ein Eigentümer seine Stockwerkeinheit verkaufen, kann er sie nicht einem Aussenstehenden veräussern, falls ein Miteigentümer die betreffende Einheit dazukaufen will.

Dieses Vorkaufsrecht kann schon im Begründungsakt enthalten sein. Die Stockwerkeigentümer können es aber auch später durch Vereinbarung an einer Versammlung mit einstimmigem Beschluss einführen. Sie können es mit einstimmigem Beschluss auch wieder abschaffen.

Tipp: Ein Vorkaufsrecht ist auch ohne Eintrag im Grundbuch gültig. Es empfiehlt sich aber, das Vorkaufsrecht im Grundbuch eintragen zu lassen. Eine solche Vormerkung hat den Vorteil, dass jeder Kaufinteressent sofort sieht, was Sache ist, und es hat zur Folge, dass die Vorkaufsberechtigten ihr Recht besser durchsetzen können.

Übrigens: Im Kasten auf Seite 68 ist zum Thema Tiefgarage im Miteigentum erwähnt, dass das Vorkaufsrecht beim Miteigentum von Gesetzes wegen gilt. Im Stockwerkeigentum hingegen muss es vereinbart werden.

Umgekehrt heisst das: In vielen Reglementen steht, die Stockwerkeigentümer hätten beim Verkauf der Stockwerkeinheit kein Vorkaufsrecht. Ein solcher Passus ist an sich gar nicht nötig, weil ja hier das Vorkaufsrecht nicht von Gesetzes wegen automatisch gilt, sondern erst aufgrund einer Vereinbarung entsteht.

Der Schutz vor «fremden» Eigentümern

Das Vorkaufsrecht der Wohnungen ist häufig bei kleineren Stockwerkeigentümergemeinschaften zu sehen, weil die Beteiligten wollen, dass die Liegenschaft möglichst «in der Familie» bleiben soll. So schützen sich die bisherigen Bewohner vor unerwünschten «fremden» Eigentümern.

Für den verkaufswilligen Eigentümer heisst das konkret: Will er seinen Anteil einem Aussenstehenden verkaufen, kann er die anderen Eigentümer der Liegenschaft informieren und sie fragen, ob sie von ihrem Vorkaufsrecht zum Preis, den der Aussenstehende zahlen will, Gebrauch machen wollen.

Falls alle in einer schriftlichen Erklärung bestätigen, dass sie im Voraus verzichten, steht einem Verkauf im Prinzip nichts mehr im Weg.

Die Problematik des Vorkaufsrechts...

In der Regel läuft es aber anders. Die anderen Eigentümer können sagen: Präsentiere uns doch mal einen fertigen Kaufvertrag, und dann schauen wir, ob wir diesen Vertrag zu diesem Preis übernehmen wollen oder nicht.

In diesem Fall muss der verkaufswillige Eigentümer einen Interessenten finden und mit ihm einen Kaufvertrag aushandeln.

Anschliessend muss der Verkäufer die Vorkaufsberechtigten darüber informieren, und diese haben noch drei Monate lang die Möglichkeit, anstelle des Aussenstehenden in diesen Kaufvertrag einzutreten. Oder auf ihr Vorkaufsrecht zu verzichten.

Erfahren die Vorkaufsberechtigten später vom Verkauf, so können sie zwei Jahre lang von Ihrem Vorkaufsrecht Gebrauch machen. Die Frist von zwei Jahren läuft ab Vertragsschluss.

Nimmt ein vorkaufsberechtigter Eigentümer die Gelegenheit zum Kauf wahr, so tritt er in den Vertrag des Dritten ein. Er kauft die Wohnung statt des Dritten. Alle vereinbarten Bedingungen gelten auch für den Vorkaufsberechtigten – inklusive des abgemachten Kaufpreises.

...zeigt sich vor allem bei zerstrittenen Gemeinschaften

Das zeigt die Problematik des Vorkaufsrechts: Warum soll sich ein Aussenstehender um einen Kauf bemühen und alle Aufwendungen auf sich nehmen (z.B. Verhandlungen mit der Bank), wenn er damit rechnen muss, dass er dennoch leer ausgeht, falls ein anderer Eigentümer nach Vertragsschluss seinen Vertrag einfach so noch übernehmen kann?

Gerade bei zerstrittenen grösseren Gemeinschaften kann so der Verkauf einer mit einem Vorkaufsrecht belasteten Eigentumswohnung zum Problem werden. Denn die Streithähne werden nicht im Voraus verzichten, sondern mal abwarten und die Wohnung vielleicht nur kaufen, wenn der Kaufpreis tief genug war.

Das sind noch ein paar Details zum Vorkaufsrecht:

■ Das Vorkaufsrecht gilt auch, wenn ein Wohnrecht eingeräumt wird oder eine freiwillige Versteigerung stattfindet – also immer dann, wenn einem Dritten gegen Entgelt der Nutzen an der Wohnung überlassen wird.

■ Bei Zwangsversteigerungen, bei öffentlichen Enteignungen, bei der Vererbung und bei Erbvorbezügen gilt das Vorkaufsrecht hingegen nicht.

■ Es gilt auch nicht, wenn die Wohnung verschenkt wird.

Das Einspracherecht

Gemäss Gesetz können Stockwerkeigentümer im Reglement auch ein Einspracherecht einführen; sie können dieses auch im Grundbuch eintragen lassen.

Einspracherecht heisst, dass die anderen Eigentümer innert 14 Tagen ihr Veto einlegen könnten, wenn ein Eigentümer seinen Anteil verkaufen oder vermieten will.

Im Gesetz heisst es dazu aber auch: «Die Einsprache ist unwirksam, wenn sie ohne wichtigen Grund erhoben worden ist.»

Was ein solcher «wichtiger» Grund sein könnte – darüber gibt es keine Gerichtspraxis. Weitere Ausführungen dazu sind hier ohnehin nicht nötig, weil es kaum Eigentümergemeinschaften gibt, die das Einspracherecht im Reglement haben. Es hat also in der Praxis keine Bedeutung.

Änderungen und Ende der Gemeinschaft
Ausschluss eines Eigentümers: Was gilt?

In einer Gemeinschaft von Stockwerkeigentümern kann es jederzeit Veränderungen geben. Etwa dann, wenn ein Beteiligter seine Einheit verkauft. Oder wenn ein Eigentümer aus der Gemeinschaft ausgeschlossen wird. Denkbar ist auch, dass die Gemeinschaft die Liegenschaft verkauft.

Veränderung durch Eigentümerwechsel

Durch den Kauf seiner Stockwerkeinheit wird der Stockwerkeigentümer automatisch Mitglied der Gemeinschaft. Und er bleibt dies so lange, wie sein Eigentum besteht.

Wer diese Gemeinschaft verlassen will, muss zwangsläufig seine Stockwerkeinheit verkaufen. Anders ist ein Austritt aus dieser Zwangsgemeinschaft nicht möglich. Der Austrittswillige kann auch nicht eigenmächtig die Gemeinschaft auflösen.

Der Stockwerkeigentümer kann über seinen Anteil frei verfügen. Er kann seine Einheit verkaufen, vermieten oder vererben. Das freie Verfügungsrecht des Eigentümers kann höchstens durch ein Vorkaufs- oder Einspracherecht eingeschränkt sein (siehe Kapitel 8).

Veränderung durch Ausschluss eines Eigentümers

Verhält sich ein Stockwerkeigentümer wiederholt krass pflichtwidrig, kann ihn die Gemeinschaft ausschliessen lassen. Das ist nur unter ganz strengen Bedingungen möglich, weil ein Ausschluss ein massiver Eingriff in die Rechte des Betroffenen ist.

Die Ausschlussgründe müssen schwerwiegend sein

Für einen Ausschluss müssen schwerwiegende Gründe vorliegen. Nach der Praxis des Bundesgerichts darf ein Ausschluss nur als extremste Massnahme zum Zug kommen (im Fachjargon oft Ultima Ratio genannt).

Das Gesetz enthält keine Aufzählung von Ausschlussgründen. Das Bundesgericht schreibt, der Ausschluss sei möglich, wenn «der Miteigentümer durch sein Verhalten Verpflichtungen gegen alle oder einzelne Mitberechtigte so schwer verletzt hat, dass diesen die Fortsetzung der Gemeinschaft nicht zugemutet werden kann». (Bundesgerichtsurteil 113 II 15)

Sind «mildere» zumutbare Mittel möglich, um das störende Verhalten eines Querulanten zu beenden, müssen diese den Vorzug vor der Radikallösung erhalten. Die Gemeinschaft muss vorher alles Zumutbare unternehmen, um den fehlbaren Eigentümer von seinem gemeinschaftsschädigenden Verhalten abzubringen.

Extreme Kinderfeindlichkeit kann ein Ausschlussgrund sein

Hier einige Beispiele aus der Gerichtspraxis, die einen Ausschluss rechtfertigen:

■ Ausgeschlossen wurde ein Stockwerkeigentümer, der wiederholt behördliche Anordnungen missachtet, Mängel nur sehr verzögert oder gar nicht behoben, andere Miteigentümer beschimpft und tätlich angegriffen sowie Jahresrechnungen manipuliert hatte.

■ Ein anderer musste seinen Anteil zwangsweise verkaufen, weil er überempfindlich gegen Kinderlärm war und sich in der Folge zu Nörgeleien, Verdächtigungen, beleidigenden Äusserungen, Schikanen und sogar Tätlichkeiten hinreissen liess.

■ Ständige Ruhestörungen oder das Verursachen anderer übermässiger Immissionen (Rauch, üble Gerüche) können dazu führen, dass das Zusammenleben unzumutbar wird.

■ Wer gemeinschaftliche Einrichtungen dadurch schädigt, dass er seinen Sonderrechtsteil baulich vernachlässigt, kann ebenfalls ausgeschlossen werden.

Das Gleiche gilt

■ bei regelmässigen groben Sachbeschädigungen von gemeinschaftlichen Teilen,

■ bei groben Verstössen gegen die Zweckbeschränkungen einer Stockwerkeinheit oder bei unzumutbarer Nutzungsänderung (Sex-Salon in der Wohnung),

■ bei extremer Kinderfeindlichkeit, die in häufigen Reklamationen, in Tätlichkeiten, Bedrohung und Gefährdung von Kindern oder Eltern ausartet, oder

■ bei beharrlicher Zutrittsverweigerung zu den Sonderrechtsräumen, wodurch Instandstellungs- und Erneuerungsarbeiten an gemeinschaftlichen Teilen unmöglich werden.

Im folgenden konkreten Fall, bei dem nur zwei Parteien eine Gemeinschaft bildeten, bestätigte das Bundesgericht den Ausschluss: Die eine Partei zahlte nicht nur ihre Beiträge nicht, sondern legte auch die Gemeinschaft praktisch lahm, indem sie nie an Versammlungen teilnahm, trotzdem aber sämtliche Beschlüsse jeweils anfocht. (Bundesgerichtsurteil 5A_577/2008)

Kein Ausschluss trotz langem «Sündenregister»

Abgelehnt hat das Bundesgericht hingegen einen Ausschluss eines Stockwerkeigentümers, der sich zwar mehrfach pflicht- und gemeinschaftswidrig benommen hatte und ein langes «Sündenregister» vorzuweisen hatte – doch das Bundesgericht urteilte dennoch, hier sei der «Bogen noch nicht überspannt».

Der Mann hatte Lärm gemacht, im Garten die Ordnung nicht eingehalten, auf dem Rasen trotz Verbot Fussball gespielt, die Haustüre verschiedentlich nicht abgeschlossen, seinen Wagen auf den Besucherparkplätzen abgestellt, im

9
Änderungen und Ende der Gemeinschaft

Treppenhaus eine Kindergarderobe aufgestellt, auf der Rasenfläche ohne Vorinformation Feuerwerk abgebrannt – und jeweils auf Zurechtweisungen nicht reagiert.

Trotzdem sah das Bundesgericht hier mehrheitlich «Bagatellen» und noch keine Unzumutbarkeit. Für einen Ausschluss brauche es aber ein «andauernd unverträgliches, streitsüchtiges, gewalttätiges und arglistiges Verhalten». (Bundesgerichtsurteil 113 II 15)

Zahlungsrückstände sind kein Ausschlussgrund

Zudem gilt: Wer bloss mit seinen Beitragszahlungen gegenüber der Gemeinschaft in Verzug ist, kann deswegen nicht ausgeschlossen werden.

Dass das Gericht bei jedem Streit die genauen Umstände prüfen und gewichten muss, zeigt der folgende Gerichtsfall: Zwei Parteien bilden eine Stockwerkeigentümergemeinschaft und sind nachhaltig verfeindet. Nun wollte der eine den anderen via Gerichtsklage aus der Gemeinschaft ausschliessen lassen.

Im konkreten Fall entschied das Gericht, der Kläger sei an der verfahrenen Situation mitschuldig, er selber habe sich ebenfalls «grob gemeinschaftswidrig» verhalten. Deshalb kann er seinen Kontrahenten nicht ausschliessen lassen. (Bundesgerichtsurteil 137 III 534)

Übrigens: Es ist nicht unbedingt nötig, im Reglement Ausschlussgründe aufzuzählen. Eine Aufzählung kann allenfalls als Abschreckung oder als Disziplinierungsmassnahme sinnvoll sein.

Die gesetzlichen Anforderungen an einen Ausschluss sind zwingend und können nicht im Reglement verschärft werden. Das heisst: Eine Bestimmung, die den Ausschluss schon bei einer Bagatelle ermöglichen würde, wäre ungültig.

Ein Ausschluss kommt nur als allerletztes Mittel in Frage

Der Ausschluss eines Stockwerkeigentümers kommt wie gesagt nur als allerletztes Mittel in Frage. Zuerst muss alles andere unternommen werden: Der fehlbare Eigentümer muss verwarnt werden, und man muss ihm den Ausschluss androhen.

Sind im Reglement andere Sanktionen wie Bussen, Benutzungseinschränkungen usw. vorgesehen, so sind diese Massnahmen zuerst zu ergreifen.

Ist das Verhalten des Störenfrieds gleichzeitig eine nachbarrechtliche Störung (siehe Seite 80 ff.) oder ist ein Straftatbestand erfüllt, muss eine nachbarrechtliche Klage erhoben oder eine Anzeige bei der Polizei gemacht werden. Ein Ausschluss kommt erst in Frage, wenn das alles nichts nützt.

Vor der Klage ist ein Versammlungsbeschluss nötig

Ein Ausschluss kann nur über den Richter erfolgen. Bevor der Ausschluss mittels Klage durchgesetzt werden kann, muss die Gemeinschaft damit einverstanden sein.

Um den Ausschluss des Querulanten aus der Gemeinschaft beim
Gericht zu beantragen, braucht es
in der Versammlung eine bestimmte Mehrheit; je nach Reglement ist
es das einfache Mehr oder das
qualifizierte Mehr (wobei die Stimme des Auszuschliessenden sowie seine Wertquote nicht mitgezählt werden).

Besteht die Gemeinschaft nur
aus zwei Eigentümern, braucht es
keine Klagegenehmigung durch
die Gemeinschaft. Jeder Beteiligte
kann auf Ausschluss klagen.

Ist die Ermächtigung der Eigentümerversammlung eingeholt,
muss ein einzelner oder eine Gruppe von Eigentümern beim Richter
den Antrag auf Ausschluss des
Störenfrieds einreichen. Die Gemeinschaft ist in diesem Punkt
nicht klageberechtigt.

Die Klage ist direkt gegen den
fehlbaren Stockwerkeigentümer,
Wohnberechtigten oder Nutzniesser zu richten.

Der «geschasste» Eigentümer muss seinen Anteil verkaufen

Gegen einen Mieter kann man
nicht klagen. Für das Fehlverhal-
ten seiner Mieter muss der betreffende Eigentümer geradestehen,
daher ist die Klage gegen ihn zu
richten.

Bestätigt der Richter den Versammlungsbeschluss, muss der
«geschasste» Eigentümer seine
Stockwerkeinheit innert der richterlichen Frist verkaufen. Fügt er
sich der richterlichen Anordnung
nicht, wird sein Anteil öffentlich
versteigert.

Aufhebung und Ende des Stockwerkeigentums

Das Stockwerkeigentum ist grundsätzlich auf Dauer ausgerichtet.
Es ist gar nicht möglich, eine zeitliche Begrenzung zu vereinbaren.

Das Stockwerkeigentum kann
aber enden, und zwar dann
- wenn die Liegenschaft «untergeht», wie es im Gesetz heisst,
- wenn das Baurecht endet oder
- wenn alle Eigentümer gemeinsam entscheiden, die Liegenschaft als Ganzes zu verkaufen
und so das Stockwerkeigentum
aufzuheben.

Der «Untergang» der Liegenschaft ist selten

Dass eine Liegenschaft komplett
«untergeht», ist selten. Denkbar
ist das nur nach einer Naturkata-
strophe (Erdrutsch, Erdbeben oder
nach einem Brand mit Totalschaden).

Eher wahrscheinlich ist eine teilweise Zerstörung. Für diesen Fall
sieht das Gesetz vor, dass ein
Eigentümer beim Gericht die Aufhebung des Stockwerkeigentums
verlangen kann, falls das Gebäude
zu mehr als der Hälfte des Wertes
zerstört ist und der Wiederaufbau
für den betreffenden Stockwerkeigentümer zur einer «schwer trag-
baren Belastung» würde.

Im Musterreglement im Anhang
auf Seite 180 ff. ist für diesen Fall
auch festgehalten, dass die Stockwerkeigentümer, die die Gemeinschaft fortsetzen wollen, die Aufhebung abwenden können, falls
sie das Gebäude wiederherstellen
wollen; sie müssen dazu die Aus-

stiegswilligen zum Verkehrswert entschädigen.

Eine Wiederherstellung ist vor allem dann denkbar, wenn der Schaden durch eine Versicherung gedeckt ist. Für diesen Beschluss braucht es in der Regel das qualifizierte Mehr.

Das Ende bei Ablauf des Baurechts

Stockwerkeigentum kann auch an einem Gebäude bestehen, das im Baurecht erstellt wurde (siehe Kasten auf Seite 44). Läuft das Baurecht ab, so endet auch das Stockwerkeigentum. Das Eigentum fällt an den Eigentümer des Bodens zurück; das ist der sogenannte Heimfall.

Der Baurechtsgeber muss jedoch die Stockwerkeigentümer entschädigen, falls dies so im Vertrag abgemacht wird. Es gibt allerdings Verträge, in denen steht, dass keine sogenannte Heimfallentschädigung geschuldet ist.

In der Regel wird aber das Baurecht verlängert.

Das Ende beim Verkauf der Liegenschaft

Ab und zu kommt es vor, dass die Eigentümer gemeinsam beschliessen, die Liegenschaft zu verkaufen. Der Erlös wird dann in der Regel gemäss den Wertquoten verteilt.

10 Anhang 1
Mustervorlage für ein Reglement

INHALTSVERZEICHNIS

I. Aufteilung des gemeinschaftlichen Grundstückes

1. Gegenstand des Stockwerkeigentums

An der vorstehenden Liegenschaft besteht Stockwerkeigentum im Sinne von Art. 712a ff. ZGB.

Jede Stockwerkeigentumseinheit ist ein Miteigentumsanteil, mit dem das Sonderrecht verbunden ist, bestimmte Teile ausschliesslich zu benutzen und innen auszubauen.

2. Aufteilung der Liegenschaft

Die Liegenschaft ist gemäss Eintrag im Grundbuch in Stockwerkeinheiten und entsprechende Wertquoten aufgeteilt, für welche je ein Grundbuchblatt besteht.

Die Wertquoten und die den einzelnen Stockwerkeinheiten zugeordneten Räumlichkeiten sowie die an gemeinsamen Teilen begründeten ausschliesslichen Benützungsrechte ergeben sich aus dem Begründungsakt und den dazugehörenden Aufteilungsplänen sowie diesem Reglement.

3. Änderungen an der Wertquote

Änderungen an Wertquoten bedürfen der Zustimmung aller unmittelbar Beteiligten und der Genehmigung der Versammlung der Stockwerkeigentümer. Gleiches gilt für Änderungen in der Zuteilung einzelner gemeinschaftlicher Räume zu Sonderrecht. Die betreffenden Vereinbarungen bedürfen zu ihrer Gültigkeit der öffentlichen Beurkundung und des Eintrages im Grundbuch.

Jeder Stockwerkeigentümer hat Anspruch auf Berichtigung der Wertquote, wenn sie aus Irrtum unrichtig festgesetzt oder infolge baulicher Veränderungen des Gebäudes oder dessen Umgebung unrichtig geworden ist.

4. Gemeinschaftliche Teile

Im gemeinschaftlichen Eigentum stehen alle Gebäudeteile und Einrichtungen, die nicht ausdrücklich zu Sonderrecht ausgeschieden sind. Nach Art. 712b Abs. 2 ZGB können zwingend nicht zu Sonderrecht ausgeschieden werden:

- das Stammgrundstück (Boden der Liegenschaft oder selbständiges und dauerndes Baurecht;
- die elementaren Gebäudeteile, die für den Bestand, die konstruktive Gliederung und Festigkeit des Gebäudes oder der Räume anderer Stockwerkeigentümer von Bedeutung sind (z.B. Dach, Decke, Fundament, Isolation und Abdichtung, Kamin, tragende Mauern und Wände usw.);
- die Gebäudeteile, welche die äussere Gestalt und das Aussehen des Gebäudes bestimmen (z.B. Aussenmauern, Fassade, Balkon, Terrasse, Dachfenster usw.);
- die gemeinsamen Anlagen und Einrichtungen, die auch den andern Stockwerkeigentümern für die Benutzung ihrer Räume dienen, gleichgültig, ob sich diese innerhalb oder ausserhalb der Räume, an denen Sonderrecht besteht, befinden (z.B. Heizung, Haustechnik, Lift, Kanalisation, Leitungen für Heizung, Lüftung, Warmwasser, Elektrizität, Telefon usw.).

Gemeinschaftlich sind ferner die für den Betrieb der Liegenschaft gebildeten Rückstellungen (Erneuerungsfonds), die durch den Verwalter gemachten Anschaffungen wie Heizmaterial usw. sowie die Apparate und Gerätschaften für Reinigungen und Unterhalt der gemeinschaftlichen Teile.

5. Gegenstand und Umfang der Sonderrechte

Das Sonderrecht umfasst die zur betreffenden Stockwerkeinheit gehörenden Räume, Nebenräume und Einrichtungen sowie die zu diesen Räumen gehörenden Bestandteile des Gebäudes, die verändert, beseitigt oder beigefügt werden können, ohne dass

dadurch das gemeinschaftliche Eigentum oder das Recht eines anderen Stockwerkeigentümers über das zulässige Mass hinaus beeinträchtigt oder die äussere Gestaltung des Gebäudes verändert wird.

Teile der Gebäude, die für deren Bestand oder Sicherheit erforderlich sind, sowie
Anlagen und Einrichtungen, die dem gemeinschaftlichen Gebrauch der Stockwerkeigentümer dienen, sind nicht Gegenstand des Sonderrechtes, selbst wenn sie sich
im Bereich der im Sondereigentum stehenden Räume befinden.

Hiernach gehören zum Sonderrecht insbesondere:

- Zwischenwände und -mauern innerhalb der Stockwerkeinheit, soweit sie keine
  tragende oder schallhemmende Funktion aufweisen;
- der Innenverputz sämtlicher Wände;
- Fussbodenbeläge und Deckenverputz;
- alle Türen, einschliesslich Wohnungstüre;
- Einbauschränke;
- Badezimmer-, Küchen- und Toiletteneinrichtungen;
- Heizkörper und Röhren innerhalb der im
  Sonderrecht stehenden Räume;
- Leitungen (wie für Warmwasser, Strom usw.) von ihren
  Abzweigungen von der gemeinschaftlichen Leitung an;
- der Innenbereich der Balkone
- Cheminée-Anlagen und -Öfen, Kaminschacht, solange er nur
  eine Stockwerkeinheit betrifft;
- Fenster (nicht jedoch ganze Fensterfronten bzw. -fassaden),
  Sonnenstoren, Rollläden.

II. Nutzung der im Sonderrecht stehenden Räume und Einrichtungen

6. Grundsatz

In der Verwaltung, Benutzung und baulichen Ausgestaltung der eigenen Räume ist
jeder Stockwerkeigentümer frei, soweit dies mit den gleichen Rechten jedes andern
Stockwerkeigentümers und den Interessen der Gemeinschaft vereinbar ist und die
äussere Gestalt des Gebäudes nicht verändert oder dieses Reglement keine Einschränkungen enthält.

Änderungen an der Liegenschaft, die einem Stockwerkeigentümer die bisherige Art
der Benutzung seiner Räume erschweren oder verunmöglichen, können nur mit seiner
Zustimmung getroffen werden.

7. Zweckbestimmung der Sonderrechtsbereiche

Die Stockwerkeinheiten dürfen im Rahmen der Vorschriften und Bestimmungen der
zuständigen Behörden benützt werden. Die Ausübung eines Berufes oder eines
Gewerbes in den Sonderrechtsbereichen ist einem Stockwerkeigentümer unter der
Voraussetzung gestattet, dass die anderen Stockwerkeigentümer in ihrem ruhigen

Wohnen oder auf andere Weise nicht gestört werden und damit keine erhöhte Abnützung der gemeinschaftlichen Teile verbunden ist.

Es dürfen grundsätzlich keine gewerblichen oder privaten Tätigkeiten ausgeübt werden, von welchen lästige oder schädliche Einwirkungen, wie Lärm, Erschütterungen, üble Gerüche usw. auf die Einheiten anderer Stockwerkeigentümer ausgehen, oder die den guten Ruf des Hauses beeinträchtigen könnten.

8. Beschränkung des Nutzungsrechtes und Nutzungsvorschriften

Untersagt ist dem Stockwerkeigentümer jede Art der Benützung oder baulichen Veränderung, wodurch die gemeinschaftlichen Räume, Flächen oder Bauteile beschädigt oder in ihrer Funktion beeinträchtigt würden, der Wert oder das gute Aussehen sowie der gute Ruf des Hauses Einbusse erleidet oder andere Stockwerkeigentümer durch übermässige Einwirkungen belästigt oder geschädigt würden. Jeder Stockwerkeigentümer hat angemessen auf Mitbewohner Rücksicht zu nehmen und sein Eigentum schonungsvoll auszuüben.

Ist eine Änderung des Innenausbaues vorgesehen, so müssen die Pläne der Verwaltung vorgelegt werden, die darauf achtet, dass konstruktive Gliederung, Gebrauchsfähigkeit und das Aussehen der Gebäude gewahrt bleiben und andere Stockwerkeigentümer nicht beeinträchtigt werden. Vorbehalten bleiben in allen Fällen die gesetzlichen sowie behördlichen Vorschriften.

Alle Veränderungen wie neue Bodenbeläge, bauliche Änderungen in Küchen und Bädern usw., Installationen elektrischer oder elektronischer Instrumente, müssen nach den geltenden Regeln der Technik vorgenommen werden. Beim Verlegen von harten Bodenbelägen (Stein- und Plattenböden) oder von Parkettböden muss der Belag mit einer Trittschallisolation versehen werden.

Beim Einbau von Waschmaschinen und Wäschetrocknern sind alle wirtschaftlich zumutbaren Schall- und Vibrationsschutzmassnahmen vorzukehren, sodass diese Apparate möglichst keine Störung der übrigen Stockwerkeigentümer mit sich bringen.

Im Besonderen ist dem Stockwerkeigentümer untersagt:

- die Böden seiner Räume übermässig zu belasten (über die festgelegten Bodenbelastungswerte);
- in seinen Räumen oder in gemeinschaftlichen Teilen der Liegenschaft feuergefährliche, übelriechende oder explosive Stoffe unterzubringen;
- Feuchtigkeit und Nässe entstehen zu lassen, die sich auf die Liegenschaft oder Teile davon nachteilig auswirken können;
- den zum Stockwerk gehörenden Teilen (z.B. Rollläden, Fenster, Sonnenstoren/Markisen usw.) durch die Art der Benutzung eine äussere Erscheinung zu geben, die das gute Aussehen des Hauses beeinträchtigen oder dem einheitlichen Aussehen des Hauses widersprechen;
- gewerbliche oder private Tätigkeiten auszuüben, von welchen lästige oder schädliche Einwirkungen, wie Lärm, Erschütterungen, üble Gerüche, Verbreitung von Ungeziefer usw. auf die Einheiten anderer Stockwerkeigentümer ausgehen;

- das Abhalten von Musik-, Tanz- oder Turnstunden;
- der Betrieb von erotischen Massagesalons und ähnlichen Betrieben;
- der Einbau von Sprudelbädern nach Bauvollendung (aus akustischen Gründen).

Weitere Bestimmungen können in der Hausordnung festgelegt werden.

9. Unterhaltspflicht

Der Stockwerkeigentümer ist verpflichtet, seine zu seinem Sonderrechtsbereich gehörenden Räume, Einrichtungen und Bauteile und die zur ausschliesslichen Benützung zugewiesenen Flächen auf seine Kosten derart instand zu halten, zu reparieren und zu erneuern, wie es zur Erhaltung des Gebäudes in einwandfreiem Zustand und einheitlichem Aussehen erforderlich ist.

Unterlässt ein Stockwerkeigentümer Unterhalts-, Reparatur- und Erneuerungsarbeiten, zu denen er verpflichtet ist, kann der Verwalter auf dessen Kosten die erforderlichen Arbeiten veranlassen. Davon ist dem säumigen Stockwerkeigentümer vorgängig schriftliche Anzeige zu machen; dieser kann dagegen an die Versammlung der Stockwerkeigentümer gelangen, welche über die Vornahme der Arbeiten mit einfachem Mehr der Anwesenden entscheidet.

10. Zutrittsrecht und Duldung von Arbeiten

Der Stockwerkeigentümer hat dem Verwalter und anderen Beauftragten der Gemeinschaft den Zutritt und den Aufenthalt in seinen Räumen und ausschliesslichen Benützungsrechten zum Zwecke der Kontrolle und Ablesung von Messgeräten oder zur Feststellung und Behebung von Schäden entschädigungslos zu gestatten. Gleiches gilt für die Vornahme von Erneuerungs- und Umbauarbeiten am Gebäude sowie Gartenarbeiten.

Ausser in Notfällen hat eine angemessene Voranzeige zu erfolgen. Es ist auf die Wünsche des Stockwerkeigentümers möglichst Rücksicht zu nehmen.

11. Nutzung des Sonderrechts durch Dritte

Überlässt ein Stockwerkeigentümer seinen Sonderrechtsbereich ganz oder teilweise einem Dritten zur Nutzung, ist er verpflichtet, den Verwalter schriftlich darüber zu informieren, wann und wem er seine Stockwerkeinheit dauernd zum Gebrauch oder zur Miete überlässt.

12. Verantwortlichkeit des Stockwerkeigentümers für Dritte

Der Stockwerkeigentümer haftet gegenüber der Gemeinschaft und jedem ihrer Mitglieder dafür, dass dieses Reglement samt einer allfälligen Hausordnung auch durch alle Personen beachtet wird, die seinem Haushalt oder Betrieb angehören oder denen er durch Vertrag oder sonstwie den Aufenthalt in oder den Gebrauch von seiner Stockwerkeinheit gestattet.

Vom Stockwerkeigentümer, dessen Mieter dieses Reglement trotz wiederholter Ermahnung missachtet, kann verlangt werden, dass er den Mietvertrag innert längstens 4 Monaten durch Kündigung aus wichtigen Gründen auflöst. Zu dieser Aufforderung ist der Verwalter befugt.

III. Nutzung der gemeinschaftlichen Teile und Einrichtungen

13. Benützung im Allgemeinen

Jeder Stockwerkeigentümer ist befugt, die gemeinschaftlichen Teile des jeweiligen Gebäudes sowie die gemeinschaftlichen Anlagen und Einrichtungen bestimmungsgemäss zu benützen, soweit dies mit dem gleichen Recht jedes andern und mit den Interessen der Gemeinschaft vereinbar ist und soweit sie nicht einzelnen Stockwerkeigentümern zur ausschliesslichen Benützung zugewiesen worden sind.

Vorbehältlich eines Beschlusses der Stockwerkeigentümergemeinschaft ist es namentlich nicht gestattet:

■ irgendwelche Veränderungen an gemeinschaftlichen Teilen, Anlagen und Einrichtungen und an deren Untergrund vorzunehmen (ausgenommen sind Balkon- und Terrassenböden, welche mit einem beliebigen Gehbelag ausgestattet werden dürfen);

■ in gemeinschaftlichen Teilen, wie Hauseingang, Treppenhaus, Durchgängen, Nischen, Umgebung usw., irgendwelche Gegenstände zu lagern oder abzustellen, die deren Benutzung beeinträchtigen, insbesondere den freien Durchgang hindern oder der guten Ordnung und dem Aussehen des Gebäudes nachteilig sein können;

■ Möbel und Gegenstände sowie Bilder in den gemeinschaftlich benutzten Räumen wie Treppenhaus oder Korridoren aufzustellen bzw. anzubringen;

■ Fahrnisbauten oder Wohnwagen auf dem gemeinschaftlichen Grundstück aufzustellen;

■ Namens- oder Firmenschilder und andere Beschriftungen (inkl. Reklamevorrichtungen) am Hauseingang, an anderen Gebäudeteilen oder auf der Grundstücksfläche (inkl. jener, an der man ein ausschliessliches Benützungsrecht hat) anzubringen.

In der Benutzung der gemeinschaftlichen Einrichtungen und Anlagen hat sich jeder Stockwerkeigentümer an die dafür aufgestellten besonderen Gebrauchsanweisungen zu halten und sich jeder übermässigen oder unnötigen Beanspruchung zu enthalten. Auch hat er im Gebrauch Schonung, Sorgfalt und Rücksicht walten zu lassen.

In Anhang I sind weitere Nutzungsvorschriften und Beschränkungen für die allgemeinen Flächen wie z.B. für Besucherparkplätze, Containeranlage usw. aufgeführt.

14. Ausschliessliche Benützungsrechte (Sondernutzungsrechte)

Die Balkone, Gartensitzplätze usw. stehen den Eigentümern derjenigen Stockwerkeinheiten zur ausschliesslichen Benützung zu, von deren Sonderrechtsräumlichkeiten aus sie zugänglich sind. Sie sind in den Aufteilungsplänen zum Begründungsakt jeweils mit der gleichen Farbe wie die benutzungsberechtigte Stockwerkeinheit schraffiert eingezeichnet.

Ein ausschliessliches Benützungsrecht vermittelt dem Inhaber das Recht auf alleinige Benützung eines gemeinschaftlichen Raumes, einer gemeinschaftlichen Einrichtung oder einer zum gemeinschaftlichen Teil gehörenden Bodenfläche.

Die ausschliesslichen Benützungsrechte können den jeweiligen Berechtigten ohne deren Zustimmung nicht entzogen oder örtlich abgeändert werden.

Für den Unterhalt der ihm zur ausschliesslichen Nutzung überlassenen gemeinschaftlichen Teile hat der Stockwerkeigentümer aufzukommen, wie wenn ihm daran ein Sonderrecht zustehen würde, d.h. er hat diese Kosten alleine zu tragen.

In Anhang II sind weitere Nutzungsvorschriften und Beschränkungen für die ausschliesslichen Benützungsrechte aufgeführt.

15. Erlass und Verbindlichkeit der Hausordnung

Nähere Vorschriften über die Benützung der gemeinschaftlichen Teile und Einrichtungen können in einer Hausordnung aufgestellt werden. Sie wird auf Antrag durch die Versammlung der Stockwerkeigentümer mit einfacher Mehrheit beschlossen und abgeändert. Die Hausordnung ist für alle Personen verbindlich, die sich auf dem Grundstück aufhalten.

IV. Gemeinschaftliche Kosten und Lasten

16. Begriff der gemeinschaftlichen Kosten und Lasten

Gemeinschaftlich sind alle Kosten, die durch Benutzung, Unterhalt und Erneuerung der gemeinschaftlichen Teile (ausgenommen ausschliessliche Benützungsrechte, welche von den Berechtigten getragen werden) und die gemeinschaftliche Verwaltung entstehen.

Zu diesen Kosten gehören insbesondere:

- die Kosten für den laufenden Unterhalt (einschliesslich Reinigung), Instandstellung und Erneuerung der gemeinschaftlichen Teile der Liegenschaft sowie der gemeinschaftlichen Anlagen und Einrichtungen, soweit sie nicht einem oder mehreren Stockwerkeigentümern zur alleinigen Benutzung zugewiesen sind;
- die Kosten des Betriebs der gemeinschaftlichen Anlagen und Einrichtungen;
- die Aufwendungen für ausserordentliche Erneuerungs- und Umbauarbeiten;
- die öffentlich-rechtlichen Beiträge, Abgaben und Steuern, soweit sie den Stockwerkeigentümern insgesamt auferlegt sind (Strassenbau, Kanalisationsanschluss, Wasserversorgung usw.);
- die Prämien für die Versicherung der Liegenschaft gegen Feuer- und Wasserschaden und für die Haftung als Werkeigentümer;
- die Kosten der Verwaltung, insbesondere die Entschädigung an den Verwalter und an den Hauswart;
- die Einlagen in den Erneuerungsfonds.

17. Verteilung der gemeinschaftlichen Kosten und Lasten

Die gemeinschaftlichen Kosten und Lasten werden von den Stockwerkeigentümern gemäss Anhang bezahlt.

Ein Stockwerkeigentümer, der durch Umstände, die auf sein Verhalten zurückgehen, die gemeinschaftlichen Kosten wesentlich erhöht, hat für die daraus erwachsenden Aufwendungen allein aufzukommen.

Wenn das Mass der Benutzung einzelner Einrichtungen aus Gründen, die nicht beim Stockwerkeigentümer liegen, eine dauernde und erhebliche Veränderung erfahren hat, kann eine andere Verteilung der Kosten verlangt werden.

18. Erneuerungsfonds

Zur teilweisen Deckung der alle Stockwerkeigentümer treffenden Unterhalts-, Instandstellungs- und Erneuerungsarbeiten ist ein Erneuerungsfonds zu schaffen, welcher gemeinschaftliches Vermögen bildet.

Der Erneuerungsfonds wird durch jährliche Beiträge geäufnet.
Es gelten folgende Regelungen:

- Der Fonds wird erst mit Beginn des 3. Verwaltungsjahres geäufnet.
- In den Fonds ist pro Jahr eine Einlage von 0,5% des jeweiligen Gebäudeversicherungswertes einzulegen.
- Der Fonds soll eine Höhe von 10% des Versicherungswertes nicht übersteigen. Sobald der Fonds diese Höhe erreicht hat, werden die Zahlungen vorübergehend eingestellt.
- Über grössere Entnahmen für Reparaturen und Unterhalt, über eine allfällige Verwendung des Erneuerungsfonds zu anderen Zwecken sowie über eine Änderung der Fondshöhe entscheidet die Versammlung der Stockwerkeigentümer mit der Mehrheit der in der Versammlung anwesenden Stockwerkeigentümer, die zugleich mehr als die Hälfte der Wertquoten vertreten (qualifiziertes Mehr). Vorbehalten bleibt die Bestreitung von Kosten für notwendige und unaufschiebbare Arbeiten, für deren Bezahlung dem Verwalter andere Mittel nicht zur Verfügung stehen.
- Die in den Erneuerungsfonds einbezahlten Beiträge werden einem Stockwerkeigentümer, der seinen Stockwerkeigentumsanteil veräussert, nicht zurückvergütet. Er hat sich mit allfälligen Rechtsnachfolgern bezüglich seines Anteils direkt auseinanderzusetzen.
- Die Geldmittel sind zinstragend bei einer Bank auf den Namen der Stockwerkeigentümergemeinschaft anzulegen.

Die Beiträge der Stockwerkeigentümer sind gemäss Anhang zu bezahlen.

19. Einzug von Vorschüssen und weiteren Beiträgen

Die Stockwerkeigentümer haben zur Deckung der anfallenden gemeinschaftlichen Kosten (Unterhalts- und Erneuerungskosten) angemessene Vorschüsse zu leisten. Die Vorschüsse werden vierteljährlich zur Zahlung fällig.

Der Verwalter unterbreitet der Stockwerkeigentümerversammlung jährlich einen Vorschlag (Budget) über die zu erwartenden gemeinschaftlichen Kosten des folgenden Geschäftsjahres und legt einen Entwurf über die provisorische Kostenverteilung vor. Mit Genehmigung des Voranschlages und der provisorischen Kostenverteilung durch die ordentliche Eigentümerversammlung und Zustellung der entsprechenden Rechnung durch den Verwalter wird die erste Vorschussrate zur Zahlung fällig und die drei Raten je auf den Ersten der folgenden Quartale.

Nach Abschluss der Jahresrechnung werden die effektiven Gemeinschaftskosten unter die Eigentümer aufgeteilt. Die geleisteten Vorschusszahlungen werden vom Verwalter saldiert und an die definitive Beitragshöhe angerechnet. Ein Verzinsungsanspruch der saldierten Forderungen (zugunsten der Gemeinschaft oder des einzelnen Eigentümers) besteht nicht.

Nachzahlungen an die Gemeinschaftskosten sowie Guthaben der Eigentümer werden innert 30 Tagen nach Genehmigung der Jahresrechnung und Kostenverteilung zur Zahlung fällig.

Der Verwalter ist verantwortlich für das Inkasso der Vorschüsse und Saldonachzahlungen der Eigentümer sowie für den Einzug der beschlossenen Einlagen in den Erneuerungsfonds. Für verzögerte Zahlungen von den jeweiligen Stockwerkeigentümern gilt ein Verzugszins von 5 % ab dem Tag seit jeweiliger Fälligkeit gerechnet.

20. Haftung

Mehrere Eigentümer eines Stockwerkeigentumsanteiles haften für ihren Anteil an den Gemeinschaftskosten solidarisch.

Schuldner der durch die Vorschüsse nicht gedeckten Beitragsanteile an die Gemeinschaftskosten sind die jeweiligen im Zeitpunkt der Fälligkeit der Forderungen im Grundbuch eingetragenen Eigentümer. Bei Veräusserung eines Stockwerkeigentumsanteils haben Verkäufer und Käufer die Aufteilung der Jahreskosten untereinander selbst zu regeln.

21. Sicherung der Beiträge an die gemeinschaftlichen Kosten

Für die auf die letzten drei Jahre entfallenden Beitragsforderungen hat die Gemeinschaft Anspruch auf Eintragung eines Pfandrechtes am Stockwerkanteil des säumigen Stockwerkeigentümers. Die Eintragung ist vom Verwalter namens der Gemeinschaft rechtzeitig und innert nützlicher Frist zu verlangen.

Der Gemeinschaft steht für die gleichen Beitragsforderungen zudem ein Retentionsrecht an den beweglichen Sachen zu, die sich in den Räumen eines Stockwerkeigentümers befinden und zu deren Einrichtung und Benutzung gehören.

Pfand- und Retentionsrecht bestehen auch für Forderungen aus Bezug von Warmwasser und Wärme sowie für Ansprüche aus Ersatzvornahme.

V. Unterhalt, Umbau und Erneuerung des Gebäudes

22. Notwendige bauliche Massnahmen (dringliche Unterhalts- und Instandstellungsarbeiten)

Die Gemeinschaft ist verpflichtet, alle für die Erhaltung des Wertes und der Gebrauchsfähigkeit der Liegenschaft notwendigen Unterhalts-, Wiederherstellungs- oder Erneuerungsarbeiten vornehmen zu lassen. Werden diese Arbeiten oder hiezu notwendige Verwaltungsarbeiten von der Versammlung der Stockwerkeigentümer nicht beschlossen, so kann jeder Stockwerkeigentümer vom Richter verlangen, dass er sie anordne oder den Verwalter oder einen Dritten zu ihrer Anordnung und Durchführung ermächtige.

Bis zu welchem Betrag der Verwalter kleinere Reparaturen in eigener Kompetenz ausführen kann, ist in dem mit ihm abzuschliessenden Verwaltungsvertrag zu regeln. Für über diesen Betrag hinausgehende grössere Reparaturen ist ein Beschluss mit dem einfachen Mehr der anwesenden Stockwerkeigentümer erforderlich.

Erlangt ein Stockwerkeigentümer von Gefahren Kenntnis, die dem Grundstück, den Bauten oder Einrichtungen drohen, so hat er sofort, nachdem er die unaufschiebbaren Massnahmen ergriffen hat, der Verwaltung Mitteilung zu machen. Ergreift der Verwalter nicht umgehend Massnahmen, so ist jeder Stockwerkeigentümer berechtigt, das Nötige zu veranlassen um drohende Gefahren oder wachsenden Schaden abzuwenden.

In allen Fällen tragen die Stockwerkeigentümer die sich daraus ergebenden Kosten nach Massgabe des Verteilschlüssels im Anhang.

23. Nützliche bauliche Massnahmen

Änderungen an der Liegenschaft, die über die ordnungsgemässe Instandhaltung und Instandsetzung hinausgehen und eine Wertsteigerung oder Verbesserung der Wirtschaftlichkeit oder Gebrauchsfähigkeit bezwecken, bedürfen der Zustimmung der Mehrheit der anwesenden Stockwerkeigentümer, die zugleich die Mehrheit der Wertquoten vertreten (qualifiziertes Mehr).

Haben solche Massnahmen für einen Stockwerkeigentümer eine erhebliche oder dauernde Erschwerung des Gebrauchs oder der Benutzung seiner Sache zum bisherigen Zweck zur Folge, so dürfen sie nur mit seiner ausdrücklichen Zustimmung durchgeführt werden.

Massnahmen, die für einen einzelnen Stockwerkeigentümer unzumutbar sind, insbesondere weil sie in einem Missverhältnis zum Wert seiner Stockwerkeigentumseinheit stehen, können ohne seine Zustimmung nur durchgeführt werden, wenn die übrigen Stockwerkeigentümer seinen Kostenanteil übernehmen, soweit dieser den zumutbaren Betrag übersteigt.

24. Bauliche Massnahmen zur Verschönerung und zur Steigerung der Bequemlichkeit

Bauliche Massnahmen, die lediglich oder vorwiegend der Verschönerung oder der Bequemlichkeit im Gebrauch der gemeinschaftlichen Sache dienen, können nur mit Zustimmung aller Stockwerkeigentümer, ausgeführt werden (Einstimmigkeit).

Wird eine solche bauliche Massnahme beschlossen, so kann sie auch gegen den Willen eines nicht zustimmenden Stockwerkeigentümers ausgeführt werden, sofern ihm die übrigen Stockwerkeigentümer für eine bloss vorübergehende Beeinträchtigung Ersatz leisten und seinen Kostenanteil übernehmen.

Hat ein Stockwerkeigentümer an die Kosten solcher baulichen Massnahmen keine Beiträge geleistet, darf er die neu geschaffenen Anlagen und Einrichtungen erst benutzen, wenn er den auf seinen Stockwerkeigentumsanteil entfallenden Kostenanteil nachträglich, zuzüglich Zins von 5 % pro Jahr, bezahlt hat.

25. Versicherung des Gebäudes

Für das gesamte Gebäude einschliesslich der einzelnen Stockwerkeigentumsanteile besteht eine Versicherung gegen Feuer- und Elementarschäden.

Die Versicherung des Gebäudes gegen weitere Schäden (z.B. durch Wasserleitungsbruch) und Risiken (Haftpflicht des Werk- oder Grundeigentümers) ist Sache der Stockwerkeigentümergemeinschaft; die Versammlung der Stockwerkeigentümer beschliesst, welche Gefahren versichert werden.

Ein Stockwerkeigentümer, der seine Räume mit ausserordentlichen Aufwendungen baulich ausgestattet hat, ist zur Übernahme der entsprechenden Prämienerhöhung der Gebäudeversicherung verpflichtet, wenn er nicht eine Zusatzversicherung auf eigene Rechnung abschliesst.

VI. Versammlung der Stockwerkeigentümer und Beschlussfassung

26. Zuständigkeit der Stockwerkeigentümerversammlung

Die Stockwerkeigentümerversammlung ist das oberste Organ der Gemeinschaft. Sie entscheidet über alle Verwaltungshandlungen, die nach Gesetz, Begründungsakt und Reglement den gemeinschaftlichen Angelegenheiten zuzuordnen sind und soweit sie nicht in die Zuständigkeit des Verwalters fallen.

Soweit das Gesetz darüber nicht besondere Bestimmungen enthält, finden die Vorschriften des Vereinsrechts sinngemäss Anwendung.

Der Versammlung stehen insbesondere folgende Aufgaben und Befugnisse zu:
- Wahl und Abberufung des Verwalters sowie dessen Beaufsichtigung
- Wahl eines oder mehrerer Revisoren
- Wahl eines Ausschusses
- Genehmigung der Jahresrechnung und der Verteilung der Kosten unter die Stockwerkeigentümer
- Festsetzung der Höhe der Einlagen in den Erneuerungsfonds
- Genehmigung des Voranschlages (Budget) und Festsetzung der von den Stockwerkeigentümern auf die Kostenteile zu leistenden Finanzierungsbeiträge
- Entlastung des Verwalters
- Ermächtigung des Verwalters oder eines Dritten zur Führung eines Prozesses
- Beschlussfassung über die Durchführung der zur Erhaltung des Wertes und der Gebrauchsfähigkeit der Liegenschaft nötigen Unterhalts-, Reparatur- und Erneuerungsarbeiten, die über den Voranschlag (Budget) hinausgehen
- Abänderung des Reglements und der Nutzungs- und Verwaltungsordnung
- Erlass und Abänderung einer Hausordnung und weiterer Vorschriften über die Benutzung der gemeinschaftlichen Teile
- Bezeichnung der abzuschliessenden Versicherungen.

27. Einberufung und Leitung der Stockwerkeigentümerversammlung

Die ordentliche Versammlung wird vom Verwalter einmal jährlich unter Beachtung einer Frist von mindestens 20 Tagen mit Angabe der zu behandelnden Traktanden schriftlich einberufen.

Die Jahresrechnung, allfällige Anträge von Stockwerkeigentümern und der Voranschlag (Budget) sind allen Stockwerkeigentümern mit der Einladung zur Versammlung schriftlich zuzustellen. Die ordentliche Jahresversammlung findet jeweils innert drei Monaten nach Abschluss des Rechnungsjahres statt. Anträge seitens der Stockwerkeigentümer für die Traktandenliste sind dem Verwalter spätestens 14 Tage vor dem Versammlungstermin einzureichen.

Ausserordentliche Versammlungen finden statt, so oft es der Verwalter als notwendig erachtet oder wenn es zwei oder mehr Stockwerkeigentümer verlangen, die zusammen mindestens einen Fünftel der Wertquoten vertreten.

Der Verwalter leitet die Versammlung, sofern nichts anderes beschlossen wird.

Die Beschlüsse der Versammlung sind zu protokollieren. Für jede Versammlung muss ein Protokollführer bezeichnet werden, der nicht Stockwerkeigentümer zu sein braucht. Das Protokoll ist vom Protokollführer zu unterzeichnen. Jedem Stockwerkeigentümer ist ein Exemplar des Protokolls innert nützlicher Frist zuzustellen. 30 Tage nach Kenntnisnahme des Protokolls gilt dieses als genehmigt. Das Protokoll ist vom Verwalter aufzubewahren.

28. Beschlussfähigkeit

Die Versammlung ist beschlussfähig, wenn die Hälfte aller Stockwerkeigentümer, die zugleich zur Hälfte anteilsberechtigt sind, mindestens aber deren zwei, anwesend oder vertreten sind.

Wird dieses Quorum nicht erreicht, so ist eine zweite Versammlung einzuberufen, die nicht vor Ablauf von 10 Tagen seit der ersten stattfinden darf. Die zweite Versammlung ist beschlussfähig, wenn ein Drittel aller Stockwerkeigentümer, mindestens aber zwei, anwesend oder vertreten sind.

Ist auch dieses Quorum nicht erreicht, so kann jeder Stockwerkeigentümer verlangen, dass die erforderlichen Handlungen und Massnahmen vom Richter angeordnet werden und dass der Richter zu ihrer Durchführung den Verwalter oder einen Vertreter der Gemeinschaft einsetzt.

29. Ausübung des Stimmrechts und Vertretung in der Versammlung

Steht einem Stockwerkeigentümer mehr als eine Stockwerkeigentumseinheit zu, so kann er die Rechte für jede Stockwerkeigentumseinheit gesondert geltend machen.

Ausgenommen davon sind die Eigentümer von allfälligen Disponibelräumen, welchen kein zusätzliches Stimmrecht zusteht, wenn sie gleichzeitig eine Wohnung als Stockweinheit besitzen oder eine Vereinigung oder Aufteilung gemäss Ziffer 47 erfolgt ist.

Für die Einstellhalle besteht eine eigene Nutzungs- und Verwaltungsordnung; die Eigentümer derselben haben nur an die damit verbundenen Kosten beizutragen und für die gemäss diesem Reglement zu fassenden Beschlüsse kein Stimmrecht. Für die

Abstimmungen müssen die Wertquoten deshalb (ohne Einstellhalle) umgerechnet werden.

Steht ein Stockwerkeigentumsanteil mehreren Personen zu, haben diese in der Versammlung der Stockwerkeigentümer ebenfalls nur eine Stimme, welche sie durch einen bevollmächtigten Vertreter abzugeben haben.

Jeder Stockwerkeigentümer kann sich mit schriftlicher Vollmacht durch eine Drittperson vertreten lassen, die nicht der Gemeinschaft anzugehören braucht.

Stockwerkeigentümer, die ihren Wohnsitz ganz oder vorübergehend ins Ausland verlegen, sind verpflichtet, einen in der Schweiz wohnhaften Vertreter zu bezeichnen, der bevollmächtigt ist, alle Mitteilungen der Verwaltung, der anderen Stockwerkeigentümer sowie Mitteilungen von Behörden rechtsgültig in Empfang zu nehmen und ihn an den Versammlungen der Stockwerkeigentümer und anderen Beschlussfassungen rechtsgültig zu vertreten. Unterlässt der Stockwerkeigentümer die Bezeichnung eines Vertreters in der Schweiz, so erfolgen die Zustellungen rechtsgültig zu den Akten des Verwalters.

Wird an einer Stockwerkeigentumseinheit eine Nutzniessung oder ein Wohnrecht begründet, so übt der Nutzniesser oder der Wohnrechtsberechtigte das Stimmrecht an der Stockwerkeigentümerversammlung aus, sofern nicht zwischen ihm und dem Eigentümer eine andere Regelung vereinbart ist.

30. Beschlussfassung im Allgemeinen. Einfaches Mehr

Die Versammlung fasst ihre Beschlüsse mit der einfachen Mehrheit der rechtsgültig stimmenden Stockwerkeigentümer, soweit im Reglement oder im Gesetz nicht etwas anderes vorgeschrieben ist.

31. Qualifiziertes Mehr

Die Mehrheit der rechtsgültig stimmenden Stockwerkeigentümer, die auch die Mehrheit der Wertquoten der Stimmenden vertritt, ist insbesondere erforderlich für (nicht abschliessend aufgeführt):

- die Anordnung von Erneuerungs- und Umbauarbeiten, die eine Wertsteigerung oder Verbesserung der Wirtschaftlichkeit der Sache bezwecken;
- die Änderung dieses Reglements;
- Einleitung eines Prozesses;
- die Wahl oder Abberufung des Verwalters;
- bauliche Massnahmen und wichtigere Verwaltungshandlungen, die nützlich, aber nicht notwendig sind;
- Beschlüsse über die Verwendung des Erneuerungsfonds.

32. Einstimmigkeit

Nur mit Zustimmung sämtlicher Stockwerkeigentümer können insbesondere folgende Beschlüsse gefasst werden:

- luxuriöse bauliche Massnahmen unter Vorbehalt von ZGB 647e Abs. 2;
- Verfügungen über das Stammgrundstück (inkl. die Belastung mit beschränkten dinglichen Rechten) oder Änderung der Zweckbestimmung, ZGB 648 Abs. 2;

193

- Aufhebung, Änderung oder Einführung von Vorkaufs- und Einspracherechten, ZGB 712c;
- Abänderung der gesetzlichen Kompetenzen für Verwaltungshandlungen oder bauliche Massnahmen, ZGB 712g Abs. 2 in Verbindung mit 647 ff.;
- Änderung des Verhältnisses zwischen gemeinschaftlichen und zu Sonderrecht ausgeschiedenen Teilen, ZGB 712b Abs. 2 und 3;
- Änderung aller Wertquoten (ausgenommen bei Aufteilung oder Vereinigung von Stockwerkeinheiten gemäss Ziffer 47), ZBG 712e;
- Änderung der Regelung über den Ausschluss eines Stockwerkeigentümers;
- Aufhebung des Stockwerkeigentums.

33. Zirkularbeschlüsse

Auf dem Schriftweg kommt ein Beschluss nur zustande, wenn ihm sämtliche Stockwerkeigentümer zustimmen.

34. Anfechtung der Beschlüsse der Versammlung

Beschlüsse der Versammlung der Stockwerkeigentümer, die das Gesetz, den Begründungsakt oder das Reglement verletzen, können von jedem Stockwerkeigentümer binnen Monatsfrist, nachdem er von ihnen Kenntnis erlangt hat, beim Richter angefochten werden. Bei der Einreichung eines Rekurses ist der Verwaltung gleichzeitig schriftlich Meldung zu erstatten.

35. Revisor

Die Stockwerkeigentümerversammlung wählt einen Revisor. Als Revisor können eine oder mehrere natürliche oder juristische Personen bestellt werden, die nicht Stockwerkeigentümer sein müssen.

Der Revisor überprüft die Geschäftsführung des Verwalters, kontrolliert insbesondere die Jahresrechnung und unterbreitet der Stockwerkeigentümerversammlung einen schriftlichen Bericht über die Befunde.

36. Ausschuss

Die Stockwerkeigentümerversammlung kann aus ihrem Kreis jeweils für die Dauer einer Rechnungsperiode einen Ausschuss bezeichnen. Es kann für diese Tätigkeit ein eigenes Pflichtenheft erarbeitet werden.

Dem Ausschuss stehen folgende Aufgaben und Kompetenzen zu:
- Beratung der Verwaltung;
- Prüfung von Budget und Abrechnung zuhanden der Stockwerkeigentümerversammlung;
- Mitwirkung in der Vorbereitung von Geschäften für die Stockwerkeigentümerversammlung z.B. bei Renovations- oder Umbauvorhaben.

VII. Der Verwalter

37. Wahl und Abberufung des Verwalters

Die Versammlung der Stockwerkeigentümer wählt einen Verwalter und schliesst mit ihm einen Vertrag ab, der insbesondere den Aufgabenbereich, das Honorar und die Kündigung regelt. Der Verwalter soll über die erforderlichen Fähigkeiten und Erfahrungen für die Erfüllung der ihm obliegenden Aufgaben verfügen. Wählbar ist auch eine juristische Person oder ein Stockerwerkeigentümer selber. Kommt die Bestellung der Verwaltung durch die Versammlung nicht zustande, so kann jeder Stockwerkeigentümer die Ernennung durch den Richter verlangen.

Der Verwalter kann von der Versammlung jederzeit ohne Angabe von Gründen abberufen werden. Vorbehalten bleiben vertragliche Ansprüche. Lehnt die Stockwerkeigentümerversammlung die Abberufung des Verwalters unter Missachtung wichtiger Gründe ab, so kann jeder Stockwerkeigentümer binnen Monatsfrist die richterliche Abberufung verlangen.

38. Aufgaben des Verwalters im Allgemeinen

Der Verwalter vollzieht alle Handlungen der gemeinschaftlichen Verwaltung nach den Vorschriften des Gesetzes und des vorliegenden Reglements und unter Beachtung der Beschlüsse der Stockwerkeigentümerversammlung.

Er vertritt im Rahmen der ihm zustehenden Aufgaben die Stockwerkeigentümergemeinschaft nach aussen.

Der Verwalter wacht darüber, dass bei der Ausübung der Sonderrechte wie bei der Benützung der gemeinschaftlichen Teile die Vorschriften des Gesetzes, des Reglements und der allfälligen Hausordnung beachtet werden.

Im Übrigen bestimmen sich die Kompetenzen, Rechte und Pflichten des Verwalters nach dem separat abzuschliessenden Verwaltungsvertrag.

39. Vertretung der Gemeinschaft

In allen Angelegenheiten der gemeinschaftlichen Verwaltung vertritt der Verwalter im Bereiche der ihm zustehenden Aufgaben sowohl die Gemeinschaft wie auch die Stockwerkeigentümer nach aussen.

Zur Vertretung der Stockwerkeigentümer im Zivilprozess bedarf der Verwalter der Zustimmung durch die Versammlung. Für die Vertretung der Stockwerkeigentümer im Verfahren auf Erlass vorsorglicher Verfügungen kann die Ermächtigung an den Verwalter auch nachträglich erteilt werden.

40. Rekurs gegen Verfügungen des Verwalters

Gegen selbständige Verfügungen des Verwalters kann jeder davon betroffene Stockwerkeigentümer innert 14 Tagen an die Versammlung der Stockwerkeigentümer Rekurs erheben.

In Abweichung von Ziffer 27 Abs. 3 hiervor ist in diesem Fall jeder betroffene Stockwerkeigentümer zur Einberufung der Stockwerkeigentümerversammlung berechtigt.

Die Versammlung entscheidet endgültig über den Rekurs.

VII. Änderung im Bestand der Stockwerkeigentümer und Aufhebung des Stockwerkeigentums

41. Rechtsstellung des Erwerbers eines Stockwerkeigentumsanteils

Das von den Stockwerkeigentümern vereinbarte Reglement der Stockwerkeigentümergemeinschaft inkl. Änderungen und die von ihnen gefassten Beschlüsse sowie allfällige richterliche Urteile und Verfügungen sind auch für den Rechtsnachfolger eines Stockwerkeigentümers und für den Erwerber eines dinglichen Rechts an einem Stockwerkeigentumsanteil verbindlich.

42. Ausschluss eines Stockwerkeigentümers

Der Stockwerkeigentümer kann durch richterliches Urteil aus der Gemeinschaft ausgeschlossen werden, wenn durch sein Verhalten oder das Verhalten von Personen, denen er den Gebrauch der Sache überlassen oder für die er einzustehen hat, Verpflichtungen gegenüber allen oder einzelnen Mitberechtigten so schwer verletzt werden, dass diesen die Fortsetzung der Gemeinschaft nicht zugemutet werden kann.

Ein Ausschluss kann aus folgenden Gründen erfolgen:

- wenn der Stockwerkeigentümer die Verpflichtungen zur ordnungsgemässen Instandhaltung der ihm gehörenden Stockwerkeinheit dauernd und schwer verletzt, sodass darunter der bauliche Zustand des Hauses leidet oder dessen äusseres Erscheinungsbild beeinträchtigt wird;
- wenn er sich beharrlich der Vornahme von Wiederherstellungs- und Erneuerungsarbeiten an gemeinschaftlichen Bauteilen und Einrichtungen innerhalb seiner eigenen Stockwerkeinheit widersetzt;
- wenn er für die Gemeinschaft oder für einzelne Stockwerkeigentümer nachteilige Änderungen an gemeinschaftlichen Grundstück- und Gebäudeteilen vorgenommen hat und sich der Wiederherstellung des rechtmässigen Zustandes widersetzt oder sich weigert, den verursachten Schaden zu ersetzen;
- wenn er oder ihm angehörende Personen ein friedliches Zusammenleben und einen nachbarlichen Verkehr, wie er unter Hausgenossen nach Brauch und guter Sitte üblich ist, durch verletzendes, gewalttätiges, arglistiges oder anstössiges Verhalten und schwere wiederholte Verletzung der Rücksichtnahmepflichten unmöglich machen;
- wenn er gegen die Zweckbestimmungen verstösst;
- wenn er die wiederholten Aufforderungen des Verwalters oder eines anderen Vertreters missachtet, Personen, denen er seine Stockwerkeinheit ganz oder teilweise zum Gebrauch überlassen hat, wegen ihres unerträglichen Verhaltens innert nützlicher Frist aus dem Haus zu entfernen.

Der Ausschluss erfolgt auf Urteil des Gerichtes und auf Klage der Stockwerkeigentümergemeinschaft. Über die Ermächtigung des Verwalters zur Klage und Bestellung eines Rechtsbeistandes hat die Stockwerkeigentümergemeinschaft durch Mehrheitsbeschluss der Stockwerkeigentümer, die zugleich die Mehrheit der Wertquoten vertreten, zu befinden (qualifiziertes Mehr). Die Stimme und Eigentumsquote desjenigen Stockwerkeigentümers, der ausgeschlossen werden soll, wird nicht mitgezählt.

Falls der Ausgeschlossene seine Stockwerkeinheit nicht innert der vereinbarten oder vom Richter angesetzten Frist veräussert, so wird sie nach den Vorschriften über die Zwangsverwertung von Grundstücken versteigert. Der Antrag auf Versteigerung kann vom Verwalter gestellt werden.

Die Bestimmungen über den Ausschluss finden sinngemäss Anwendung auf Personen, die an einer Stockwerkeinheit ein Nutzniessungs- oder Wohnrecht besitzen oder diese aufgrund eines im Grundbuch vorgemerkten Mietvertrages nutzen.

Der ausgeschlossene Stockwerkeigentümer hat bis zum Übergang von Nutzen und Schaden auf den neuen Eigentümer weiterhin seine Kosten an die Stockwerkeigentümergemeinschaft zu entrichten.

43. Wiederaufbau bei Zerstörung des Gebäudes und Aufhebung des Stockwerkeigentums

Das Stockwerkeigentum kann nur durch Vereinbarung aller Stockwerkeigentümer aufgehoben werden.

Vorbehalten bleibt der Fall, wenn das Gebäude zu mehr als der Hälfte seines Wertes zerstört wird und der Wiederaufbau nicht ohne schwer tragbare Belastung oder unter Preisgabe von mehreren Räumen, die zu Sonderrecht zugewiesen sind, möglich ist, so kann jeder Stockwerkeigentümer die Aufhebung der Gemeinschaft verlangen.

Die Stockwerkeigentümer, welche die Gemeinschaft fortsetzen wollen, können die Aufhebung durch Abfindung der übrigen zum Verkehrswert (Land- und Gebäudewert nach Schadenfall) im Falle des Wiederaufbaues abwenden.

Für den Beschluss über den Wiederaufbau bedarf es der Mehrheit der anwesenden Stockwerkeigentümer, die zugleich die Mehrheit der Wertquoten vertreten (qualifiziertes Mehr).

Wird das Stockwerkeigentum durch Veräusserung des Grundstückes aufgehoben, so teilen die Stockwerkeigentümer den Erlös im Verhältnis der Wertquoten, sofern keine andere vorgängige einstimmige Abrede besteht.

IX. Verschiedenes

44. Verweis auf die gesetzlichen Bestimmungen

Soweit dieses Reglement nichts Abweichendes bestimmt, gelten die Vorschriften des Schweizerischen Zivilgesetzbuches über das Stockwerkeigentum (Art. 712a ff ZGB) und über das gewöhnliche Miteigentum (Art. 647 ff ZGB). Auf die Versammlung der Stockwerkeigentümer finden ergänzend die Vorschriften über die Organe des Vereins Anwendung (Art. 64 ff ZGB).

45. Anmerkung des Reglements im Grundbuch

Dieses Reglement ist im Grundbuch angemerkt. Der Verwalter ist verpflichtet und ermächtigt, alle Nachträge und Änderungen des Reglements im Grundbuch zu beantragen und anzumelden.

46. Abänderung des Reglements

Das Reglement kann jederzeit durch die Versammlung der Stockwerkeigentümer mit der Mehrheit der anwesenden Stockwerkeigentümer, die zugleich die Mehrheit der Wertquoten vertreten (qualifiziertes Mehr), abgeändert werden.

Vorbehalten bleibt die Zustimmung aller oder einzelner Stockwerkeigentümer, wo dies gesetzlich oder in diesem Reglement vorgeschrieben ist.

47. Zusammenführung und Aufteilung von Stockwerkeinheiten

Gemäss Begründungserklärung steht den einzelnen Stockwerkeigentümern das unbefristete Recht zu, ihre Einheiten durch bauliche Massnahmen im Inneren der Räume zusammenzuführen bzw. aufzuteilen. Es versteht sich von selbst, dass dadurch die Statik des Gebäudes nicht beeinträchtigt werden darf. Zusammengeführte bzw. aufgeteilte Einheiten können später auch wieder in den ursprünglichen Zustand zurückgeführt werden.

Die Bauarbeiten müssen dabei durch Fachleute derart ausgeführt werden, dass die übrigen Eigentümer weder gefährdet werden noch Schaden erleiden. Die Ausführungspläne der Zusammenführung sind vorgängig dem Verwalter zur Genehmigung zu unterbreiten. Der Verwalter erteilt die Zustimmung, sofern nicht durch die Veränderung erhebliche bauliche Nachteile für die übrigen Stockwerkeigentümer entstehen. Allfällige öffentlich-rechtliche Bewilligungen sind Sache des Gesuchstellers.

Die zusammengeführten bzw. aufgeteilten Einheiten dürfen auch rechtlich vereinigt werden. Die Kosten der Änderung des Stockwerkeigentums und Reglements (mit Grundbucheinträgen) sind ausschliesslich durch die entsprechenden Stockwerkeigentümer zu tragen.

Die Wertquoten, die Anteile am Erneuerungsfonds sowie der Betriebskostenverteiler der alten Einheiten werden in einem solchen Fall für die neue Einheit addiert bzw. subtrahiert. Vereinigte Stockwerkeigentumseinheiten haben in einem solchen Fall eine Stimme. Gehören aufgeteilte Einheiten demselben Stockwerkeigentümer, so hat dieser ebenfalls nur eine Stimme.

Die übrigen Stockwerkeigentümer sind verpflichtet, bei den nötigen Änderungen der Formalien ohne Entschädigung mitzuwirken. Der Verwalter ist von der Stockwerkeigentümergemeinschaft zusammen mit dem betroffenen Stockwerkeigentümer bevollmächtigt, solche Änderungen notariell und grundbuchrechtlich zu vollziehen.

48. Geschäftsjahr

Das Geschäftsjahr wird von der Stockwerkeigentümergemeinschaft bei der ersten Versammlung zusammen mit dem Verwalter bestimmt.

49. Gerichtsstands- und Domizilklausel

Mitteilungen an die in der Schweiz wohnenden Stockwerkeigentümer gelten als richtig erfolgt, wenn sie an die letzte dem Verwalter schriftlich bekanntgegebene Adresse gesandt worden sind. Der im Ausland wohnende Stockwerkeigentümer nimmt Mitteilungen per Adresse seines Stockwerkeigentums entgegen und er nimmt am Ort des Grundstückes für allfällige Betreibungen ausdrücklich Rechtsdomizil auf.

Die Stockwerkeigentümer unterwerfen sich für alle Streitigkeiten aus dem Gemeinschaftsverhältnis dem Gerichtsstand am Ort des Grundstückes. Diese Gerichtsstandvereinbarung ist jedem Rechtsnachfolger ausdrücklich zu überbinden, mit der Pflicht zur Weiterüberbindung.

Ort, Datum ....………   Unterschrift………..................

Anhang I

Allgemeine besondere Nutzungsvorschriften
und Einschränkungen der allgemeinen Räume und Flächen
In Bezug auf die Benützung der allgemeinen Räume und Flächen gelten folgende Bestimmungen und Einschränkungen:

- **Abwart-, Technik-,** und **Elektroräume** und die **Heizungszentrale** dürfen nur vom Hauswart, vom Verwalter und den zum Unterhalt bestimmten Personen betreten werden.
- Der **Velo- und Mofaraum** im Untergeschoss dient den Stockwerkeigentümern dauernd und ausschliesslich zum Abstellen von Velos und Mofas und darf nur seiner Bestimmung gemäss benutzt werden. Es dürfen nur regelmässig verwendete Velos und Mofas darin abgestellt werden. Andere Gegenstände dürfen nicht abgestellt oder gelagert werden.
- Der **Kinderwagenraum** dient den Stockwerkeigentümern dauernd und ausschliesslich zum Abstellen von Kinderwagen und darf nur seiner Bestimmung gemäss benutzt werden. Es dürfen nur regelmässig verwendete Kinderwägen darin abgestellt werden. Andere Gegenstände dürfen nicht abgestellt oder gelagert werden.
- Die **Containeranlage** dient den Stockwerkeigentümern dauernd und ausschliesslich als Containeranlage und darf nur ihrer Bestimmung gemäss benutzt werden. Jegliches Abstellen und Lagern von Sperrgut, Altpapier usw. ist nicht erlaubt.
- Die **Besucherparkplätze** dienen der Stockwerkeigentümergemeinschaft dauernd und ausschliesslich als Besucherparkplatz und dürfen nur von Besuchern und nicht von Stockwerkeigentümern benutzt werden.
- Die **Schutzräume** dienen im Kriegs- und Katastrophenfall sämtlichen Stockwerkeigentümern zur Mitbenützung (mit dem notwendigen Zugangsrecht). Alle Kosten, die aus der Entfernung respektive Wiedererrichtung der Kellereinrichtungen entstehen, werden von der Gemeinschaft getragen. Gleiches gilt für die Unterhalts- und Erneuerungskosten der nötigen Analysen im Schutzraum. Für die jeweiligen Eigentümer der betroffenen Stockwerkeinheiten ist in den anderen Kellerräumen angemessen ersatzweise Platz zu schaffen. Ausserhalb der Notstandszeiten steht das Benützungsrecht an diesen Schutzräumen ausschliesslich den im Begründungsakt bestimmten Eigentümern zu.
- Die **Pflanzen, Hecken und Bäum**e aller Art sind so unter der Schere zu halten, dass die Aussicht und Besonnung der anderen Stockwerkeigentumseinheiten jederzeit gewährleistet bleibt. Die Gartenarbeiten für die allgemeine Umgebung (Rasenmähen, Bäume/Sträucher setzen und schneiden usw.) dürfen nur vom Hausabwart oder von einer von der Verwaltung beauftragten Person ausgeführt werden.

Anhang II

Allgemeine besondere Nutzungsvorschriften und Einschränkungen der ausschliesslichen Benützungsrechte

In Bezug auf die Ausübung der ausschliesslichen Benützungsrechte gelten folgende Bestimmungen und Einschränkungen, wobei immer das einheitliche und ordentliche Erscheinungsbild zu wahren ist:

Gartensitzplatz, Rasenflächen, Balkone und Terrassen

Den jeweiligen Stockwerkeigentümern stehen die von ihren Stockwerkeigentumseinheiten zugänglichen Flächen (Gartensitzplätze, Rasenflächen, Balkone und Terrassen) zur ausschliesslichen Benützung zu (im Aufteilungsplan jeweils in der Farbe der entsprechenden Stockwerkeigentumseinheiten schraffiert). Sie haben das Recht, die ihnen zugeteilte Fläche nach ihren Vorstellungen zu bepflanzen und zu gestalten.

Es gelten folgende Einschränkungen:

- Bäume, Hecken und Sträucher usw. müssen so unter der Schere gehalten werden, dass die Aussicht und Besonnung der anderen Stockwerkeigentümer jederzeit gewährleistet bleibt und nicht eingeschränkt wird (ausgenommen von dieser Bestimmung sind alte, bereits bestehende Bäume).
- Einfriedungen müssen ins Gesamtbild der Umgebung passen und einheitlich sein (sogenannte «tote» Zäune dürfen nicht höher als einen Meter sein und müssen ein Maschengitter aufweisen). Hecken dürfen eine Höhe von zwei Metern nicht überschreiten.
- Der Unterhalt dieser Flächen (inkl. Pflanzentröge) sowie die Wartung und der Ersatz der Bepflanzung sind Sache der Benutzungsberechtigten.
- Pflanzlicher Abfall darf nicht offen oder in offenen Anlagen kompostiert werden (Vermeidung von Geruchsimmissionen).
- Es ist den Stockwerkeigentümern untersagt, zusätzlich **feste Einrichtungen** sowie Trenn- und Windschutzwände, Palisaden, Pergolas, Parabolspiegel (ausgenommen davon ist eine allfällige Gemeinschaftsanlage auf dem Dach oder Anlagen, welche von aussen nicht sichtbar sind), Bauten, Kleintierställe, Aussencheminées usw. anzubringen. Ausnahmen sind durch die Versammlung der Stockwerkeigentümer mit einem qualifizierten Mehrheitsbeschluss zu genehmigen.
- Beim **Grillieren** ist auf die anderen Stockwerkeigentümer Rücksicht zu nehmen. Es wird empfohlen, Elektro- oder Gasgrills zu benutzen.

Anhang III

Verteilung der gemeinschaftlichen Kosten und Lasten sowie Einlagen in den Erneuerungsfonds

Sämtliche gemeinschaftlichen Kosten inkl. Einlagen in den Erneuerungsfonds werden von den Stockwerkeigentümern im Verhältnis ihrer Wohnflächen getragen, soweit nachstehend keine abweichende Ordnung getroffen ist.

Die Abrechnung erfolgt getrennt für die einzelnen Mehrfamilienhäuser und für die Einstellhalle. Die Kosten für Reparatur- und Erneuerungsarbeiten an gemeinschaftlichen Teilen und Anlagen, welche ausschliesslich einer Untergemeinschaft allein dienen (Treppenhaus, Lift, Hausdach, Fassade, Heizung, Lüftung usw.), sind von diesen nach Massgabe der Kostenquoten alleine zu bezahlen. Die Kosten für Unterhalt der gemeinschaftlichen Umgebung (Gartenanlage, Spielplatz, Wege usw.) werden allen Untergemeinschaften im Verhältnis der Kostenquoten belastet.

Zur Bestreitung der die Stockwerkeigentümer betreffenden Erneuerungskosten werden für die Mehrfamilienhäuser sowie für die Einstellhalle je ein Erneuerungsfonds gebildet.

Eine besondere Regelung erfahren:

- Die Kosten für den Energieverbrauch, den Betrieb der Heizungs- und Warmwasseraufbereitung sowie für den Wasserverbrauch sind von den jeweiligen Stockwerkeigentümern nach ihrem Verbrauch je Stockwerkeinheit zu bezahlen. Die Anlagen sind mit entsprechenden Messgeräten ausgestattet. Die Stockwerkeigentümer sind verpflichtet, den von der Verwaltung beauftragten Personen für die Ablesung des individuellen Verbrauches (Heizung, Wasser) nach Voranmeldung Zutritt zu gewähren.
- Die Gebühren und Abgaben, welche pro Stockwerkeinheit in Rechnung gestellt werden, gehen unabhängig von der Wohnfläche zulasten der entsprechenden Einheit bzw. dessen Eigentümer.
- Die Kosten für Kabelfernsehen und -radio werden zu gleichen Teilen unter den angeschlossenen Stockwerkeigentumseinheiten aufgeteilt. Ein Eigentümer kann sich nur durch die Plombierung aller Anschlüsse in seiner Stockwerkeinheit von den Abonnementsgebühren befreien lassen.
- Die Tragung der Kosten und die Einlagen in den Erneuerungsfonds für die Einstellhalle sind in einer separaten Nutzungs- und Verwaltungsordnung geregelt.

10 Anhang 2
Adressen und Buchempfehlungen

Nützliche Adressen

Hauseigentümerverband Schweiz (HEV)
Seefeldstrasse 60
Postfach
8008 Zürich
Telefon 044 254 90 20
www.hev-schweiz.ch

Hausverein Schweiz
Bollwerk 35
Postfach 6515
3001 Bern
Telefon 031 311 50 55
www.hausverein.ch

Schweizer Stockwerk-eigentümerverband
Mettmenriedt-Weg 5
8606 Greifensee
Telefon 043 244 56 40
www.stockwerk.ch

Schweizerischer Verband der Immobilienwirtschaft SVIT
Puls 5
Giessereistrasse 18
8005 Zürich
Telefon 044 434 78 88
www.svit.ch

Schweizerischer Immobilienschätzer-Verband
Poststrasse 23
9001 St. Gallen
Tel. 071 223 19 19
www.siv.ch

Schweizerische Maklerkammer SMK
Brunaustrasse 39, 8002 Zürich
Tel. 043 817 63 23.
www.smk.ch

Schweizerischer Ingenieur- und Architektenverband SIA
Postfach
8027 Zürich
Tel. 044 283 15 15
www.sia.ch

Kammer unabhängiger Bauherrenberater KUB
Mittelstrasse 18
8008 Zürich
Tel. 044 210 40 59
www.kub.ch

Hypothekarberatung

VZ VermögensZentrum
Beethovenstrasse 24
8002 Zürich
Tel. 044 207 27 27
www.vermoegenszentrum.ch

MoneyPark
Gartenstrasse 14
8002 Zürich
Tel. 0800 220 440
www.moneypark.ch

HypothekenBörse AG
Uster-West 18
8610 Uster
Tel. 043 366 53 53
www.hypotheken-boerse.ch

Thiemann HypoServices AG
Zürcherstrasse 6
5630 Muri AG
Tel. 056 664 90 88
www.thiemann-group.ch

Mediation

Schweizerischer Dachverband Mediation
Schwarztorstrasse 56
3000 Bern 14
Tel. 031 318 58 17
www.infomediation.ch

Schweizerischer Verein für Mediation SVM
Burgunderstrasse 9
3018 Bern
Tel. 031 556 30 05
www.mediation-svm.ch

Mediationsforum Schweiz
c/o Fachhochschule Nordwest-schweiz
Hochschule für Wirtschaft
Stahlrain 2
5200 Brugg-Windisch
www.mediationsforum.ch.

Weiterführende Internetportale

www.notariate.zh.ch
www.hausinfo.ch
www.stockwerk-eigentum.ch
www.haus-forum.ch

Immobilien online

www.homegate.ch
www.immoclick.ch
www.immoscout24.ch
www.immostreet.ch
www.anzeiger.ch
www.alle-immobilien.ch
www.immobilien.ch
www.nzzdomizil.ch

Buchtipps

Das Stockwerkeigentum. Kommentar zum schweizerischen Zivilrecht Art. 712a–712t ZGB
Amédéo Wermelinger
Schulthess 2010

Hypotheken
VZ Ratgeber
Zu bestellen über
Tel. 044 207 27 27

Handkommentar zum Maklervertrag
Matthias Streiff
Thesenverlag 2009

Das neue Bauhandwerker-pfandrecht
Matthias Streiff
Thesenverlag 2011

Ratgeber von K-Tipp und Saldo

Sie können die folgenden Ratgeber über Tel. 044 253 90 70 bestellen oder im Internet auf www.ktipp.ch.

Die eigenen vier Wände
Bauen, kaufen, renovieren: Die wichtigsten Tipps für Bauherren und Wohneigentümer.

So sind Sie richtig versichert
Autoversicherung, Privathaft-pflicht- und Hausratversicherung, Lebensversicherung, Rechts-schutz, Reiseversicherung, Kranken- und Unfallversicherung, Risikoversicherung, Gebäudeversicherung.

So sparen Sie Steuern
Die Steuerabzüge für Angestellte und Selbständige. Die wichtigsten Tipps zum Steuersparen.

Die Rechte der Nachbarn
Streitigkeiten unter Nachbarn: Was niemand tolerieren muss. Und wie man sich wehrt.

Gesundheitsrisiko Elektrosmog
Stress durch Strom und Strahlung: So erkennen Sie die Elektrosmog-Quellen. Und das können Sie gegen übermässige Belastungen tun.

Umbauen und renovieren
Von der guten Idee über die richtige Beratung bis zur Wahl der Materialien: Tipps und Checklisten für den pannenfreien Tapetenwechsel.

Mach es selbst! Tipps aus dem Werkzeugkasten
Malen, tapezieren, reparieren, Kabel und Plättli verlegen: Praktische Tipps für Haus und Garten.

So kommen Sie zu Ihrem Recht
Erste Hilfe bei Rechtsfragen. Der richtige Umgang mit dem Anwalt. Wie die Justiz funktioniert. Und was das alles kostet.

Betreibung, Pfändung, Privatkonkurs
Vom Zahlungsbefehl bis zum Verlustschein: Wie Gläubiger zu ihrem Geld kommen. Und wie sich Schuldner gegen unberechtigte Forderungen zur Wehr setzen können.

Stichwortregister

10
Muster-
reglement,
Adressen

10
Muster-
reglement,
Adressen

**10
Muster-
reglement,
Adressen**

10

Muster-reglement, Adressen